모성(母性)의 시학(詩學)

리 헌 석 문학평론집

오늘의문학사

국립중앙도서관 출판예정도서목록(CIP)

모성(母性)의 시학(詩學) : 리헌석 문학평론집 / 지은이: 리헌석.
-- 대전 : 오늘의문학사, 2018
p. ; cm

대전광역시와 대전문화재단에서 사업비 일부를 지원받아
발간되었음
ISBN 978-89-5669-926-4 03810 : ₩32000

시 평론[詩評論]
한국 현대시[韓國現代詩]

811.709-KDC6
895.71509-DDC23 CIP2018019488

모성(母性)의 시학(詩學)

권두언

모성(母性)의 시학(詩學)을 펴내면서

기억 속의 어머니는 늘 편찮으신 분이셨다. 초등학교 시절은 철부지여서 나만의 울타리에 갇혀 있어 주위를 돌아보지 못한 듯하다. 그러다가 중학교에 다닐 때부터 어머니의 건강이 매우 좋지 않음을 눈치 챘다. 빈농(貧農)의 아낙들은 품앗이를 하기도 하고, 때로는 품을 팔기도 하는데, 나의 어머니는 작은 도랑 하나 건너에 있는 텃밭 가꾸는 일도 힘들어 하셨다. 그래서 어머니가 밭에 가실 때는 늘 맏이인 내가 모셔야 했다.

내 고향 충남 공주시 우성면 대성리 대문동에는 마을 입구에 샘이 있었다. 1950년대와 60년대에는 50여 가구의 식솔들이 이 샘의 물을 퍼 날랐는데, 여인들은 동이에 물을 받아 머리에 이고 다녔다. 샘에서 먼 집의 사내들은 양동이 두 개를 매달은 물지게로 날랐다. 내 어머니께서도 물동이에 물을 받아 오셨는데, 추운 겨울이면 출렁이는 물이 넘쳐, 머리칼에 고드름이 매달리기 일쑤였다. 이 일도 숨이 차 하셔서, '새벽 샘물'을 어머니 대신 내가 물지게로 길었다.

몸이 약하신 어머니는 논과 밭에서 농사일을 못하시는 대신에, 삼백여 평의 너른 마당 둘레에 화단을 일구어 화초를 가꾸셨다. 몇 평의 땅만 있어도 콩, 고추, 가지, 옥수수를 심는 농촌의 여느 아낙들과는 달리, 어머니는 이 땅에서 아름다운 꽃을 피우셨다. 마음이 선한 어머니는 끼니 걱정을 하면서도 탁발하는 스님이 오시면 공양미를 꼭 드렸다. 그래서 내 아명(兒名) 문갑(文甲)도 이름 모를 스님이 지어주셨고, 고향에서는 아직도 그 이름을 부르고 있다.

그러던 중, 삶과 존재의 의미를 자문(自問)하여 스스로 구(究)하는 계기를 만났다. 고등학교 2학년의 겨울, 대보름 하루 전, 어머니는 작은 시루에 좁쌀로 밥을 지어 앞장을 서시고, 나는 철장(鐵杖)을 들고 뒤를 따라 어부슴 길에 나섰다. '어부슴'은 〈대보름날 액맥이로 조밥을 던져 굶주린 물고기가 먹게 하는 일〉이다. 금강의 지류인 유구천, 우성면과 사곡면 경계, 물이 깊은 통천포 바위에 조밥 시루를 올려놓고, 치성을 드린 다음, 내가 뚫어놓은 얼음 구멍으로 어머니는 조밥을 흘려보내셨다.

어부슴을 하러 가면서, 그리고 집으로 돌아오면서 들려주신 어머니의 말씀이 아직도 귓가에 머물러 있다. "얼음에 덮인 물속의 작은 물고기들이 이 추운 겨울에 얼마나 배고파할 것이냐?" 나설 때 들려주신 걱정스러움이, 돌아올 때의 말씀에는 뿌듯한 윤기가 느껴졌다. 배고팠을 물고기에게 작은 사랑을 베푸셨다는 안도감이 겹쳐 보였다. 이때 '나는 누구인가?' '나는 어떻게 살아야 하는가?' 자문하기에 이르렀으니, 내 삶의 주요 명제는 어머니가 주신 선물이다.

◆

평론집을 발간하기 위하여, 여성 시인들의 시를 다시 감상하며, 〈병약(病弱)하시면서도 꽃을 사랑하시고, 자신은 가난하셨으면서도 물고기의 굶주림까지 염려하시던 나의 어머니〉를 떠올린다. 그리하여 이 분들의 작품을 객관적으로 보지 못한 채, 주관과 객관이 혼재(混在)된 시각으로 일관한 듯하다.

또한 이름을 대면 쩌렁하게 소리 나는 저명한 시인들의 작품보다, 내 어머니처럼 수수하고 따뜻한 분들의 작품과 인연이 된 듯하다. 이 분들의 작품을 읽으면서 스스로 감동하고 행복했음을 밝힌다.

여성 시(남성과 여성을 구분할 필요는 없지만)를 대상으로 한 평설 50여 편 중에서 30편, 450여 쪽으로 편집한다. 여성 시인들에 대한 평설을 모두 수록하면 9백여 쪽 가까운 분량이어서, 20여 편을 수록하지 못한다. 이 글들은 소중한 인연을 좀 더 간직하였다가 다음 평론집을 발간할 때 손을 잡고자 한다.

서둘러 편집하였으매, 부족한 부분과 오탈자가 더러 드러날 터이다. 지적해 주시면 2쇄 발간 시 수정할 것을 약속드린다. 이 평론집을 발간하면서, 문학으로 인연 맺은 분들의 귀함을 새삼 깨닫는다. 끝으로 평론집 발간에 도움을 준 대전문화재단에 감사드린다.

2018년 초여름에 리 헌 석

목 차

목 차

3부 전통서정의 숨결 찾기

1부

모성(母性)의 숨결 찾기

◇ 유안진 시인

영혼이 빚은 언어의 사리탑

- 유안진 시인의 작품세계

1. 들어가면서

시를 존재하게 하는 대표적 매체는 언어이다. 과거 음유시인들이 낭송 · 음송하던 시의 표현 매체도 언어(말)였고, 이러한 특성이 거의 사라진 현대시들의 표현 매체도 언어(글)다. 물론 파격의 미를 추구하는 시인들이 독특한 매체를 보여주거나, 그 매체를 통한 실험을 행하고 있지만, 언어가 시의 대표적 매체임을 부정할 수는 없다.

시인들은 언어를 통하여 자신의 영혼을 구체화한다. 영혼의 집을 짓는다. 그 집속에 시인들은 생명을 집어넣는다. 따라서 시 속에는 시인의 영혼이 들어 있고 시인의 생명이 느껴진다. 이렇게 느껴지는 감동이 시의 존재이유이며 시인은 이를 구하기 위해 생명의 소잔마저 감수한다.

유안진 시인도 시인의 영혼과 생명을 다하여 시를 빚고 있다. 그것은 시인과 독자가 공유하는 어느 접점에서 부딪쳐 일어나는 섬광(閃光)을 통해 알 수 있다. 그 찰나의 불꽃에서 독자들은 시인의 아름다운 시정신을 만나게 되기 때문이다. 그렇다면 유안진 시인의 그 영혼, 그 생명이 빚어내 구체적으로 보여준 그 시정신은 무엇인가. 구체적 자료를 통해 확인하는 작업이 이 글의 목적이다.

윌리암 워즈워드는 시를 〈최상의 언어를 최상의 순서로 직조한 것〉이라고 했는데, 유안진 시인 역시 그러할 것이다. 유안진 시인의 시는 자의식의 발로로 빚어진 작품이 빛난다. 서정시의 대표적 특성이기도 한 자의식의 발현(發顯)이 바탕이다.

무엇을 신었어도
늘 맨발이었다
맨발처럼 민망스럽고
맨발처럼 당당했다

등뼈가 휘어지도록 반백 년을 걷고 걸어
닳고 닳은 발바닥은 못과 굳은 티눈
발톱은 잦아지고 발가락들 일그러져
그물 힘줄 앙상한 발등뿐인 내 두 발아

무엇을 신겨봐도
아직도 맨발이다
맨발처럼 시리다 저리다
맨발처럼 쥐가 난다

—「맨발」 전문

이 작품은 '발'을 통해 삶의 모습을 보여주면서 시인의 자의식을 형상화했음에 다름 아니다. 〈무엇을 신었어도 / 늘 맨발이었다〉는 자의식에서 이 시는 출발하고 있다. 이 '맨발'의 정서는 '민망함'과

'당당함'인데, 이 두 정서는 양극적인 대립 구조를 갖고 있는 특성을 보여준다. 이러한 양극적인 정서의 쌍이 동시에 출현할 때, 심리적 갈등이 태동하게 마련이다. 이러한 갈등으로 2연의 휘어진 '등뼈'와 닳고 닳은 '발바닥'과 앙상한 '발등'이 되었을 것이며, 이 '발'은 시인 내면의 표출에 다름 아니다. 자신의 내면에 간직한 느낌, 시리다 · 저리다 · 쥐가 난다 등이 유안진 시의 출발점이다.

말하자면 자신의 내면을 솔직하고 자연스럽게 보여주는 시, 잔잔한 물결과도 같은 시, 때로는 비바람에 일렁이는 바다와 같은 시를 시인은 언어로 빚은 것이다. 그렇다면 '맨발'처럼 느껴지는 시인의 자의식이 빚어내는 구체성을, 하나의 주요 작품을 기본 텍스트로 삼아 확인해 보자.

2. 유안진 시의 분석

2.1 유안진 시인의 시정신이 응축된 작품은 수없이 많지만, 그의 전 작품을 섭렵하고 얻은 결과 「舍利」가 시의 중심에 서있음을 감득했다. '사리'란 부처님이나 성자의 유골을 뜻하는 말이었으나, 현대에는 법력이 크신 스님들의 열반 후에 화장한 뼈에서 나오는 작은 구슬 모양으로 된 것만을 가리키는데, 불사리(佛舍利)라고도 한다. 또한 '사리'란 부처님의 말씀을 적어놓은 경전(經典)을 가리키는 등 여타 의미가 있지만 그것은 시인이 추구하는 바와 거리가 멀다. 특히 4연의 '흑진주'와 연계할 때, 이 '사리'는 일반적 수준인 전자(前者)에 해당됨을 알 수 있다.

시인이 추구하고 있는 시의 정점에 「사리」는 존재하고 있다. 시인이 지향하는 먼 곳에 「사리」는 존재하고 있다. 이로 말미암아 이 시가 유안진의 내면을 가장 잘 반영한 작품으로 평가되어 기본 텍스트로 선택했다.

가려주고
숨겨주던
이 살을 태우면

그 이름만 남을 거야
온몸에 옹이 맺힌
그대 이름만

차마
소리쳐 못 불렀고
또 못 삭여낸

조개살에 깊이 박힌
흑진주처럼

아아 고승(高僧)의
사리(舍利)처럼 남을 거야
내 죽은 다음에는

—「舍利」 전문

이 작품은 유안진 시의 특성을 집약하고 있는 대표작 중의 대표작이다. 시인이 추구하고 있는 여러 요소를 거의 모두 갖추고 있다는 말이다. 특히 이 시는 예술가라면 누구나 추구하고 있는 보편적 희구(希求)를 보여주기에 더욱 값지다. 시인의 예술적 서정과 감각에 의해 직조된 이 시를 산문화시켜 재구성하면 다음과 같다.

> ① 가려 주고 숨겨 주던 이 살을 태우면 온몸에 옹이 맺힌 그대 이름만 남을 거야 ② 차마 소리쳐 못 불렀고 또 못 삭여낸 그대 이름. ③ 내 죽은 다음에는 조개살에 박힌 흑진주처럼, 고승의 사리처럼 그대 이름만 남을 거야

2.2 이렇게 볼 때, 이 시의 기본 틀은 〈버려야 할 것〉--〈갈등〉--〈추구하는 가치〉로 되어 있다. 그중 〈버려야 할 것〉은 '살'이다. 이 '살'은 자신의 실체이면서 실체를 가려서 숨겨 주는 역할을 하는 모든 것의 상징물이다. 겉으로 드러나는 것, 허례허식, 세속의 군더더기, 내면의 울림에 반하는 형식적인 모두를 상징한다. 이런 의식의 편린은 여러 작품에서 산견되는데, 몇몇 예를 들면 「긴 편지」의 '고와서 / 섧고 긴 이야기', 「날개옷」의 '철딱서니없이 / 서성대는 나의 중년', 「겨울사랑」의 '비바람이건 눈보라이건 / 나 혼자의 미친 짓', 「겨울밤 별떨기」의 '인연 닿지 않는 이를 / 혼자 사랑하고 있는 / 이 못난 짓 / 못난이의 / 못난 짓', 「원일 소발」의 '거짓 가슴의 허튼 수작' 등이다. 한 편의 작품을 더 살펴보자

바람이 분다
어느 날의 약속이
찾아와 우는가

등뒤의 머언 풍경
한 폭 흐린 그늘에서
유산된 옛 약속이 와서 운다는가

아직도 죽지 않은
약속이 남았는가
내 수치가 살아 있었던가

올겨울 내내 바람이 분다
귀울음 귀울음 소리
나도 모를 아픈 약속이 운다.

—「바람 소리」 전문

이 작품은 '약속'을 통해 삶을 조명하고 있다. '유산된 약속' '나도 모를 아픈 약속'이 바람과 함께 울고 있다. 그 약속은 과거 서정적 자아가 갖고 있는 '수치'와 연계되어 있다. 버려야 할 '수치'를 아직도 갖고 있다는 자각에서 이 작품은 출발한다.

2.3 그러나 많은 작품에서 드러나는 시인의 시적 원형질은 두 번째 단계인 〈갈등〉이다. 〈갈등〉은 차마 소리쳐 부르지도 못하고 삭여내지도 못하는 내면의 반향이 승화되어 드러난다. 갈등이 드러난 시 몇 편을 살펴보자.

㉮ 구린 세상에서 밀려다니던 땡초
홀연 돌아와 앉은 낡은 암자 한 채
부처도 보살도 감히 못 바라고

암자 한 채로 허물어지자
나 혼자서 치열한
수행에 들자.

—「입산」 중에서

㉯ 고추바람 부는
어느 밤거리
마지막 술집에서
외로운 술잔 저 홀로 기우는가

부우허엉!
묵은 거미줄 함부로 쓸리며
동굴 가슴이 운다
부엉이가 운다.

—「겨울 목소리」 전문

㉰ 야담처럼 묻어나는
짙고 독한 꽃내음엔
벌 나비도 취하여 나자빠져라

도깨비불 쓰러지는 밤에만
꽃피는 엉겅퀴
수유리 깎은 돌밭에서만

꽃진 흐르는 엉겅퀴.

—「엉겅퀴꽃」 중에서

갈등의 양상은 다양하지만 편의상 셋으로 분석해 보았다.

㉮는 개인적 갈등의 양상이다. 서정적 자아는 세속의 만사를 떨치고 자아성찰(自我省察)의 수행을 원하고 있다. '가을 나무 옷 벗듯 / 세상 벗어버리고 / 낡은 암자 한 채로 들어앉고 말자'고 시인은 자신과 다짐한다. 이러한 자아와의 대화는 「동상」의 '지천명의 재 오르막에서 보니 / 손발에도 살속에도 가득 박힌 자수정 / 정녕 자수정빛 썩어드는 동상뿐'에서의 '동상'도 같은 맥락이다. 또한 자아의 갈등이 심화되어 나타난 시가 「징」인데, 시인은 「징」을 통해 시인의 안타까운 내면을 절절하게 토로하고 있다. 사실 자아성찰의 절절함이 이보다 더할 작품을 어디에서 다시 찾아볼 수 있겠는가? 이 작품이 유안진 시인의 자아갈등을 노래한 대표시로 자리매김될 것이라 확신할 수 있다.

내 참새가슴에는
웃음을 잘라내는
작두질만 있었습니다.

무쇠 켜는 망치질
가죽 패는 무두질도 있었습니다.

성주터를 다지는
달구질까지 있었습니다

이제
마흔다섯 이 가슴은
방짜가슴입니다.

통째로 하나의
울음주머니입니다

이 가슴이 한 번 울면
석달 열흘 비 온답니다.

—「징」 전문

㈏의 시는 상대와의 관계에 기인된 갈등이다. 이와 같은 갈등이 드러난 작품으로, 「고란초」의 '너를 보면 말이란 / 얼마나 무력한 것이냐 // 너를 보면 원한이란 / 얼마나 무서운 것이냐', 「서리꽃」의 '사람아 사람아 / 등만 뵈는 사람아 // 유월에도 녹지 않는 / 이 마음을 어쩔래 // 육모 서리꽃 / 내 이름을 어쩔래' 등이 있다. 또한 대표적인 작품을 일부분 제시하면 다음과 같다. 님과의 갈등으로 서정적 자아는 안타까운 그리움만 토로할 수밖에 없는 것이다. 사실 자아성찰에 의한 갈등보다는 상대와의 관계에 기인된 삶의 도정에서 갈등은 증폭되고 애증(愛憎)은 불꽃을 피우는 것이다. 갈등의 양상이 특수성과 보편성을 양립시킬 때, 독자들의 공감대는 더욱 확장되게 마련이다.

임이여
서로가 너무 강하고 몸만 도사리고

자제와 분별로 싸늘히 식히고 식힌 나머지
소한 대한 추위를 불러오고 말아
얼음짱 두꺼운 가슴바닥에
실낱같이 흐르는 그리움 한 줄기로
삼동을 어리석게 살고 있을까요.

— 「서신」 중에서

㉰의 갈등은 대 사회적 갈등의 표현이다. '수유리 깎은 돌밭'에서 이 작품의 주제가 4.19 학생 혁명이라는 것을 눈치챌 수 있다. 사실 유안진 시인은 사회적 목소리를 겉으로 외치기보다는 내면으로 승화시키는 시적 경향이 크다. 그러면서도 시인은 시시각각으로 감지되는 사회의 여러 현상을 묵과할 수만은 없었다. 또한 그것이 시인의 안테나에 감지된 이상 어떠한 형태로든 표출되는 것이다. 「꽃으로 다시 살아」의 '꽃진 자리에 열매는 열렸어야 했지만 / 부끄럽게도 아직껏 비어 있다'는 의식이 그러하다. 작품 전체적으로는 휘파람새에 대한 노래지만 부분적으로 사회적 갈등을 드러낸 작품이 「휘파람새」인데, 그야말로 절창(絶唱) 중의 절창이다.

애국하다
요절한
총각귀신 새가
일본순사 칼 맞고
엎더진 학생
절대로 죽지 않는
뉘 댁 삼대독자가

어린 목청
돋워가며
거푸 부는 휘파람

—「휘파람새」 중에서

이러한 사회적 갈등이 돋보이는 작품으로 「4.19 탑」이 있다. '이 돌 하나가 / 일어서기 위하여 / 그 숱한 가슴팍이 / 총알받이가 되어야 했는가 // 이 돌 하나가 / 남겨지기 위하여 / 작고 작은 내 나라의 반토막이가 / 젊은 꽃피에 그토록 목말랐었나' 이 시에서 시인은 그야말로 피토하는 절규를 언어로 빚고 있다. '말하라 돌이여 / 하늘에 사무치던 지원극통(至寃極痛) 그 아픔도 / 돌 하나만 세워주면 / 그만인가 그만인가' 시인의 가슴에 끓어오르는 아픔을 언어로 직조하고 있다. '그날의 그 초목은 / 제 모양 제 빛깔로 소생하고 있는데 // 1960년 4월 19일 사람의 목숨이여 / 그대 어찌 침묵 침묵뿐인가 / 역사도 결국에 / 상처로 그치는가 / 고작 돌에 패인 상처일 뿐인가 / 기막히고 기막혀라 이 허무여.' 이런 절창은 하이덱거가 말한 바, '시는 역사를 지탱해 주는 밑바탕'이라는 정의가 제값을 다하는 것 같다.

2.4 유안진 시인이 〈추구하는 가치〉가 사실 이 논의의 초점이다. 「사리」에서는 '흑진주'와 '사리'가 시인의 지향인 것을 알 수 있다. 진주의 속성이나 사리의 속성이 갈등과 고통을 통해 얻어진 빛나는 결과이기 때문이다. 아무런 대가나 희생이 없이 얻어진 성과보다는 고심과 노력의 대가로 얻어진 것이 값진 것임을 시인이 확인한 것이다.

이와 같이 어떤 가치를 추구한다는 것은 힘겨운 여정이다. 「고사목」에서는 '머리칼 / 실핏줄까지도 / 진신사리가 될 수밖에' 없는 운명을 노래하고 있으며, 「낙엽 쌓인 길에서」는 '눈부신 꿈 하나로 / 찬란하게 / 죽고만 싶'다고 토로함으로써, 지고지선의 가치를 지향하기 위해서 〈죽음〉까지 불사하는 치열한 시정신을 제시하고 있다. 유안진 시인은 이 '죽음'에 대해 역설적인 조명을 가하고 있기도 하다.

삶을 새롭게 탄생시켜 주는
죽음은 얼마나 기막힌 축복인가
죽음 가까이 다가가 봄으로써
얼마나 그 얼마나 살고 싶어지는가

— 「병상」 중에서

죽음 가까이 가서, 살아있음이 축복임을 알아야 한다는 것을 시인은 '죽음은 얼마나 기막힌 축복인가'라고 노래하고 있다. 어떻든 시인은 스스로가 추구하는 가치를 위해서는 죽음까지 축복으로 여길 수 있는 치열성을 보여주고 있다. 이러한 치열성을 절절하게 노래한 시가 「선운사 동백꽃」이다. '무너지고 싶습니다. / 녹아지고 싶습니다라고 // 여우바람으로 / 자맥질치는 불길 // 미친 이 불길'이 바로 시인만이 가지고 있는 〈끼〉라고 판단된다. 밤마다 고개드는 죄(끼)가 눈서리가 매울수록 오히려 뜨거워만 지고, 그러다가 마침내는 각혈을 쏟고 마는 것이 어쩌면 시인의 운명인지도 모른다.

결국 시인은 「손금」에서와 같이 '황홀히 웃는 꽃'과 '노래가 되는 새'가 되고 싶은 데, 이는 지고지선의 명작에 대한 희구에 다름 아니다. 「가을편지」에 보면 '내일 아침 된서리에 무너질 꽃처럼 / 이 밤에 울고 죽을 버러지처럼 / 거치른 들녘에다 / 깊은 밤 어둠에다 / 혈서를 쓰고 싶다.' 라는 형상화가 보이는데, 이에서 시인의 진의를 알 수 있다. 이를 다음의 작품으로 확인해 보자.

빈 가슴을
채우고도 남을
한마디를 찾고 싶었다

가슴에
묻어두면
보석이 될 한 마디를

길이
내 길을 밝혀줄
종교 같은 말 하나를.

— 「방황」 전문

거듭 밝히자면 유안진 시인의 지고지선의 가치추구가 지고지선의 시 창작이며, 이것이 삶의 목표로 보인다. 이 목표가 이루어지거나 혹은 이루어지지 않거나 간에 시인은 철두철미한 시정신으로 끝없는 노력의 되풀이를 계속할 것이다.

3. 나오면서

유안진 시인은 '속속들이 젖어들고 메아리로 돌아칠 기막힌 울음 하나'(「석삼 년의 꿈」) 키우기 위해 시를 창작하는 것 같다. '목청을 불어넣어 외마디 울음'(「보리피리」)을 울기 위해 시를 창작하는 것 같다. 그야말로 종교 같은 눈부신 꿈 하나를 찾기 위해 시를 창작하는 것 같다. 이러한 시인의 시를 분석한 바를 정리하면 다음과 같다.

첫째, 유안진 시인의 시정신을 집약한 작품 중 「舍利」를 기본 텍스트로 삼았다.

둘째, 이 작품의 기본 구조는 〈버려야 할 것〉-〈갈등〉-〈추구하는 가치〉로 되어 있다.

세째, 버려야 할 것으로는 허례허식, 세속의 군더더기, 형식적인 것들인데, 시인은 이를 배격하고 있다.

네째, 갈등의 유형은 자아성찰의 경우, 상대가 있는 경우, 대 사회적인 경우로 대별되는데 이것이 유안진 시의 핵심 경향이다.

다섯째, 지향하는 가치는 죽음을 불사하는 치열성을 보이는데 결국은 지고지선(至高至善)의 작품을 창작함에 있다.

이렇게 정리하고 나서 다시 읽다보니 예를 들지 않은 시들 중에도 가슴(감성)과 머리(이성)를 치는 작품이 많아 다시금 놀랐다. 그중에서 대표작이 될 수 있는 시 한편을 감상하고자 한다.

흙아
너 지순의 생살이여

물에 젖어
흐느끼다가도

불에 타면
옥빛 백자가 되는데

흙으로 빚어진 이 가슴아
젖어 울고 우는 어느 세월에야

불 속에 불가마 속에
뛰어들 심산이냐

불에 타서 소슬한
명품이 될 참이냐

— 「그릇가마 앞에서」 전문

유안진 시안의 시를 감상하면서 시인의 아름다운 영혼과 생명을 만날 수 있었다. 시인의 시정신에서 발하는 섬광, 아름답게 빛나는 그 시혼을 만났다. '시인의 위대성은 그의 삶에 대한 강하고 아름다운 사상의 작용에 있다.'는 아놀드의 지적을 사족(蛇足)으로 곁들이며 마친다.

◇ 곽우희 시인

애상의 극복과 건강한 시심

- 곽우희 시인의 시, 그 통사적 관점에서

1. 시 감상의 여로

곽우희 시인의 작품을 감상하며 가장 먼저 가슴을 두드린 것은 슬픔이었습니다. 통증이었습니다. 여인들이 겪었을 한(恨)을 모두 뭉쳐 놓아도 이보다 더할 수 없을 만큼, 함께 통곡하고 싶은 느낌이었습니다. 세월이 흘러도 시인이 겪었을 참담(慘憺)은 소멸되지 않으리라고 생각하며, 아픈 내면을 위로하고 싶었습니다.

떠나는 겨울에
아버지 가시니
오는 봄 기웃거림엔
그 사람이 가더라.

가슴앓이를 하얗게 싸매고
휘청이던 계절
목련꽃
이파리가 툭툭 떨어진다.

—「슬픈 계절」 일부

이 작품의 독서에 앞서 「실성한 듯 넘는다」를 먼저 읽어야 정서적 진실에 근접하게 됩니다. 〈친정아버지와 지아비를/ 삼십여 일 간격으로/ 숲속에 묻는다.//시리디 시린 차디찬 눈밭에/ 눈속에 흙속에 묻는다.〉에서 생성된 시인의 절통한 정서를 공유할 수 있기 때문입니다. 〈악몽 아닌 현실/ 이승과 저승의 산마루// 삶의 고갯길로 들어선다.〉는 시인의 한탄에 독자도 같이 휘청일 수 있습니다. 그리하여 〈무작정/ 가야만 하는 길을/ 통곡으로 넘는다.〉에 이르러 손을 잡고 같이 오열할 수밖에 없습니다.

'가슴앓이'는 '괴로움으로 마음을 앓는 상태이며, 고열이 나고, 송곳으로 가슴을 찌르는 것 같이 아픈 증상'입니다. 시인은 이렇게 아픈 상황이지만, 이를 꽁꽁 싸매고, 다른 사람들에게 엿보이지 않으려 애를 쓰기에 더욱 슬픕니다. 사랑으로 피어나야 할 봄에 목련꽃 이파리가 툭툭 떨어집니다. 떨어지는 목련꽃이야 자연의 섭리요 조화겠지만, 시인은 자신의 신체가 떨어지는 듯한 아픔에 젖습니다.

〈떨어진 꽃잎이/ 바람에 휘둘리니/ 첩첩으로 쌓이는/ 하얀 몸부림〉은 아버지와 지아비의 별세에 따른 망극한 정서일 터입니다. 그리하여 〈처절하게/ 내동댕이쳐진/ 너와 나의 슬픈 계절〉을 감내해야 합니다. 그렇지만 시인은 작품 「여전히 푸르고」에서 〈서러움의 길에도/ 겨울을/ 비집는 봄의 옹알이가/ 파릇파릇하다.〉며 애상(哀傷)을 극복해 나갑니다. 이는 슬퍼도 겉으로 슬퍼하지 않는다는 애이불비(哀而不悲)의 정서이며, 슬픔 속에서 푸른 사랑을 가꾸는 원동력이기도 합니다.

2. 아버지와 어머니

곽우희 시인은 1937년 7월 25일 충북 옥천에서 출생하여 성장합니다. 고향 옥천에서 초등학교와 중학교를 졸업한 시인은 대전사범학교와 대전여자고등학교의 입학시험에 합격하였으나, 최종 대전사범학교를 선택합니다. 이 학교에서 시인은 한성기 시인(당시 교사)과의 운명적 만남이 이루어집니다. 학창 시절에는 시와 문학에 별다른 관심을 보이지 않았지만, 후일 시인으로 등단하고 문단에 나서게 된 바탕에는 시인 한성기 선생의 배려가 있었기 때문입니다.

곽우희 시인이 시를 창작하여, 시인으로 등단하고, 시집을 발간한 재능은 부친으로부터 물려받은 것 같습니다. 시인의 부친 곽정길 선생(1899~1981)은 일본 강점기에 현대식 교육을 받은 인텔리였습니다. 1915년 옥천 죽향초등학교 졸업, 1918년 수원농림학교(서울대 농대) 본과 졸업, 1927년 일본 중앙대학교 법과대학 졸업 학력은 당시 최고의 지성인일 터입니다.

부친은 교육자와 공무원으로 봉직하였으며, 한문과 한시에 뛰어나 여러 권의 한문 저서를 발간한 분입니다. 1933년 『탄암유고』2권 1책, 1957년 『용촌 선생 실기』를 발간하였고, 사후에 후손들이 유고를 정리하여, 2006 『화암 곽정길 한시 선집』 를 발간하였습니다. 이 책의 미비한 점을 교정하여 2012년 『한매 寒梅』를 발간합니다. 공직에서 물러난 후 옥천에서 기거하였지만, 대전의 석교동에 있는 '한시' 모임에 참석하면서 시문학 창작에 전심한 분입니다.

아버지 헛기침에
열리던 내 방문

하얀 창호지로
문풍지 재단하신다.

바늘 구멍으로
황소바람
들어오느니라

문풍지에 펼치시던
노을빛 사랑

—「아버지의 만추」 일부

아버지가 늘 어려웠다고 회고하면서도, 시인은 12행 단형시에 노년의 아버지를 오롯하게 그려냅니다. 시인의 아버지는 고향 옥천을 떠나 나랏일을 담당합니다. 대구공립농업학교 교사, 청주공립농업학교 교사, 충북 영동군 군수, 제천군 군수, 충북도청 간부 공무원 등을 역임한 후 고향인 옥천으로 귀향(歸鄕)합니다. 고향에서도 옥천농업고등학교 교장, 옥천중학교 건립 초대 교장 등을 역임합니다. 공직에서 물러난 아버지의 세월을 시인은 바람에 시달리는 〈가을물 먹은 잎〉으로 수용합니다.

이러한 수용에 따른 일화(Episode)를 시에 담아냅니다. 〈아버지 헛기침에/ 열리던 내 방문〉은 당시 엄하였던 부친의 임재를 형상화한 부분입니다. 그렇게 엄하시던 아버지가 〈하얀 창호지로/ 문풍지

(를) 재단〉하시는 자애(慈愛)를 보여줍니다. 문풍지를 새로 만들어 붙이면서 〈바늘 구멍으로/ 황소바람/ 들어오느니라〉라고 속담을 통하여 둘째 딸을 염려합니다. 엄부(嚴父)의 이런 모습에 감격한 시인은 〈문풍지에 펼치시던/ 노을빛 사랑〉에 눈물을 글썽입니다.

〈아버지의 만추〉와 동질적 '가을'을 느끼게 하는 형상화는 「그 가을 저녁으로 가는 길」에서도 드러납니다. '가을' '저녁'이 주는 언어의 이미지와 함께 〈그해,/ 그 가을 저녁바람도 몹시 차가웠다〉와 일치하는 이미지를 형성합니다. 〈건너편 신호등 앞에서/ 바람과 마주 서신 아버지/ 두루마기 앞자락 여미시며/ '어서 가라' 손 흔드시던 그 모습〉만 남기시고, 아버지는 '그 가을'을 지나 추운 겨울에 먼 길을 떠납니다.

태극 물결이 만세를 외치며
삼천리를 덮던 날
어머니는 말씀하셨다.

"나는
해방의 깊은 뜻은 모른다.
분명한 건 나도 해방이다.
'모시모시'에서의 해방이다.
내 나라 말로 전화를 할 수 있다는 거다."

언어의 억눌림에 시달리셨던 내 어머니.

—「그때 그 말씀」 일부

시인은 어머니(김갑경 여사)의 말씀을 간략하게 소개하면서, 1945년 8월 15일 광복을 맞은 날의 의미를 분명한 어조로 확인합니다. 어머니 한 분의 일화이지만, 이는 우리나라 온 백성의 해방이며, 억압에서 풀린 자유 민족으로서의 절실한 고백이기도 합니다.

해방의 기쁨을 맞은 지 얼마 지나지 않아 6.25 민족 전쟁이 발발하자, 어머니의 일상은 형언할 수 없는 고통의 연속입니다. 〈새벽 일찍 일어나신 어머니/ 부석부석한 얼굴에 수심을 가득 담은/ 모습으로 꼭두새벽에 말씀 없이 나가셨다./ 온종일 기다려도 소식 없으신 어머니// 어둑어둑 땅거미 들며 동란의 공포가/ 늑대를 만난 듯 으스스 한데 들어오신 어머니/ 두 덩이의 곡식 자루가 쓰러지듯 놓인다.〉 이렇게 곡식자루를 내던지고 〈누에처럼 맨바닥에/ 몸을 말기신다.〉 이를 본 가장(家長)의 아픈 가슴인지 〈어머니의 자리를 편하도록 만드시는 아버지〉의 모습에 슬픔이 고입니다.

곡식 두 덩어리를 가져오려면, 한 덩이를 일정 거리까지 날라놓고, 다시 돌아가 한 덩이를 이고 와야 합니다. 이런 반복이 여러 차례 이어져야 곡식 두 덩이가 집으로 운반됩니다. 〈목인들 오죽 아팠을까〉 〈얼마나 휘청이며 오셨을까〉 걱정하며, 〈이념이 요동치는 난중의 난을 홀로 겪으셨던 어머니〉를 묵상하며 시인은 정서적으로 오열합니다. 이와 같은 일화는 개인적 통증이기도 하지만, 우리 겨레의 아픔이라는 확산적 의미를 띠게 됩니다. 그래서 곽우희 시인의 작품을 감상할 때는 행간의 의미를 되새겨야 환하게 보입니다.

3. 시련과 극복 의지

대전사범학교를 졸업한 곽우희 시인은 2년 6개월간 고향의 삼양초등학교 교사로 봉직합니다. 그 사이에 사업가(임차웅, 동림산업 대표)와 결혼을 하게 되어 교육자의 꿈을 접습니다. 남편의 사업이 날로 번창하여 어려움 없이 자녀들의 육아와 교육에 전념합니다. 사회 활동도 왕성하여 사회단체의 간부와 친목단체의 대표를 역임하면서 삶의 전성기를 구가합니다. 1976년에는 대전사범 여자 총동창회 회장으로서 한성기 시인의 시화전을 개최하여, '은사를 존경할 줄 아는 사람'이라는 좋은 평판을 얻습니다.

그러나 행복하던 가정에 '부군의 별세'라는 불행이 닥칩니다. 그리하여 가정주부로 가정만을 돌보던 시인은 1981년부터 1987년까지 부군이 벌여놓은 사업을 승계하여 수습하기에 이릅니다. 이때 사업과 관련된 사람들의 무책임과 배신행위에 맞닥쳐 절망하기도 합니다. 이렇게 세상의 끝에 내몰리고, 정서적으로도 애통해하던 시기에 은사(恩師) 한성기 시인을 다시 만나, 1982년에 월간 『현대문학』에 작품 「돋보기」「보랏빛 그림」「목련」 등이 추천 완료되어 등단합니다. 문단에 데뷔한 후 1987년에 최종 사업에서 손을 떼고, 자녀 교육과 문학 창작에 나섭니다.

> ① 분명히
> 화가는 작품에서 붓을 놓았습니다.
> 그리고
> 아주 멀리 떠나갔습니다.
>
> —「보랏빛 그림」 일부

② 누운 꽃잎은
어느새
반은 흑갈색이다.

나는
문득 지는 꽃에서 나를 발견하고
이미 저승에서
흙과 한타령이 되었을
그이를 본다.

— 「목련」 종반부

③ 나는 학창시절의 은사님을 뵙고
〈중략〉
'햇빛의 돋보기'라는
그 분의 말씀은 짙게 다가오는데
햇빛은커녕
구름과 안개만이
가득한 나의 눈.

— 「돋보기」 종반부

부친의 별세에 이은 남편의 별세, 시인에게는 하늘이 무너지고 땅이 꺼지는 형국이었을 터입니다. 그 연유로 이 시기에 창작한 작품에는 부군에 대한 정서가 중심을 이룹니다. 예를 든 등단작품 세 편 모두 상실에 의한 애상성을 주조(主調)로 합니다.

①에서 시인은 '엷은 보랏빛 그림'을 시적 대상으로 삼습니다. 사람들은 슈베르트의 미완성 교향곡처럼 미완성 그림인 줄 알고 있지

만, 시인에게는 결코 미완성이 아닙니다. '엷은 보랏빛 그림'은 그 자체로 완성체이며, 다른 사람들의 평(評)이 구구하지만, '흰빛 감도는 보랏빛' 그림으로 충분합니다. 다른 사람들이 못내 아쉬워하는 그림일지라도, 시인에게는 그것만으로도 황홀한 그림입니다. 그림의 원관념은 '눈물로 흐려진 시인의 일상'으로 보이는데, 이러한 비유와 상징에 의하여 도달한 문학적 성취가 놀랍습니다.

②는 봄에 목련꽃이 지는 상황과 시인의 절망적인 입장을 비유하고 있습니다. 물기 먹은 대지에 떨어지는 꽃잎, 〈소복이 지겨워 고개 돌려 버린/ 나에게/ 백목련의 꽃잎 한 쪽이/ 어깨를 살금 스치며/ 발밑으로 떨어졌다.〉 〈뿔뿔이 흩어진 꽃잎은/ 내 황토 묻은 흰치마 꼬라지가 되어서/ 땅을 베고 눕는다.〉고 묘사합니다. 그 꽃잎에서 시인은 〈문득 지는 꽃에서 나를 발견하고/ 이미 저승에서/ 흙과 한 타령이 되었을/ 그이〉를 연상합니다. ③에서도 유사한 형상화를 보게 됩니다. 〈이미 이승의 내 눈을/ 저승의 그이가 가져간 것〉과 같이 절망에 빠진 시인은 스승이 '햇빛의 돋보기'를 말씀하시는데도, 〈구름과 안개만이/ 가득한 나의 눈.〉이라는 절망적 상황에 이릅니다. 이러한 절망은 시인으로 하여금 '환청'에 시달리게 합니다.

무더위를 달래는
비 내리는 밤

소스라치게 놀라 일어났다
분명
초인종 울렸는데

빗소리만 요란하다

환청

이제는
보내고 잊어야할 미련.

—「환청」 전문

설명이 필요하지 않을 정도로 간결한 작품입니다. 어느 무덥던 날, 상쾌하게 쏟아지는 빗소리에 깜짝 놀라 일어납니다. 빗소리 속에 초인종 소리가 섞여 들린 것 같았는데, 일어나 보니 빗소리만 요란합니다. 초인종을 누르고 귀가하던 남편이 온 듯한 환청입니다. 시인은 이러한 환청 속에서 〈이제는/ 보내고 잊어야 할 미련.〉임을 깨닫습니다. 그래서 가슴에 묻어두었던 그를 잊어야겠다고 생각합니다. 이 작품은 간결하면서도 시인의 내면이 오롯하여 곽우희 시인의 대표작으로 분류해도 좋을 것 같습니다.

이러한 현상은 작품 「꿀잠」에서도 드러납니다. 〈몇 밤을/ 불면과 마주하며/ 어렵사리 얻은/ 꿀잠이다.// 어렴풋한 그 모습// 소스라치며/ 번쩍 눈을 떴다./ 놓쳐버린 꿀잠/ 달아난 꿀잠이다.〉에서 '잠을 이루지 못하는 상황'에서 어렵게 '꿀잠'이 들었는데 〈어렴풋한 그 모습〉의 남편이 보이는 것 같아서 〈소스라치며/ 번쩍 눈을 떴다.〉고 고백합니다.

아직도 빗소리에서 초인종 소리를 환청으로 들을 만큼, 그리고 어렴풋한 모습에서 놀라 눈을 뜰 만큼, 시인의 애상적 정서가 깊습니다. 그러나 시인의 원천적 내면에 녹아 있는 '푸름(靑, 혹은 綠)'의 정서가 아픔과 눈물을 깨끗이 씻어냅니다.

흐르는 물이듯 살어리
바위를 만나면 돌아가고
때로는 부딪쳐 부서져
되돌아와 한몸 되는
물이듯 살어리

흘러가는 길 천길 벼랑에선
몸 던져 속살 드러낸 폭포로
떨어지면 푸른 가슴으로 살어리

떠밀려 가는 길
강을 만나면 어우러져
도랑물 타고 오는 산빛 씻으며
하늘 품은 바다 되어 살어리
흐르는 물이듯 살어리.

—「흐르는 물이듯」 전문

'살어리'는 청산별곡의 '살어리랏다'에서 감탄형 어미 '랏다'를 생략한 것으로 '살(으)리' '살리라' 등의 '소망, 지향, 미래'를 나타내는 어조를 띱니다. 시인은 〈바위를 만나면 돌아가고/ 때로는 부딪쳐 부서져/ 되돌아와 한몸되는/ 물〉처럼 살기를 소망합니다. 흘러가는 천길 벼랑 폭포로 떨어지면서도 '푸른 가슴으로' 살고자 합니다. 〈강을 만나면 어우러져〉 산빛까지 깨끗이 씻으며 하늘을 품은 바다가 되어 살고자 합니다. 바다에 이르러서는 흐르는 물이 아닐지라도, 늘 새롭게 흐르는 물이고자 합니다.

4. 고희(古稀) 여경(餘慶)

참담한 현실에 절망하던 곽우희 시인이 2006년 고희 전후에 마음을 비웁니다. 허정(虛靜)의 경지에 이르고자 작심하면서 먹구름이 흘러가고 경사가 꽃처럼 피어납니다. 2008년부터 2010년에 은사 한성기 시인을 기려 제정한 '한성기문학상' 운영위원회 위원장을 맡아 15회~17회 수상자 안명호 한문석 김두관 차달숙 정진석 등을 시상합니다. 이보다 조금 앞서 2002년부터 '금빛봉사단' 임원으로 봉사하며, 아픔을 씻으면서 현재에 이릅니다.

2012년에 첫 시집 『여전히 푸르고』를 발간하여 출판기념회를 성대하게 개최합니다. 시인의 가슴에만 묻고, 영원히 내놓지 않으려고 하였으나 주위 친지들의 강권에 의해 발간한 시집입니다. 이 시집으로 2013년에 12회 정훈문학상 대상을 수상하게 되고, 수상의 인연으로 2014년부터 현재까지 소정 정훈 선생을 기려 제정한 '정훈문학상' 운영위원회 위원장을 맡아 봉사합니다. 이어 2018년에 2시집 『어머니의 수채화』를 발간합니다. 등단 30년 이상인 원로를 선정하여, 대전문화재단에서 지원해 발간하는 시집이이어서 특별한 의미가 있습니다.

이와 같은 노년의 다경(多慶)은 그야말로 천복이라 하겠습니다. 자녀 1남 3녀도 모두 성공한 인물로 성장합니다. 장녀 임경원은 서울대학교 음악대학을 졸업한 바이올리니스트로서 방송국 악장을 맡습니다. 장남 임종원은 미국 조지워싱턴 대학을 졸업하고 미국에서 병원을 운영합니다. 차녀 임지원은 서울대학교를 졸업한 경제학자인데 세계가 주 무대입니다. 3녀 임명원은 건축학을 전공한 수재로 유명세를 타고 있습니다. 그래서 시인은 생활의 평강과 정서적 안정을 찾습니다.

음악이 조용히 흐르고
커피 향 은은한 찻집
벽시계의 은침은
정오를 넘어 섰다.

자주는 아니지만, 가끔
그와 내가 마주 앉았던 자리
혼자 있자니
울컥 설움이 치받는다.

얼마쯤일까
엄마 소리 연발하며
들어서는 아이들
서러움 녹이는 해오름.

—「해오름」 전문

시인의 과거와 현재, 그리고 미래가 압축되어 있는 작품입니다. 1연은 현재의 편안한 상황이며, 2연에서는 설움의 객체와 함께 왔던 자리여서 정서적 폭발을 형상화합니다. 울음이 터질 상황에 이르렀을 때, 아이들이 '엄마'를 부르며 들어섭니다. 이 상황을 시인은 〈서러움 녹이는 해오름〉으로 승화시킵니다. 슬픔을 극복하는데 자녀들이 주요한 역할을 하였을 터이며, 이들과 보내는 시인의 여생(餘生)은 일출처럼 환하게 열릴 것 같습니다.

어둠의 터널을 지나느라 정서적으로 고통스러웠을 과거를 털고, 자녀들과 함께 행복한 나날을 보내리라 믿습니다. 간혹 울컥울컥 설움이 일어나겠지만, 그 설움은 충분히 극복될 것이며, 그런 정서와 사색으로 감동적인 작품을 빚으리라 기대합니다. 이제 산수(傘壽)를 넘기셨으니, 연년익수(年年益壽)를 기원하며, 작품 감상의 여정(旅程)을 접습니다.

◇ 최자영 시인

투명한 女心과 달관의 文學魂

- 최자영 시인의 1시집 작품세계

1.

최자영은 사물에 대한 깊은 통찰력과 사회에 대한 따뜻한 정감을 가진 여류시인이다. 특히 직감에 의한 선명한 이미지는 최자영 시인만이 갖고 있는 장점이며 개성이다. 감성의 형상화 역시 뛰어나 여성의 섬세함으로 시의 깊이와 폭을 더하고 있다.

최자영 시인의 시력(詩歷)은 오랜 숙성의 과정이었다. 1966년 공주교육대학을 졸업할 때까지 파람 문학회 동인 활동을 했으며, 그 이후 꾸준히 시작(詩作)을 하여 많은 작품을 발표한 바 있다. 그 중 1984년 MBC주최 금강백일장에서는 「금강」으로 장원을 했으며, 1985년 한국 여류문학회 주최 전국 주부백일장에서는 「이웃」으로 장원을 했고, 1986년 《월간문학》에서 실시한 신인작품상 모집에서는 「새치를 뽑으며」로 당선하여, 정식 문단에 입문하여 신문, 잡지, TV 등에 주옥 같은 시를 발표하고 있다. 그녀의 시에 대한 정열은 활화산과도 같아서 등단한 지 2년 여에 발표한 작품이 70여 편에 이르러 시집 『바람의 말』을 출판하기에 이르렀다.

최자영 시인은 개인의 문학적 성장과 한국문학 발전을 위한 일환으로 《오늘의문학》과 《미래시》 동인활동을 하고 있다.

최시인의 시적 감수성과 형상화 능력을 극대화시키는데, 또한 시적 순수성을 일깨우는데, 동인활동이 일조하고 있음은 이미 발표된 작품의 문학성으로 증명되고 있다.

이에 최시인의 시적 방향, 즉 시의 특성에 대하여 약술하고자 한다.

2.

최자영 시인은 동양적 미덕의 소유자이다. 말하자면 한국인의 전통적 속성인 효(孝)를 바탕으로 한 서정이 최시인의 시적 출발이며, 이를 바탕으로 고향의식, 여성의 일상적 생활, 또한 비상 의지가 표출되고 있다.

그가 즐겨 채택한 소재들도 이런 범주에 속하는데, 예컨대 부모의 병환, 고향, 여성의 일상, 현실 탈피의지, 그리고 주변의 애정 등이다. 그가 이런 소재들에 특별한 관심을 갖는 것은 아마도 선천적으로 다정다감한 성격을 받았으며, 이를 문학적 본질로 인식했기 때문일 것이다.

그가 길을 튼다
몽땅 풀어놓아
숯불로 타고 있는 바다에
터진 심장도 훨훨 태운다.

나부끼는 너털웃음
되받는 산울림
사라짐은 결코 숨는 것이 아니니

때가 되면 이리 되는 신비
서럽던 일 아팠던 일
모두 내 탓이니

골고루 사랑을 나눠 주어도
쉬 줄지 않는
만선의 넉넉함으로 서 있는 아버지

그 큰 뜨거움으로
길을 열고
그가 큰 길 속에
내가 빠질 차례다

—「지는 해 · 2」 전문

이 작품의 시적 원형질은 크게 3단계로 나누어 볼 수 있다. 환언하면 시인이 내면화하고 있는 내용을 독자의 측면에서 확산적 실체로 파악할 수 있다는 것이다.

1단계는 아버지와 시인의 개인사적 표출이다. 아버지의 작고와 시인의 달관적 의지가 이 시의 씨줄이다. 여기에 형상화의 요소요소가 날줄로 한편의 씨를 직조한 것이다.

2단계는 한국의 전통적 정서가 주조를 이룬다는 점이다. 부친을 해로 모친을 달로 보는 견해나 부친을 하늘로 모친을 땅으로 보는 인식은 한국의 전통적 의식이자 소산이다.

3단계는 이 작품이 인간의 본질적 인식에 접근하고 있다는 점이다. 인생의 영고성쇠와 세대교체라는 삶의 투영에 가장 근원적이며 불변하는 진리인데 이 작품은 이러한 본질적 인식에 바탕을 둔 것이다.

그러면서도 이 작품이 시적으로 매우 적절한 형상화를 이루고 있으며, 동시에 감정의 극대화를 기하기 위한 구성의 치밀성을 보여주고 있다. 즉 이 작품은 5연으로 되어 있으며, 연과 연의 이미지 연결은 완전한 극적 구성을 이루고 있다. 프라이타크(Fraytag)의 5단 구성이 가장 적절한 것이냐, 또한 감정과 공명을 불러일으키는데 가장 뛰어난 것이냐에 대해서는 이론(異論)도 있을 수 있으나 현재 희곡의 구성에서 근간을 이루고 있음을 부인할 수 없는 것이다.

최자영 시인은 어떤 이유 — 5단 구성을 염두에 두었거나 그렇지 않고 시적 감수성으로 자연히 창작되었거나 불문하고 — 에서인지는 모르나 이러한 구성에 많은 관심을 기울인 것만은 틀림없으며, 이는 여타의 작품에서 증명되고 있다. 일견하여 예를 들어도 「雪 · 1」 「탈진」 「토요일 오후에」 「日曆을 떼어내며」 「과민성 위장염」 「풍치를 앓으며」 「지는해 · 1」 「돌절구」 「낮달」 「금강」 「중학동 일기 · 9」 「앞치마」 「나무장승」 「샘터에서」 「꽃게의 꿈」 「해뜨기 전」 등이 있다. 물론 3연 4연의 시도 많으나, 구성에 깊은 관심을 보이고 있는 것은 사실로 파악되며, 그러한 작품이 대체로 뛰어남을 알 수 있다.

최자영 시인이 표출한 한국 여성의 실체는 사랑과 달관의 모습으로 형상화되어 있다.

① 빨래에 배인
묵은 겨울을 짜내면
하얗게 되살아나는 순수
텅 비어진 가슴에
한아름 봄을 펴 담아 돌아오는
논뚝길
머리 위 빨래 함지박엔
눈꽃이 피어도
빨갛게 아이들은 쥐불을 놓고,
잎진 裸木에 까치 한 마리
성급한 봄소식을 전한다.

② 목소리 낮춘 소망의 빛
여울로 흘러
단단한 흙 위에 뿌리내리는
여자의 자리
출렁이는 허물을 벗어
연연한 옥실을 뽑아올리겠습니다.

③ 다부지게 약속한 삶의
매듭을 엮으며
아침 동트는 향기를
부끄러움으로 담은
순백의 앞치마에선
과일즙 같은 행복이
뚝뚝 떨어진다

④ 진한 잎새 뒤에 얼룩진
자잘한 아픔일랑
잊기로 했네
맨발로 서서 보는 하늘이여
내 여정의 숲이여

이상 네 편의 시는『바람의 말』1부의 시편 중에서 무작위로 선택한 시의 끝연이다. 즉 최자영 시인의 중심의지가 배태되어 있는 연이라 할 수 있다. ①은「빨래터 · 2」의 4연(끝연)이다. 빨래는 여성에게 지워진 인고의 작업이자, 한국 여성에게 씌워진 굴레라고도 할 수 있다. 그것도 집 밖의 개울이나 샘가의 빨래터, 철 역시 겨울이라 하면 정말 힘겨운 일상의 작업이다. 그러나 최자영 시인은 사랑과 달관으로 기쁨, 희망을 노래하는 것이다.

②는「머리를 빗으며」3연이다. 여성이 머리를 빗는 것은 단정함과 순수함의 표출이며 예절에 부합되는 행위이며 가장 아름다운 모습의 하나이다. 머리를 빗으면서 최자영 시인은 '헐거운 생각의 물결'을 빗어내고 '먹물의 선을 그으며 엉클어지는 타래실 쌓이는 인연들'도 걷어내는 것이다. 즉 순수의 결정체를 위하여 — 옥실을 뽑는 일 — 자신을 성찰하는 것이다.

③은「앞치마」의 5연이다. 앞치마는 정갈한 여성의 상징이며 주부의 참모습을 보여주는 것이다. 그러기에 3연에서 최자영 시인은 〈이슬로 세수한 아침/ 맑고 청아한 노래소리/ 흔쾌히 나누자〉고 했을 것이다. 여성의 질곡을 사랑으로 승화한 작품이라 할 수 있다.

④는「숲에서」의 4연이다. 이 작품 역시 인고의 여심과 달관의 기

뻠을 노래하고 있다. 그러기에 '여리고 보잘 것 없던 어제'와 '구름이 내려앉은 산등성이에서 긴 밤'을 지내면서도 '가득가득 펴들은 웃음'을 노래하고 있을 것이다.

이상의 작품에서 보여주는 최자영 시인의 시심은 어려움과 슬픔, 안타까움, 힘듦, 허무 등에서 새로운 빛의 일상을 형상화 했다는 것을 알 수 있다. 그러나 이러한 투명한 시심과 함께 비상의지도 드러내며, 때로은 현실의 부조화도 눈에 띈다. 이는 시인이 갖고 있는 치열한 의식의 일단으로 볼 수 있으며 매우 적절한 어조로 직조되어 있다.

진실의 명주 올을 잣고 싶어라
청청한 천 갈래 만 갈래 길
욱일승천하다가
보이지 않는 바다 한 쪽 보기 위해
솟아오르고 싶어라

눈부신 빛살을 식히며
떠도는 신열
시린 물줄기로 솟아
소금기 절은 나날
별로
달로
뜨거운 목숨으로
방울져 내리는 아픔

비로소 승화하는
수천 수만의 푸른 날개
생성의 기쁨으로 날리는 꽃가루인가
따가운 햇살
정수리를 차고 쏟아지는 발원인가

―「분수」 전문

최자영 시인의 비상의지를 보여주는 대표적 작품이다. 누구나 분수를 보면 한번쯤 분수와 같이 솟아오르고 싶은 의식을 갖게 될 것이다. 그러나 이러한 의식이나 무의식이 곧 시가 되는 것은 아니다. 시적 프리즘을 통하여 형상화해야만 한편의 격조를 인정받는 것이다.

이 작품에서 시인이 이상향으로 추구하고 있는 곳은 '보이지 않는 바다 한쪽'이다. 그 바다는 시인이 희구하는 시의 본향이요, 정신적 고향이며, 그리움의 근원이다. 이러한 이상향에 도달하고 싶은 희원은 이러한 좌절을 수천 수만의 '푸른 날개'로 극복하는 것이다. 어떻든 이 작품은 최자영 시인이 갖고 있는 사랑과 달관의 여심에 새로운 시각을 부가하는 작품으로 볼 수 있다. 이러한 계열에 「미역의 하루」가 있는데 〈속속들이 삭은 가슴 풀어/ 터치고 싶은 신열/ 바다는 늘 끌어들이고/ 비린 슬픔 한 가지씩 씻어내/ 펄펄하게 살아나는 손사래이고 싶다〉에서 무엇인가 새로움, 이상, 희망을 찾을 수 있는 것이다.

이는 어쩌면 시인의 치열한 의식으로도 파악되는데 「아침해」에서 보여주는 바 〈하루의 시작을 부시게 넣어놓고/ 쓰러져 누운 나의 언어/ 일으켜 세운다/ 바람에 쓸려 찰랑이는 꿈/ 하늘 가득 흩부려 가꾸려/ 날개 살을 펴든 새〉는 바로 시인의 서정적 자아로 볼 수 있기 때문이다. 이러한 비상의지는 또한 「퇴원하면서」의 4연 〈끊이지 않는 건강의 그림자/ 닫혔던 문을 열고/ 병동을 나서는 한 마리 새/ 눈부신 비단구름으로 떠오르고 있다.〉에서도 간곡한 어조로 형상화되고 있다.

그러면서도 최자영 시인의 여성적 심상을 대변하는 시로 「봄비 · 1」을 들 수 있다.

> 기다림으로 젖고
> 기다림으로 마르는
> 신부의 발자국
>
> 몰래몰래 다가와선
> 이슬로 스러지는 그대
> 덧니 보이며 살짝 살짝 웃다가
>
> 벙어리 새가 되어
> 날개도 접고
> 가슴 처마에 떨구는 그리움
>
> 차마 말못하고 꼭꼭 숨어
> 나붓나붓 내리는
> 신혼의 은빛 수줍음이여

최자영 시인의 시는 한국 전통적 여심에 기초를 두고 있다. 이 여심은 생명의 근원에 깊은 통찰력을 보이며, 사랑과 달관으로 일상의 삶을 직조한다.

그러면서도 때로는 절절하며 폭발적인 비상의지가 상쾌한 감동을 불러일으키고 한편으로는 다정다감하며 섬세한 직관력으로 삶의 처처에 윤기를 더하는 것이다.

3.

최자영 시인의 일차적 결산인 첫 시집 『바람의 말』을 단편적으로 다루었다. 전체적인 분석과 종합으로 시인이 이룩한 시업에 평가를 내려야 함이 마땅하고도 당연하나 제한된 지면으로 인하여 어쩔 수 없음을 밝힌다. 누구인가가 시인의 시세계에 대한 새로운 경지를 고찰하리라 믿으며, 동시에 시인의 작품세계는 고정되어 있지 않기에 앞으로의 변모된 모습도 그려보게 된다.

이러한 연유로 최자영 시인의 「새치를 뽑으며」에 나타난 바 '허물고 싶었네'라는 토로에서 비롯된 것이다.

허물고 싶었네
뽑아도 그 자리
그대로 와 앉는 가시
살아있음의 잔가지들
떠나보내고 싶었네

손을 튼 채

잠들지 못하고 서성이는,
문득 돌아와 떠는 어지럼

불씨 하나
깊이 감추어 두고
저려 하는 깨달음은

아
이제야 알겠네
무수히 찢겨 나간 시간의
저 허망의 벽을 뚫고
강물에 뜨는 내 그림자임을,
허물고 싶었네

―「새치를 뽑으며」 전문

기존의 모든 것을 허물고 새로운 시세계를 개척하고자 하는 강한 열정으로 보면 좀 비약일 수 있을지 모르나, 이는 최자영 시인이 갖고 있는 시적 내면이다. 물론 이 작품의 세계를 하나의 카테고리에 묶어 의미의 축소화를 기하자는 것은 아니다.

최자영 시인은 투명한 여심의 소유자이면서, 하나의 불씨로 문학혼을 지키는 서정시인이자, 새로운 문학세계를 탐구하는 소명의식을 내재화하고 있는 선구자적 시인이다.

◇ 윤월로 시인

진주를 지향하는 사랑의 시심

- 윤월로 시인의 5시집 작품세계

1. 윤월로 시인에 대하여

윤월로(尹月老) 시인은 1947년에 태어나면서부터 원로(元老?)가 되었다고 농담을 한다. 인연을 맺어 주는 월하노인(月下老人)에게 감사하여 지었는지, 가계(家系) 돌림자로 지은 성함인지 모르지만, 우리말 발음으로는 동음이기 때문에 지어낸 농담으로 보인다. 그러나 이런 이름 덕에 한번 들으면 기억을 잘하여 좋다는 첨언이다.

그는 충남 부여군 홍산면 남촌리에서 태어나, 충남 논산시 강경읍에서 산양초등학교 · 강경여자중학교 · 강경여자고등학교를 졸업하고, 공주교육대학에 입학하여 1967년에 졸업한다. 1967년부터 1973년까지 초등학교 교사로 봉직하다가, 1973년에 중등교사 검정시험에 합격한 후, 1974년부터 1999년까지 중등학교 교사로 근무한다. 30여 년을 교육계에 봉사하는 한편, 문학 창작의 텃밭을 갈고 닦는다.

1981년 첫시집『나무 오른 편에서』를 발간하여 등단—1990년대 말《시와시론》신인상으로 재등단—하고 이어 시집『임』(1987),『생각나셔요, 아버지』(1993),『삶의 소묘』(1997) 등을 발간하고, 수필집『안단테로 걷는 산책길』(1995)을 발간하여 중견문인으로 자리한다. 이와 같은 작품 활동에 대하여 다음과 같은 평가를 받은 바 있다.

> 윤월로 씨의 가장 큰 주제는 '사랑'이다. 그것도 '사람 사랑'이다. 가족과 이웃에 대한 끝없는 염려와 간절한 기도와 따뜻한 관심. 이 사랑의 몸짓과 숨결들이 그녀의 시 곳곳에서 빛나고 있음을 본다. 그리하여 그녀의 시로 하여 그 자신 삶의 조그만 안내자로 삼는다. 조그마하나 소중한 한 자루 촛불로 남고자 한다. …… 그러면서 그녀는 그녀의 시를 통해 아름다운 세상을 꿈꾼다. 깨끗한 세상, 선량한 사람들의 세상, 서로 돕는 사람들의 세상, 나약한 사람들이 안심하고 살아가는 세상이 되기를 그녀의 시는 꿈꾼다.
>
> — 나태주 시인

> 모든 둘레의 것들에 넉넉한 마음으로 눈빛을 주는 윤월로는 타인을 너그럽게 감싸고 용서해 주는 교훈을 가르쳐 주기도 한다. 이렇듯 삶에 역점을 둔 이 시인의 시는 올바르게 살아가려는 뜨거운 고집, 그런 것들이 서정에 얽혀 진솔하게 나타나 있기 때문에 우리에게 감동을 준다. 문학에의 길은 천형(天刑)의 외로움을 감수하는 터널이다. 자기가 자기의 외로움을 사랑하고 아낄 때 맑고 곧아지는 법이며, 염결(廉潔)을 지킬 때 더욱 고독해지기 마련이다. 그런 삶의 갈등이 시

로 나타날 때 향기와 울림을 갖게 된다. 윤월로의 시에는 그런 향기와 울림을 지니고 있다.

— 조재훈 시인

이런 평가를 받으면서 그는 창작 못지않게 활동에도 열성적이다. 1981년부터 한국문인협회 충남과 대전지회의 회원으로 활동하고 있으며, 1991년에는 여성문학지 『동시대』 회장을 역임하기도 한다.

1995년부터 1996년까지 대전 · 충남여성문학회 회장을 역임하고, 1993년부터 2003년 현재까지 시상문학회 회장으로 봉사하고 있다. 또한 2000년부터 대전문인협회 시분과 이사로 지역문학 발전을 위해 봉사하고 있다.

창작의 촛불을 밝히는 윤월로 시인은 2003년에 다섯 번째 시집 『진주가 되고 싶은 날』을 상재하기에 이른다. 이 작품들을 미리 읽고, 그 속에 있는 시인의 내면과 지향을 찾아내어, 간략하게 정리하는 것이 본고의 집필 목적이다.

2. 진주로 태어나는 시심

2.1 아름답고 찬란한 진주가 생성되는 데는 형언할 수 없는 질곡의 세월을 감내해야 한다. 진주조개에 날카로운 핵이 들어가면, 그 아픔을 견디지 못한 조개는 체액으로 핵을 둘러싸게 된다. 오랜 기간 이와 같은 되풀이를 통하여 날카롭던 핵은 둥근 진주 모양이 되고, 세월이 쌓이면서 아름답고 찬란한 구형이 탄생한다.

시인이 시를 창작하는 것도 어찌 보면 조개가 진주를 만드는 과정과 흡사하다. 아픔이 없으면 아름다운 시가 창작되지 않는다고 한다. 많은 사람으로부터 사랑 받는 작품은 대부분 형언할 수 없는 아픔을 내재한 시들이다.

시인이 시 한 편을 짓기 위해 얼마나 많은 시간을 고뇌하는가, 시를 지어본 사람들은 안다. 언어를 통해 미적 구조로 생성하는 것이 얼마나 고통스러운가, 시를 지어본 사람들은 안다. 시어 하나를 찾아내기 위해 낮과 밤을 잊기도 하고, 시 한 편을 완성하기 위해 수십 년을 방황하기도 한다. 때로는 생명의 소잔(消殘)마저 감수하면서 창작에 몰입하게 된다.

이런 창작의 고통 후에 이어지는 아름다움, 고통이 크면 클수록 더욱 찬연한 보람을 찾기 위해 시인은 언어의 보석을 갈고 닦는다. 윤월로 시인 역시 그러한 창작 과정을 거쳐 작품을 완성하고자 한다. 그의 시는 어렵지 않고 쉽게 읽힌다. 그러나 쉽게 이해되는 시라고 하여 그 작품이 쉽게 쓰여지는 것은 아니다. 오히려 쉽게 쓰기 위해, 시인은 몇 배의 노력을 경주해야 될 것이다. 그의 작품을 읽으면서 표면에 드러난 의미와 함께, 행간의 의미를 되새겨보아야 하는 까닭이기도 하다.

윤월로 시인은 스스로 「꽃을 보며」를 대표작으로 제시한다.(대전문학선집, 1994)

> 정성으로
> 가꾸는 이 없어도
> 잘도 자라서

눈 여겨 주는 이 없어도
스스로 가슴을 열고

길가
아무 데서나

바람을 잠재우고
찬비를 달래고
달빛을 맑히고……

누구라도
떠나는 이들을 축복하고
떠나고 싶은 이들을 위로하는

神의 맏딸이여.

—「꽃을 보며」 전문

시인은 시적 대상으로써 '꽃'을 바라보고 있다. 길가에 있는 꽃을 바라보며, 꽃의 속성, 예컨대 〈바람을 잠재우고/ 찬비를 달래고/ 달빛을 맑히고〉 〈떠나는 이들을 축복하고/ 떠나고 싶은 사람을 위로〉 하는 고운 내면을 노래한다. 그러다가 말미에서 '신의 맏딸이여'라고 찬사를 보낸다.

그러나 이 작품을 주의 깊게 감상하면, 꽃이 갖고 있는 속성이 바로 시인 자신의 지향(指向)임을 눈치 채게 된다. 결국 시인은 〈정성으로/ 가꾸는 이 없어도/ 잘도 자라〉는 꽃이고자 하며, 〈눈 여겨 주는 이 없어도/ 스스로 가슴〉을 여는 꽃이고자 한다. 이것은 바로 자연인 윤월로가 시인으로 거듭나게 하는 동인(動因)이기도 하다. 시인은 누가 시를 쓰라고 부탁·강요하여 시를 빚어내는 것이 아니라, 스스로 가슴을 열어 보이는 존재이기 때문이다.

또한 4연에서 그는 꽃을 통해 자신의 지향을 비유적으로 밝힌다. 그는 〈바람을 잠〉재우는 구절을 통하여 세상의 바람에 흔들리지 않고 꼿꼿하게 서고자 한다. 〈찬비를 달래〉는 꽃을 통하여 '찬비'와 같은 시련에도 의연하게 대처하고자 한다. 〈달빛을 맑게〉 하는 꽃을 통하여 아름다운 서정이 녹아든 시를 창작하겠다는 의지를 되새긴다.

그러면서 〈떠나는 이들〉을 축복할 수 있고, 〈떠나고 싶은 이들〉을 위로하는 따뜻한 가슴이 되고자 한다. 그것이 바로 시인이 선택해야 할 지향이고 덕목이다. 그러한 과정을 통해 시인은 〈신의 맏딸〉로 자리매김 된다.

이러한 자각은 「수선화」를 통해서도 드러난다.

> 우리들의 겨울은
> 그리 길지 않았다
> 참을 수 있을 만큼 추웠다
> 견딜 수 있을 만치 외로웠다
> 바닷바람 솔 향기 더불어
> 잎을 틔우고
> 아직 봄이 여물 동안
> 가만히 발돋움하고 싶었다.
>
> —「수선화」 전문

세상을 바라보는 시인의 내면이 진솔하게 투영된 작품이다. 나를 비롯한 모든 사물에게 '겨울'이란 시련은 닥치게 마련이다. 그러나 그 시련을 참고 견딘다면 그리 길지 않을 것이다. 겨울은 참을 수 있을 만큼 춥게 마련이고, 견딜 수 있을 만치 외로운 것이기에 참고 견디면, 꿈꾸는 '봄'이 어김없이 찾아오리라는 것이다. 다만 봄이 완연해질 때까지 '발돋움'으로 기다리겠다는 것이다. 이런 마음이 바로 시를 빛게 하는 원천이며, 이로 말미암아 아름답고 감동적인 작품이 창작되는 것이다.

2.2 윤월로 시인이 기독교 신앙에 언제, 어떤 경로로 귀의했는지는 모르지만, 상량(商量)하기 어려운 깊이를 지니고 있는 듯싶다. 건성으로 믿는 것이 아니고, 전심 전력을 바쳐서 믿고 의지하는 신앙인의 모습을 보인다.

신앙에 깊이 빠질 수 있는 것은 '그 분'의 선택에 의해 이루어진다고 한다. 특히 쓰일 곳이 있는 곳에, 꼭 그 자리에 쓰일 사람을 선택한다고 한다. 이런 부르심에 따르는 것을 순명(順命), 소명(召命), 혹은 사명(使命)이라고 하는데, 감사한 마음으로 수용하는 것이 신자들의 도리라고 한다. 윤월로 시인은 이런 선택을 받았고, 어렵고 고단한 길임을 알면서도 감사한 마음으로 수용한다. 그런 마음이 다음의 작품 속에 녹아 있다.

입영 영장처럼
홀연히 날아든

제단으로부터의 비수(匕首)

2000년 전 그 마리아 같이
두렵고 떨리기만 해
양떼를 지키던 그 목자들 같이
크게 두렵기만 해

이레 밤낮,
어지러운 마음
사뭇 추스리려니
슬며시 고이는 위로의 샘물

대저 당신의 말씀은
능치 못하심이 없으시니
주의 은혜가
내게 이루어지소서.

―「선택을 당함」 전문

윤월로 시인은 형제 중의 맏이로서 임무를 다하고자 한다. 그것도 기독 신앙 안에서 화목과 우애의 성채를 쌓고자 한다. 「그보다 더욱」에서 그는 〈기도 속에서/ 말씀 속에서/ 찬양 속에서/ 당신을 만나게 하소서〉라고 기도한다. 이 기도는 '그 분'과 시인의 관계를 위한 것이 아니라, 〈배움과 용서와 사랑을/ 시간 속에 녹여/ 맏형으로서의 효와 우애를/ 넉넉히 감당〉하기 위한 것이다. 신앙을 통해 숙성된 사랑을 나누며 〈말의 덕〉을 이루게 해달라고 기도한다. 말하자면 신앙의 승리를 통하여 세속 생활에서도 승리를 이루게 해달라고 간구(懇求)한다.

그는 사랑이 넘치는 세상을 꿈꾼다. 「넘치게 하라」에서 그는 흘러 넘치는 사랑을 베풀고자 한다. 〈넘치게 따르리라/ 한 걸음 한 걸음 발자국을 뗄 때마다/ 흔들려 넘친다 해도/ 나는 따르고 또 따르련다 / 내 사랑〉이 언제나 철철 넘쳐흐르도록 전심전력을 다하겠다고 밝힌다. 특히 〈몸짓이 흔들릴 때마다/ 마음이 어지러울 때마다/ 살다가 슬픔으로 눈썹 파르르 흔들릴 때〉에도 이에 굴복하지 않고, 넘치는 사랑을 나누고자 한다. 이런 사랑으로 신앙과 세상에서 모두 승리하기를 소망한다.

그는 자신을 질그릇으로 비유하기도 한다. 〈흙에 물을 부어/ 혼신을 다하여 빚은 후/ 다시 불 속에서 뜨건 고통 다 견디고서야/ 비로소 목숨〉을 얻는 질그릇과 자신을 견주어 본다. 질그릇이 생성되는 과정은 자신의 몸으로도 비유되지만, 한편으로는 신앙이 성숙해 가는 과정으로도 볼 수 있고, 문학 창작의 연찬 과정으로도 볼 수 있다. 〈불 속에서 뜨건 고통〉을 감내하고서야 아름다운 실체가 형성되는 것은 동일하기 때문이다. 이를 신앙과 연결할 때 〈비록 흙이어도/ 당신의 영과 기운과 말씀으로 된/ 이 질그릇〉이 될 수 있으며, 깨지기 쉬운 이 질그릇을 보호하여, 부디 깨어지지 않게 해달라고 기도하는데, 이는 소망을 넘어서는 경지에 이른다.

이러한 믿음의 바탕 위에 그는 세상을 향하여 선교의 나팔을 불기도 한다.

가장 소중한 것은
눈에 보이지 않아
단 하나뿐인 목숨처럼
생명, 소중하다면 그대,
하늘의 소리에 귀 기울이라

문 열어
차가운 손 잡아 주는 자
참으로 누릴 수 있는
공기라거나 햇빛 혹은 시간처럼
행복 또한 누구에게나
공평한 것

— 「말씀 그 행복」 전문

윤월로 시인은 「간격」을 통해 세상 모든 곳의 이웃들과 함께 신앙의 꽃을 가꾸고자 한다. 〈안개 몰려다니는 저자[市]〉 〈살별이 달려가는 들판〉 〈마리아의 푸른 옷자락 곁〉에서 〈정결히 손을 씻고/ 가슴을 여미고/ 황홀하게 빈 항아리를 바쳐 안고〉 변함없는 신앙을 가꾸려고 한다. 나와 이웃, 나와 그 분, 나와 세상은 〈모습이사 보이건/ 보이지 않건/ 우리는 늘 마주보고 서 있다〉고 할 만큼 공존하고 있다. 이러한 공존은 시인에게 있어서는 매우 큰 의미를 지닌다. 존재의 바탕 위에 자신도 있고, 신앙도 있는 것이며, 문학도 있는 것이기 때문이다. 그러나 이 작품에서처럼 신앙으로 하나가 된 사람들의 공존은 시인이 추구하는 이상향에 해당하며, 이것이 바로 시인의 지향이기도 하다.

2.3 윤월로 시인은 시의 소재, 사랑의 대상을 아득하게 먼 곳에서 찾기보다 시인의 생활 주변 가까운 곳에서 찾는다. 나와 무촌(無寸) 관계인 남편이 소중하고, 눈에 넣어도 아프지 않은 자녀들이 사랑스럽고, 또한 가족들과 친구들, 그리고 공존하는 사람들이 있어 자신도 존재함을 감사한다. 따라서 이들에 대한 따뜻한 마음을 작품으로 형상화한다.

여린 감성으로 눈물겨운 서정을 보이기도 하고, 그러한 서정 가운데 시인의 따사로운 정(情)을 담기도 한다. 때로는 외로움과 아픔의 순간을 노래하기도 하고, 그 갈등 속에서 새롭게 거듭나는 내면의 승리를 보이기도 한다. 또한 격정적인 분노와 미움이 드러나기도 하지만, 그 안타까움의 테두리 안에서, 맑고 고운 심성으로 용서하고 용서받으며, 그 용서의 샘물로 세상을 정화하기도 한다.

세상에서 가장 가까운 사람, 사랑하는 남편을 소재로 한 작품을 보기로 한다.

흙인 듯 먼지인 듯
뼈는 뼈대로
살은 살대로
고단한 하루를 눕히고
눈감는 휴식

어여쁜 내 살 중의 살과
두 손 마주 잡고
소중한 내 뼈 중의 뼈와 더불어
한 가닥 맑은 휘파람

고향 갈 적에도
우리 꼭 함께 갈까?
흰 비단 강 건너
꽃 비단 노을 건너.

—「연분」 전문

남편과의 사랑을 이보다 더 간략하고 아름답게 표현하기는 쉽지 않다. 이런 작품으로 하여 윤월로 시인은 천상 시인으로 자리하고, 또한 그렇게 인식되는 것이다. 〈흙인 듯 먼지인 듯/ 뼈는 뼈대로/ 살은 살대로/ 고단한 하루를 눕히고/ 눈감는 휴식〉에서는 아내와 남편이 하나가 아니고, 개별적 존재임을 밝힌다. 그러나 상대가 〈어여쁜 내 살 중의 살〉 〈소중한 내 뼈 중의 뼈〉로 인식할 때, 두 사람은 둘이 아니고 하나로 융합된다. 그리하여 〈고향 갈 적에도/ 우리 함께 갈까?/ 흰 비단 강 건너/ 꽃 비단 노을 건너〉라고 동행의 의지를 보인다. 특히 마지막 연에서 보이는 아름다운 표현은 서정의 진수(眞髓)라 하겠다. 이러한 표현은 후천적으로 갈고 닦아 형성된다고 보기보다, 생래적으로 시인의 자질을 타고났기 때문에 가능한 것으로 보인다.

몇 마디 설명을 덧붙였지만, 이 설명은 사족(蛇足)에 해당될 성싶다. 그의 작품을 읽으면서, 작품에 있는 내용 그대로 느끼면 되기 때문이다. 다만, 다양한 작품들 중에서 몇몇 작품을 선정하여 시인이 간직하고 있는 '의식의 흐름'에서 주요 흐름을 확인하기 위해 덧붙인 것뿐이다.

남편과 함께 시인에게 문학적 영감을 제공한 분은 친정아버지로 보인다. 「생각나셔요, 아버지」 연작시에 이르러 이는 확인된다. 이 작품들은 아버지에 대한 노래이기도 하고, 아버지를 통하여 다른 사물의 속성을 보이기도 한다. 〈따뜻하고 큰 아버지 손속에/ 쬐그맣던 내 손/ 꼭 조이면 눈물이 찔끔 아파도/ 그래도 혼/ 트럭의 행렬 뒤로 극성스런 흙먼지〉에 눈을 뜰 수 없었던 데에서 까닭을 밝힌다. 또한 〈육중한 기차 화물칸 검은 몸뚱이보다/ 붕대 감은 서양군인들의 외침소리〉 때문에 철도 건널목도 늘 뛰어 건너다녀야 했다고 한다. 시인에게 〈무서운 대상〉으로 각인(刻印)된 이런 요소들은 그의 성장기 시대상을 그대로 반영하는 것들이다.

오늘도
비상(飛翔)을 꿈꾸며
너는 날개를 만들고
새기고, 다듬고, 엮고
다시 닦아내고

섬세하고 투명한 혹은
화사한 원색의 날염으로 혹은
온유와 겸손으로 닦이어 순백으로 빛나는
또는 보다 높이 그리고 기쁨으로 날으는
곱고 건강한 너만의 날개

잠자리, 호랑나비, 비둘기
또는 도요새처럼
오래오래 기다리던

별 좋은 어느 날
찬란히 비상할 너의 모습은

날마다, 해마다 고쳐 그리는
내 생의 소묘.

—「혜니」 전문

사랑하는 딸에게 거는 기대가 아름다운 언어로 직조되어 빛난다. 이 글을 읽은 딸 '혜니'(혜원)는 기쁨으로 가슴이 벅찰까, 혹은 어머니의 기대로 인해 부담감을 느낄까, 그런 마음이 들 정도로 어머니의 기대와 소망이 간절하다.

그 딸은 태어날 때부터 성장할 때까지 어머니에게 기쁨이고 희망이었다. 「태몽」에서 〈따뜻한 바다 속에 너를 안고/ 하마 나는 꿈을 꾸었다.〉고 노래한다. 그 꿈의 원형질은 '눈부신 해' '백학들의 군무'였으니 이보다 상서로울 수는 없었으리라. 「첫돌 아기」 말미에서 시인은 〈옹골차게 대답하는 내 첫아기는 천상/ 선녀와 나무꾼이 사는 숲 속의 아기사슴〉이었다고 노래한다. 「빗 나간 예상」을 통하여 서운한 감정을 표출하기도 하지만, 「공부법」을 통해 아쉬움을 해소한다.

딸은 우리 나라 영재들만이 모이는 KAIST에 입학한다. 6년여 학문을 연마하고, 외국으로 유학을 떠난다. 이때의 소회를 〈네가 떠나고 나니/ 대낮보다 더 환한 한밤중 거대한 캠퍼스도/ 텅 빈 것 같더구나./ 어쩌다 지나는 길에 쳐다봐도 교문부터 썰렁하구나〉라고 밝힌다. 이런 마음이 바로 어머니의 마음이며, 이런 관심과 염려, 그리고 사랑과 그리움에 의하여 자녀들은 성장하게 되고, 사회를 위해 제몫을 다하는 역군이 되게 마련이다.

가족에 대한 사랑과 관심은 친구와 이웃들로 확산되어 세상으로 열린다.

더 큰 사랑은 열매이다
꽃이 아니다
더 큰 생명은 뿌리이다
무성한 잎이 아니다
더 큰 기쁨은
노래가 아니다
넓은 침묵의 그늘이다

더 큰 아름다움은
목숨과 목숨들이
마주보며 숲이 되어
같은 하늘을
숨쉬고 있다는 것이다.

—「친구·2」 전문

이 작품은 '친구'를 통하여 세상을 살아가는 이치를 잠언 형식으로 형상화한 것이다. 이런 경지에 이르기 위해서는 친구에 대한 지극한 우정이 전제된다. 「친구네 가는 길」에서 시인은 친구에 대해 〈캄캄한 솜털 봉오리를 터뜨리며/ 파르르 자지러지는 웃음/ 힘들고 지루한 우리들의 겨울 빛/ 지천명 세월 속에/ 오늘 같은 느낌표 하나/ 화사한 양귀비꽃〉이라고 노래한다. 이 친구를 만나러 가는 길은 〈연인처럼 가슴이 설레는 것도 아니다〉 〈이웃 마실 가듯 대문을 연다〉는 구절에서 우정의 깊이를 가늠하게 된다. 이 친구는 같은 종교의 신자로 보인다. 「친구 · 1」에서 〈절두산(切頭山) 가슴에서/ 심지 돋우며 타오르는 촛불 아래/ 오늘 우리 거친 손 맞잡는다// 오랜 기억 속에 묻힌/ 대숲 향기 그리며〉에 나오는 '절두산'은 서울의 한강변에 있는 천주교의 성지이기 때문이다. 어떻든 두 사람의 우정이 여러 편의 작품으로 승화되었다는 점만으로도 그 깊이를 짐작하게 한다.

친구에 대한 시인의 내면은 「친구 · 3」에 이르러 화룡점정(畵龍點睛)의 경지에 이른다. 〈돌아서면/ 네 목소리 자꾸만 생각 나/ 가슴 두근거릴라/ 선한 네 눈매 너무 그리워/ 눈물 쏟을라〉라는 지경에 이르면, 연인에게 향하는 사랑보다 더 큰 사랑을 확인하게 되고, 그로 인해 감동의 메아리를 공유하게 된다.

3. 시의 뜰을 나서며

시인의 작품은 삶의 다양함만큼이나 천변만화(千變萬化)의 양태를 보인다. 그 중에서 중심을 이루는 몇몇 갈래를 찾아내어 간략하게 소개했다. 이런 갈래 속에 들어가지 않은 작품들의 미적 생명력은 그들 나름의 독자성과 예술성을 내재하고 있다.

그 중 몇 편을 간략하게 정리하면 다음과 같다. 시인은 「봄 바다」를 통해 '끝없는 자유함' '절절한 사랑 고백'을 노래하여 싱그러운 서정을 제공한다. 「새 순」에서는 〈꽃, 끝없는 생명을 위하여〉를 통하여 새로 태어나는 미소와 결심을 보인다. '돈오'라는 시리즈를 통하여 생활 속의 작은 사물을 통해서도 진리를 깨달을 수 있음을 입증한다. 깨달음에 대한 연작시들을 통해 앞으로 그가 더 큰 깨달음에 의해 거듭나리라는 믿음마저 갖게 한다.

그러나 이러한 여러 요소들은 다음의 작품으로 집약할 수 있다.

일상을 내려놓고 돌아서서
오늘은 당신께
진주로 빛나고 싶은 날

천 날, 만 날을
뜻과 정성과 힘을 다하여
피와 눈물을 쏟아 붓고
살과 뼈를 썩혀

구름 색 혹은 안개 빛깔
아니 둥근 한 알 이 목숨 그대로
당신 앞에서 오롯이
정결한 눈물로 빛나고 싶은 날.

— 「진주가 되고 싶은 날」 전문

시인은 신앙 속에서 아름다운 진주로 거듭나고자 한다. 〈뜻과 정성과 힘을 다하여/ 피와 눈물을 쏟아 붓고/ 살과 뼈를 썩혀〉 그는 진주가 되고자 한다. 이 말은 자신의 모든 것을 다 바쳐 아름다운 진주로 거듭나고자 함이며, 이러한 소망이 그를 시인답게 한다.

그러기에 이 작품은 신앙을 노래하되 신앙을 초월하는 힘을 지닌다. 〈정결한 눈물로 빛나고 싶은 날〉은 신앙적인 소망이면서 동시에 생활 속에서 그렇게 살고 싶다는 의지의 표현이기도 하다. 또한 현재와 미래에도 많은 사람들에게 기억되고 사랑 받을 작품, 오랜 기간 애송될 수 있는 작품의 창작에 대한 결연한 심지를 형상화한 것으로도 보인다.

이러한 내면은 「수반 위의 봄」에서 절실하게 드러난다. 〈함부로 잘려 와 녹슨 가지 위/ 깎인 길이만큼의 목숨들/ 손끝에 닿는 생명의 한계/ 그래도 봄은 익어/ 떨리는 유록(幼綠)의 노래〉처럼 피동적으로 잘려서 죽음을 앞둔 한정된 삶에서도 제몫을 다하는 문학적 대상을 그린다. 그리하여 〈향기 없어도 향기로운/ 쥐똥나무 잔가지〉를 통해 새롭게 생성되는 삶의 의미를 구체화한다.

〈가장 투명한 눈빛으로 사유하리라〉 〈가장 섬세한 몸짓으로 사랑하리라〉 이것은 신앙인, 생활인, 그리고 시인으로서의 고백이며 화두(話頭)에 해당한다. 윤월로 시인이 이런 자세를 견지하는 한, 그의 시는 문학적 향기와 감동을 지속적으로 생성하리라 믿는다.

◇ 김숙자 시인

'갈대밭 서정'과 '기다림의 미학'

– 김숙자 시인의 1시집 작품세계

1. 김숙자 시인 찾아보기

김숙자 시인은 동시와 동화를 빚는 아동문학가이며, 서정시 창작에도 힘쓰는 시인이고, 또한 초등교육에 헌신하는 교육자이기도 하다.

그는 1947년 전라남도 곡성에서 태어난 후, 향리에서 수학하고 성장한다. 이후 충남의 초등교육에 입문하고부터 줄곧 대전과 충남에 뿌리 내리고 산다. 초등교육에 대한 신념도 투철하지만, 문학 창작에 대한 뜨거운 열망에 의해 1991년 월간 『아동문학』의 신인상에 동시가 당선되고, 이어 『월간문학』 신인작품상에 동시가 당선되어 본격적인 동시 창작의 길에 나서게 된다.

그는 또한 1997년 대전일보 신춘문예에 동시가 당선되어 비중 높은 아동문학가로 거듭난다. 동시집 『모시울에 부는 바람』 『갯마을에서 띄우는 노래』를 발간하고, 동화집 『예쁜이가 내다본 세상』을 발간함으로써 명실공히 주목받는 아동문학가의 반열에 오르게 된다.

동시집 『모시울에 부는 바람』(1992, 현암사)은 61편의 작품, 시인의 서문 '첫 동시집을 내면서', 김신철 선생의 서문 '가슴으로 쓴 동시', 조남익 선생의 해설 「산골학교의 평화와 사랑의 미학」이 수록되어 있다. 조남익 시인은 해설에서 다음과 같이 정리하고 있다.

> 『모시울에 부는 바람』의 '모시울'은 (교사 김숙자 시인이 근무하는) 학교가 있는 마을 이름이다. 충남 연기군 전동면 송곡리. 이 동시집에 수록된 대부분의 작품들이 이 학교의 어린이나 자연환경에서 비롯되었음을 알 수 있다.
> 김숙자 시인은 동요보다는 동시에 강한 애착을 보인다. 동요가 율격을 중시하는 노랫말 표현이고, 기법상으로는 의인법이 많이 원용되지만, 동시는 은유·비유·상징적 이미지가 많이 쓰인다. 그만큼 문학성이 높은 것이 동시라고 할 때, 김숙자 시인의 취향은 문학성 쪽에 있다. 그의 작품이 때로는 환상적이고, 때로는 난해하게 느껴지는 것은 바로 그의 취향과 관계가 있다. 세련된 정조도 거기서 오고 있다.
>
> — 조남익 「산골학교의 평화와 사랑의 미학」 일부

이 동시집을 발간함으로 인해 김숙자 시인은 문인으로서의 위치를 굳힌다. 대전아동문학회와 한국문인협회에 가입하여 열성적인 문인의 모습을 보인다. 이후에도 창작에 전념하여 그는 두 번째 동시집 『갯마을에서 띄우는 노래』(1997, 오늘의문학사)를 발간하기에 이른다. 이 책에는 60편의 작품, 시인의 서문 '동시집을 내면서', 리헌석 문학평론가의 해설 「순수한 영혼의 아름다운 형상화」가 수록되어 있다. 그의 작품에 대해 다음과 같이 정리하고 있다.

> 김숙자 시인이 견지하고 있는 창작의 근원은 동심이다. 시인의 눈에 비친 동심을 그의 가슴으로 승화시킨 후, 아름다운 언어로 빚어내어 한 편의 작품을 탄생시킨 것이다.
> 동시의 요체인 동심을 빚어내는 데는 어린이 마음과 같은 순수성, 어린이가 갖고 있는 상상력에 의한 새로움, 그러한 내면을 아름답게 빚어내는 표현력이 필요하다. 김숙자 시인의 작품은 이러한 세 가지 요소를 모두 갖추고 있다.
>
> — 리헌석 「순수한 영혼의 아름다운 형상화」 일부

김숙자 시인은 동시를 빚으면서 틈틈이 동화도 창작한다. 창작한 동화가 여러 편에 이르러 한 권의 동화집으로 묶어 세상에 내놓는다. 동화집 『예쁜이가 내다본 세상』(1999, 오늘의문학사)에는 11편의 동화, 시인의 서문 '푸른 오월의 꿈언덕에 펼쳐 놓은 사랑의 선물 꾸러미', 리헌석 문학평론가의 해설 「힘겹지만 아름다운 사랑」이 수록되어 있다. 이 해설은 본격적인 문학평론이라기보다 동화책을 읽는 어린이들에게 동화를 안내하는 성격을 띠기 때문에 쉬운 말과 높임말로 되어 있다. 이를 간단하게 정리하면 다음과 같다.

> 김숙자 시인이 지은 동화는 생활 속의 소재로 엮어져 있다. 때로는 슬픈 이야기, 안타까운 이야기들이 나오지만, 그 어려움을 이겨내는 어린이와 가족들의 모습이 들어 있다. 이런 동화는 다음과 같은 교훈을 준다.
> 첫째, 힘든 일을 해결할 수 있는 지혜와 용기를 준다. 세상을 살다 보면 누구나 한 번쯤 어려운 일을 겪게 된다. 그러할 때 동화를 많이 읽으면, 그 동화의 내용에서 희망과 지혜와 용기를 얻는다. 미리 읽어 두면 어려운 일이 닥칠 때 힘

이 된다.

둘째, 잘 몰랐던 세계를 알게 해준다. 교육 중에서 제일 좋은 것이 직접 경험이다. 그러나 시간과 공간이 달라서 경험할 수 없는 세계는 간접 체험으로 보충하게 된다. (김숙자 선생의)동화를 통하여 바닷가 생활, 농촌 생활, 산촌 생활을 간접적으로 체험할 수 있다.

셋째, 동화를 읽으면서 감동을 받는다. 사람은 지식으로만 사는 것이 아니다. 희노애락을 통하여 사람 됨됨이가 이루어지는 것이다. 여러 이야기를 읽으며, 나름대로의 감정을 정리할 줄 알게 되고, 인생을 바라보는 눈이 형성된다.

이러한 정리는 바로 김숙자 시인의 동시와 동화 세계에 대한 정리의 성격을 띤다.

2. 김숙자 시인의 시 세계

2.1 시의 문턱에 들어서기

이렇듯이 아동문학의 외길을 걷던 그가 새로운 21세기 원년을 맞아 특별한 외출을 한다. 동시와 동화 창작의 틈새를 이용해 빚어 놓은 시를 모아 시집 『비울수록 채워지는 향기』(2001, 오늘의문학사)를 발간한 것이다.

김숙자 시인에게 있어 2001년은 특별한 의미를 갖는 해로 기억될 것이다. 그 동안 아동문학에 헌신한 공로가 인정되어 대전문인협회에서 시상하는 제13회 대전문학상을 수상한다.

이어 시집 『비울수록 채워지는 향기』를 발간한다. 이 시집 발간은 그의 문학적 인생에 있어 특별한 의미를 갖게 될 것이 분명하다. 문학에 대한 치열한 창작의식의 소산이며 동시에 문학의 영역을 확장하는 객관적 전환기에 해당하기 때문이다. 동일 장르에서, 한 권의 작품집을 발간하는 것도 힘든 일인데, 그는 동시집, 동화집, 그리고 시집을 발간하여 세 분야의 창작집을 발간한 것이다.

이 시집이 발간되면서 또 한 번의 경사가 덧붙여진다. 대전일보 신춘문예 출신들의 문학단체인 대일문학회와 대전일보가 공동으로 시행하는 '대전일보문학상'을 수상한다.

본고는 김숙자 시인이 대전일보문학상을 수상함에 이르러 그의 시집 『비울수록 채워지는 향기』에 내재한 작품 세계를 간략하게 정리하는 성격을 띤다.

2.2 사랑의 서정적 표출

이 시집은 주제별로 묶여 있다. 〈제1부 그대 있어 아름다워라〉 〈제4부 양구 가는 길〉은 자연과 사람에 대한 사랑을 노래한다. 1부 첫 번째 작품인 「모정(母情)」에서는 어머니의 사랑을 되새기면서, 어머니의 진면목을 지향하는 시인의 따뜻한 서정이 들어 있다.

주고
또 주고
탯줄까지 끊어주고도
더 줄 것 없어 허전해하는
당신

야윈 무릎 꿇고
다섯 남매
기도로부터 시작한 하루
그래도
하루가 짧다던 당신

맛씨 맵씨 품씨까지
고루 갖춘 당신은
영혼까지 우러르고픈
오, 나의 어머니

—「모정(母情)」 전문

어머니의 희생과 사랑에 대하여 더 말하여 무엇하겠는가. 탯줄까지 끊어주고도 더 주고자하는 어머니의 사랑에 대해 사족을 붙일 필요는 없다. 자식을 위해 기도하는 어머니, 그리고 시인이 지향해야 할 부덕을 고루 갖춘 어머니는 시인이 추구하는 지고지선의 의미로 다가선다. 시인에게 있어 어머니는 '분꽃'과 같은 이미지를 갖는다. 「분꽃 피우는 마음」에서 시인의 어머니는 〈지금은 대문 앞에서/ 꾸러미 꾸러미/ 몫 지어 놓고/ 자식 올 날 손꼽으며/ 그리움으로 분꽃을 피우신다.〉 즉 시인은 그러한 정성과 사랑의 화신으로서의 어머니를 그리며 동시에 그 어머니를 본받고자 한다.

어머니로부터 이런 지고지선의 사랑을 전수받은 시인 역시 그러한 품성을 지니게 마련이다. 「빛과 소금」은 음성 꽃동네를 다녀온 후에 장애인에 대한 사랑을 노래하고 있다. 장애인에게도 사랑의 눈길을 보낼 수 있는 시인은 '그대'와 '동반자'와 관련해서는 더욱 애틋한 사랑을 노래한다. 또한 '유등천' '토함산' '서천' '춘장대' 등의 자연에도 애정 어린 시선을 고정한다. 그리하여 「공생(共生)의 미학(美學)」에 이르러 최고조에 이른다.

〈산사의 새벽은/ 법고〉로부터 찾아오고, 운판(雲版)이 경건한 몸짓으로 날짐승을 부르면, 노승의 손바닥 위에 놓인 잣 한 알을 곤줄박이가 날아와 물고 간다. 즉 인간과 자연이 둘이 아니며, 서로 분리될 수 없는 하나라는 사실, 말하자면 물아일체(物我一體)의 경지를 노래한다.

그렇지만, 시인은 어머니로부터 받은 심성의 일단을 자녀에게 되돌리려 한다. 말하자면 부모로부터 받은 사랑을 군에 입대한 아들에 대한 애틋함으로 대물림한다.

참, 멀리도 왔구나
그리움 주머니마다 가득 담고
한번도 와보지 못한
낯설은 휴전선까지
잊지 않고 찾아왔구나.

꼬깃 꼬깃 손때 묻은
쌈지 꺼내어
귀여운 손자 용돈 주려고
철조만 가시 덩굴 헤쳐가면서
상기된 얼굴로 앉아 있구나.
그리운 우리 할머니
치마폭 쌈지 같은 예쁜 금낭화

전선을 빼곡히 수놓고 있구나.

—「그리운 얼굴」 전문

김숙자 시인이 전선(戰線)을 찾는다. 그 전선의 철조망 아래에서 금낭화를 보게 된다. 그 꽃주머니에서 할머니의 쌈지 주머니를 연상한다. 그래서 시인은 할머니의 사랑이 전선을 수놓고 있다고 한다. 이것은 철조망과 금낭화에서 비롯된 연상이지만, 그 연상의 긴밀함에 의하여 커다란 울림을 생성한다.

시인이 전선을 찾은 것은 아들의 군 입대에 기인한다. 「양구 가는 길」에서 보면 〈눈에 띄는 얼룩무늬 군복〉이 반갑고, 〈산허리 감고 높아만 가는/ 그리움의 얼레〉처럼 아들은 그립기만 하다. 「그 겨울 소양강 스케치」에서도 시인은 〈두 손 꼭 포갠 채/ 목메임으로 부르는 사모곡〉을 노래한다. 「휴가 가는 날」에서는 〈나라 지킴이/ 타고 가는 열차〉를 노래하고, 「귀대길 풍경」에서는 〈굳건한 나라 사랑〉에 대해 자부심을 갖는다. 「사랑의 보초」에서는 〈엄마 아빠 집에서/ 편한 잠 자라고/ 사랑의 보초〉를 서고 있는 아들을 그린다.

이와 같이 김숙자 시인은 부모로부터 받은 사랑을 자식에게 나누어주는 사랑의 실천을 문학 작품으로 승화시키고 있다.

2.3 시인이 추구하는 삶의 깊이

〈제2부 그대 가슴으로 뜨는 달〉 〈제3부 기다림의 미학〉은 김숙자 시인의 철학이 작품 속에 녹아 있다. 그 중에서 이 시집의 제목이기도 한 「비울수록 채워지는 향기」는 특별한 감동을 환기한다.

일상의 무게를 가늠하며 산다는 건
아직도 욕심이 존재하고 있음이다.
욕망의 높은 끝을 보이기 싫어하지만
작은 입자를 하나씩 덜어내는 일은
결코 잃음〔失〕이 아니다.

비우는 일은 곧 채우는 일이다.
꽃 진 그 자리에 꽃대가 서고
물 나간 자리만큼 넓어지듯
비워지는 자리마다
행복의 향기가 들어와 앉는다.

삶은 이렇듯 날마다
조금씩 잃고 조금씩 비우는 일이다.
덜어낸 만큼 성숙해지고
모자라는 그 자리 채울 때마다
인생의 향기가 넘쳐난다.

— 「비울수록 채워지는 향기」 전문

김숙자 시인의 진면목을 확인시키는 작품이다. 그는 일상의 무게를 가늠하지 말라고 주문한다. 삶에서 작은 것을 하나씩 덜어내는 것은 결코 잃음이 아니라고 한다. 즉 비우는 일은 잃는 것이 아니라, 채우는 일이라고 한다. 그 비움의 자리마다 행복의 향기가 들어온다고 믿는다. 말하자면, 그가 인식하고 있는 삶은 조금씩 잃고 비우는 일이며, 그 비움만큼 성숙해지고 인생의 향기가 넘친다는 것이다.

그러나 무조건 비우라는 것은 아니다. 세속의 욕심은 비워야겠지만, 아름다움을 찾는 일은 쉴 수 없는 것이다. 「봄을 여는 마음」에서 〈투명한 아름다움을 봄 언덕에 심으며/ 방황하는 이들의 해진 가슴/ 따뜻이 어루만지는 손〉을 지향하는 것은 세속의 욕심이 아니다.

시인이 아무리 비우려고 해도 비워지지 않는 서정적 실체가 시의 원천이다. 「내 고향 사계(四季)」에서 시인은 〈도림사 계곡 발가벗은 반석들/ 그 요염한 굽이굽이로/ 속살 내비치며 부서지는/ 하이얀 포말에 정강이 담그고/ 신선〉이 되고자 한다. 〈살얼음에 투망 던져/ 풍류를 낚으시던/ 아버지 쉰 목소리가/ 언 강변을 타고 돌아/ 금곡교 스치는/ 설렌 기적 소리〉로 다가오는 추억에 젖는다. 이런 추억들은 시인이 버리려고 해도 버릴 수 없는 대상들이고, 이런 대상들이 그의 문학을 풍성하게 한다.

이러함에도 불구하고 시인은 버림과 낮춤에 대한 겸허한 자세를 추구한다. 그 자세가 그의 철학으로 굳어진 듯하다.

먹어도 물리지 않는
잘남도 억지도 부릴 줄 모르는
인생의 순리를 배운다.

위로부터 아래로
순서를 기다리며
거꾸로 기어오를 줄도 모른다.

낮은 소리는
큰 소리를 이기고
높이 날고자 하는 새도

낮은 곳부터 출발을 시작한다.

인생도 낮은 곳에서
더 낮은 곳으로 낮추며
물처럼 살라 한다.

―「물같이 살라 하네」 전문

이 작품은 시로서의 미적 구조라기보다는 시의 형태로 표출한 인생관에 해당한다. 따라서 가슴을 울리는 감동의 회오리를 전달하기보다는 머리 속에서 삶을 관조하게 만드는 힘을 갖는다. 시란 사상과 감정을 폭발적 언어로 전달하는 것이기 때문에 서정성만을 강조할 필요는 없다. 서정성 짙은 작품과 삶을 관조하는 작품은 각각 다른 의미로 다가서기 때문이다.

물을 보면서 인생의 순리를 배우는 시인, 물처럼 낮추며 겸손하게 살고자 하는 시인은 그 발상 자체가 아름다운 시와도 같다. 김숙자 시인은 이런 작품을 창작한다.

2.4 여로에서의 깨달음과 서정

시집의 〈제6부 배낭 속의 호주 스케치〉와 〈제7부 배낭 속에 넣어온 뉴질랜드〉는 기행에서 만나는 새로운 문물·체험 속의 독특한 서정을 담아내고 있다. 작품을 읽으면서 기행지의 고유한 풍광을 공유하게 되고, 때로는 남모르는 희열에 동참하게 된다. 기행시는 바로 그런 목적으로 쓰여지는 글이다.

늘어진 나무 사이로
구름이 졸고
연꽃 사이사이
물오리떼 노니는데

바람은 샘이 나서
회오리를 친다.

잔디 위에 한가로이 우짖는
이름 모를 산새들
꾸우꾸우 까악 깍깍
반가워 부르는데

호숫가에 번지는 물보라 사이
향수 어린 물무지개 뜬다.

—「호수 위의 수채화」 전문

이 작품은 흔히 볼 수 있는 기행시의 평면성을 극복하고 새로운 면모를 보여 신선하다. 여정이나 여행의 대상이 직접 노출되지 않아 깔끔하다. 요즘 발표되는 기행시의 대부분이 여행의 일정, 대상의 객관적 설명, 여행 안내서에 나오는 내용 등의 나열에 머무는 것을 보게 된다. 심한 작품은 여행 안내서를 그대로 옮겨놓은 것도 보게 된다.

그러나 기행시는 그런 것이 아니다. 새로운 사물에 대한 묘사나 설명도 있을 수 있으나, 시인의 감수성과 서정성으로 새로운 미적 구조를 창조하는 것이다. 그런 의미에서 김숙자 시인의 기행시는 여러 모로 성공한 작품이라 하겠다.

김숙자 시인의 작품에도 직접적인 서술이나 영탄이 없는 것은 아니나, 여타의 기행시와는 여러 면에서 다름을 발견하게 된다. 「오페라하우스·1」를 노래한 작품의 서두는 〈오랫동안 눈이 시려 볼 수가 없다.〉는 토로에서 비롯된다. 말미에서는 〈멋진 지휘도, 하모니도 없지만/ 너를 보기만 해도 취해 버린/ 살아 있는 명품 오페라하우스〉라는 영탄으로 맺는다. 그렇지만 이 작품에 오페라하우스의 관중석이 몇 자리이며, 언제 누가 설계했는지, 모양이 조개껍질을 엎어놓은 것 같다느니, 이런 잡다한 것들은 생략되고 있다.

뉴질랜드의 「로토루아의 밤」을 노래한 작품에서도 온천의 지질학적, 경제적, 묘사적 사실은 생략되고 있다. 오히려 간헐천인 이 곳을 〈심장도 들끓으면/ 불바다가 되려는가./ 뜨거운 네 속에서도/ 덜굴손은 뻗는다.〉라고 형상화하여 기행시의 취약점을 멋지게 극복한다. 이러한 형상화는 시의 완성에 대한 그의 치열한 의식에 기인하는 것이다.

기행문이나 기행시에서 일상적으로 보아왔던 사실적 서술이나 설명을 과감히 생략할 줄 아는 김숙자 시인의 면모는 다음 작품에서도 여실하게 드러난다.

> 초록빛 융단을 펼쳐 놓은
> 널따란 언덕 위
> 빨간 기와집 하나
> 햇빛에 눈부시다.

하늘 운동장에
동그란 후프 돌리며
양떼들과 빙글빙글
함께 돌아가는 아이들

고운 눈동자에 찍힌
초록빛 물감
예쁜 입 속에서도
초록 향기가 난다.

—「초원의 아이들」 전문

뉴질랜드의 목장을 방문하고 지은 작품으로 보인다. 어느 정도 객관적 묘사를 한 후에 시인의 감수성으로 〈초록빛 융단〉에서 〈초록 향기가 난다〉는 시심을 빚어놓는다. 한편 원주민인 마오리족에 대해 그는 〈부리 길어 슬픈 키위새〉라는 뛰어난 비유를 보이기도 하고, 〈푸른 초원의 소떼/ 마음껏 사랑을 뜯는다.〉는 비유를 창조하기도 한다. 「위대한 바다의 서사시」에서 시인은 〈돌아가는 인생의 모퉁이마다/ 찬란히 흔들리리라.〉 노래한다. 〈햇빛에 출렁이는 은물결/ 가슴 비비는 실바람/ 모두 기립 박수〉를 보낸다고 감탄하기도 한다. 이처럼 기행시로서의 정수를 보여주고 있다.

3. 김숙자 시인 다시 보기

김숙자 시인의 작품을 간략하게 분석하면서, 그는 여전히 교육자의 풍모를 지키고 있음을 확인하게 된다. 어디에 가더라도, 무엇을 보더라도 교육자의 시선과 철학이 자연스레 드러나고 있기 때문이다.

교실엔 재잘재잘
삼강오륜이 익어가고

운동장에서 영그는
흥겨운 풍물놀이

아이들 얼굴마다
쏟아져 내린
은행빛 가을

저마다 효의 향기로
꿈을 키우며
알밤처럼 익어 벌어질
효로 물든 서면 아이들

— 「효로 물든 서면 아이들」 전문

충남 서천군 서면에 있는 서면초등학교에 봉직하면서 관찰한 아이들을 소재로 창작한 작품이다. 교실에서는 삼강오륜을 배우고, 운동장에서는 우리 민족의 풍물놀이가 흥겹다는 바, 교육자의 보람을 노래한 작품이다.

「토마토 열린 교실에서」는 〈또도독 또도독/ 예쁜 꿈 흔들며/ 날마다 사랑으로 꿈〉을 키운다. 「오이꽃 피던 날」에서는 〈초록 손수건/ 노란 이름표/ 가슴에 내밀며// 무지개 동산에/ 굴렁쇠 굴리며 달린다.〉고 노래하여 관찰의 섬세함을 보여 준다.

그러면서 그는 〈작은 밀알 하나가/ 썩은 거름 속에서 더 빛이 푸르듯〉 올곧은 정신으로 교육에 앞장서야 함을 밝힌다. 「열정의 뜨락에 피는 꽃」에서 시인은 〈지금보다 더 뜨거운 열정으로/ 바로 세우고/ 바로잡고/ 바로 길러내어/ 안일함을 자맥질하여/ 퇴색한 사고를 다듬어야 한다.〉고 역설한다. 이것이 바로 김숙자 시인이 천성적인 교육자임을 입증하는 것이기도 하다.

더불어 〈고뇌와 삭힘질〉에 의해 그는 자신의 사상과 감정을 문학 작품으로 승화시키기 위해, 수준 높은 예술의 경지를 지향한다. 이와 같은 노력에 의해 그의 문학이 더욱 빛나리라는 기대로 김숙자 시인의 시 세계 분석을 간략하게 맺는다.

◇ 권복례 시인

시심의 온정성과 진실성

- 권복례 시인의 1시집 작품세계

1.

시는 시인과 어느 정도 일치해야 하는가? 권복례 시인의 작품을 읽으면서 이런 물음이 연속적으로 제기되고 있다. 그야말로 끝이 없는 물음이 다시금 반복되는 것은 권복례 시인의 작품에서 느껴지는 실체적 이미지 때문이다.

현대시에 있어서 시인의 체험과 상상력에 의해 작품이 창작된다고 할 때, 그 작품은 시인과 어느 정도 일치할 수도 있고, 시인의 실제생활과는 완전히 다른 경우도 상정할 수 있기 때문이다. 특히 현대에 와서 유행병처럼 범람하고 있는 서정의 홍수는 시인의 진실성과는 거리가 먼 것이 사실이다. 주체할 수 없는 감정의 회오리를 여과정제 과정도 없이 직접적으로 발산하는 것을 보며, 또 남의 사상과 감정을 패러디하는 것도 목격하게 되고, 또한 전염병처럼 번지는 유행에 편승하는 작태를 보며, 일부 뜻있는 사람은 절망하고 있는 것 또한 사실이다.

이런 상황에서는 정말 작품다운 작품을 창작하려는 진실한 태도가 그립게 마련이다. 진실 속에서 빚어지는 진정한 작품이 기다려지게 마련이다. 그에 답하는 것이 권복례 시인의 작품이다.

2.

권복례 시인의 작품을 보면 그는 천성적으로 온정성(溫情性)과 진실성(眞實性)을 갖고 있는 시인으로 보인다. 손끝의 기교에 연연하지 않고, 현대의 유행에 편승할 줄도 모르는 시인이다. 자신의 진실을 작품 속에 투영하고자 하는 소박한 자세를 초지일관(初志一貫)하고 있는 시인이다.

한꺼번에
터뜨리고 마는
너를 보면
안타까움뿐이다

마음속에
비밀스러이 감추어 두지 못하고
밖으로만 밖으로만
내보이고 마는
너를 보고 있으면

안으로 안으로
감추지 못하고
그대를 그리워하는 나를 보는 듯해
너를 보고 있으면
안타까움뿐이다

— 「벚꽃」 전문

시인의 내면을 투영함에 있어 특별한 기교를 부리지 않은 작품이다. 벚꽃의 화려함을 노래하는 것도 아니고, 또한 벚꽃에 자신을 견주어 자찬하는 것도 아니다. 시인의 진정한 지향(指向)은 내적인 성숙인데, 일시적으로 외적 화려함을 선망하기도 하는 자신에 대해 안타까워하는 자성적 내면을 형상화한 작품이다.

이러한 자성(自醒)의 바탕 위에서 시인은 새롭게 태어나고자 한다. 〈어느 봄날/ 푸르도록 아름다운 날에 다시/ 풋풋하게 일어서〉겠다는 의지를 「자화상」에서 보여주고 있기 때문이다. 그렇다면 그가 풋풋하게 보여주고자 하는 내면의 실체는 무엇인가?

① 나도 저 들꽃처럼
고개 돌리면
바람에 실려 향내 펴질까
마주서는 사람들과
서로 나누는
들꽃 향내 가득한 사람으로
날을 수 있을까

—「들꽃 향내 나는 사람」 일부

② 이 한가한 시간에
얘야, 당당하게 일어나 보렴
땅 위에는
높고 푸른 하늘이 있단다

—「유월의 하오」 일부

③ 제 멋에 겨워
온산을 휘저으며 다니는
저 허기진 산까치는

오늘 저녁 무엇으로
허기진 작은 배를 채울까

— 「겨울 산까치」 일부

권복례 시인의 작품에 일관되게 흐르고 있는 온정(溫情), 그 따스한 시심의 몇 부분을 발췌한 것이다.

①에서는 인간적 내면을 아름답게 노래하고 있다. 들꽃이 향내를 내어 사람들을 행복하게 하듯이 시인도 그런 향내를 간직한 사람이 되고자 하는 것이다. 인간적 향내가 나는 작품, 사물에서 인식한 자각을 통해 자신의 내면과 견주어 보는 작품, 이런 작품에서 독자들은 보다 큰 공감대를 형성하리라 본다.

②에서 보이는 것 역시 ①과 같은 맥락이다. 다만 ②에서는 직업인으로서의 자애스러움이 덧붙여 있는 것이다. 그는 시인이기에 앞서 초등하교에서 학생들을 지도하고 있는 교사의 신분이다. 교사로서 그는 운동장을 바라보고 있다. 그 운동장에는 그네 위에 몸을 맡기고 줄이 당기는 대로 흔들리는 아이가 있다. 아무도 없는 빈 운동장에서 외롭게 그네를 타고 있는 아이에게 연민의 정이 솟아나고, 그래서 시인은 아이에게 당당하게 일어서라고 주문하는 것이다. 이는 어쩌면 시인 스스로에게 주문하고 다짐하는 것인지도 모른다. 여기에서 외로운 아이는 그럴 수밖에 없는 특정한 사정이 있는 아이로 보이지만, 그렇지 않아도 시적 성취와는 상관이 없다. 어떻든 시인은 외로운 아이에게 시선이 미쳤고, 그 아이가 희망을 가지고 힘차게 자라 줄 것을 바라는 시심이 표현되어 있기 때문이다. 이런 마음, 작은 것에 사랑의 눈길이 쏠리는 바로 이 마음이 시를 가꾸는 마음

인 것이다.

③은 권복례 시인의 따스한 마음이 정점에 이르고 있음을 보여주고 있는 작품이다. 겨울산과 겨울언덕에서 울부짖으며 날아다니는 산까치를 보면서 그의 허기를 걱정하고 있기 때문이다. 사람에 대한 연민과 온정도 중요한 것이지만, 시인의 망막에 비치는 여타의 사물에 대한 연민과 온정은 놀랍도록 섬세한 시심으로 보인다.

3.

권복례 시인은 현실을 주로 긍정적으로 인식하고 있다. 그러나 시인은 현실을 긍정할래야 긍정할 수 없는 운명을 타고난 존재라고 할 수 있다. 그러기에 권복례 시인이 견지하고 있는 소망은 긍정과 부정 위에 새롭게 쌓아 올리는 탑이다. 이처럼 간절한 소망을 보여 주는 작품은 주로 사랑으로 인한 그리움으로 확인된다. 꿈을 잃은 사람은 삶의 모든 것을 잃은 것이라 하는 것처럼 인간은 누구나 나름대로의 소망을 성취하려 한다. 다만 시인은 보다 섬세하고 아름다운 꿈을 작품으로 보여 줄 뿐이다.

파문 지는 물결은
시방 내 인생의 좌표
어디쯤을 가리키는 것일까

마음 속 깊은 그리움이
고기비늘처럼 번득일 때
노을빛 수면 가득한 구름 사이

작은 언덕에 맞바람치는 종소리

여기 오래 머무르고 싶어
물안개 걷히는 아침
바람 되어 갈대밭을 헤매네

—「물안개 걷히는 아침이면」 일부

물안개 걷히는 아침에 시인은 갈대밭을 찾았다. 갈대밭 물가에 담가 놓은 낚시줄은 어린 날의 꿈을 되살려 아름다운 꽃강으로 흐르고 있다. 여기까지가 이 작품의 전경(前景)이다. 그 꽃강의 파문을 보면서 시인은 자신의 인생 좌표를 확인하고자 한다. 여기에서 시인은 노을빛을 헤치고 들리는 종소리를 듣게 되고, 그 종소리에 그리움이 깨어나게 된다. 그리움을 간직한 곳, 물안개 걷히는 강가의 아침이기에 오래도록 머물고 싶은 시심은 바람이 되어 갈대밭을 헤매고 다닌다는 것이다.

시인이 자신의 인생 좌표를 확인하면서, 동시에 추스려낸 그리움의 실체가 무엇인가, 작품에는 어떻게 용해되어 있는가, 작품을 통해 접근해 보자.

① 태평양 건너 그 먼 나라를
나는 함께 갈 수 없지만
하나님께서 항상 우편(右便)에서
동행하여 주시니
내 뭐 그리 걱정을 하랴

—「동행(同行)」 일부

② 그리하여
내 목의 상흔이
제풀에 꺾인 여름 장대빛럼
꺾여지게 하고 싶다
가을 햇볕아!

—「가을에게 띄우는 편지」 일부

③ 내 그리움은
넘어가고 있는 저녁해이다

하루 종일
산과 바다와 들과 하늘을
온통 그리움의 색깔로 만들고
유유히 넘어가는
저녁해이다

그리고 그 다음날
아무 일도 없었던 것처럼
다시 떠오르는
아침해이다

—「그리움」 전문

사랑으로 인한 그리움을 노래하고 있는 작품들의 부분을 발췌한 것이다. 이 세상 무엇과도 바꿀 수 없는 사랑의 실체, 그 사랑으로 인해 생성되는 그리움은 시인에게 있어 피할 수 없는 운명적인 것이기도 하다. 그러한 그리움을 무엇을 통해 어떻게 표현했는가 하는 것이 문제일 뿐이다.

①은 가족에 대한 사랑을 신앙과 연계하여 형상화한 것이다. 딸이 미국 일리노이즈대학으로 유학을 하게 되었다. 김포공항 제2청사에서 여리디여린 딸을 외국으로 보내면서 시인은 눈시울을 붉히게 된다(작품에는 딸의 눈이 붉어져 있다로 되어 있음). 그 와중에서 하나님의 동행을 깨닫게 되고, 그로 말미암아 걱정을 씻게 된다. 이런 것이 시인의 가족 사랑이다. 슬프거나 안타까울 때 애이불비(哀而不悲)하는 것, 이것이 바로 여과 과정을 거쳐 형성된 시심이다.

②에서는 시인의 내면을 직접적으로 보여 주고 있다. 가을 햇볕에 참깨와 들깨가 여물 듯이, 콩과 팥이 여물 듯이 시인도 그렇게 여물고 싶은 것이다. 그러나 시인에게는 목의 상흔이 있다. 여기에서의 상흔은 비유와 상징에 의해 여러 관념으로 정리될 수 있다. 그러나 시인은 이 상흔을 거추장스런 존재로 인식하고 있는 것으로 보아 사회의 규범이나 현실적 제약으로 보인다. 이 상흔을 여름 장대비처럼 제거하고 싶은 것이 시인의 심정이다. 결국 시인은 이 상흔을 극복하여 거듭나고자 하는 것이다.

③은 그리움의 구체적 대상이 등장하는데, 바로 저녁해와 아침해라는 '해' 로 되어 있다. 태양이 그리움의 대상으로 등장하게 된 연유는 저녁과 아침이라는 시간적 공통점, 즉 그리움의 색깔을 만들고 있기 때문이다. 아마도 저녁노을과 아침노을이라는 환상적 색채를 만들기 때문에 시심의 중앙에 자리잡은 것으로 보인다.

그러나 사랑에 대한 정의와 함께, 사랑의 속성인 그리움을 모두어 보여 주는 작품은 「등불」이다.

내 마음에는
촛불보다도
달빛보다도 더 밝은
등 하나 밝히고 있다

사랑이다
누구나 사랑이라는
등불 하나씩을 달고 다니듯이
우리네 살아가는 모습이듯이
그대는 나의 등불이다

내가 걸어가는 길을
밝혀 주는
영원히 정전되지 않는
등불이다

—「등불」 전문

생활 속에서 정전(停電)이 될 때가 있다. 사람들은 불을 밝히기 위해서 양초를 들고 종종걸음을 치고 있다. 그러나 시인의 가슴에는 촛불이나 달빛보다 더 밝은 사랑의 등불이 있다는 것이다. 사랑의 대상은 바로 '그대'인데, 이 그대가 바로 등불이라는 것이다. 살아가는데 있어서 사랑하는 그대는 분명 등불의 역할이리라 본다. 그런 인식을 권복례 시인은 작품화한 것이다. 여기에서 그대가 구체적으로 누구인가는 그리 중요한 것이 아니다. 과거의 연인이거나, 가족이거나, 신앙의 주체이거나 특별한 의미를 부여할 필요는 없다. 다만 시인의 가슴에 사랑이라는 등불을 달고 있어서 이 세상이 어둡지 않으면 되는 것이다. 이런 사랑의 시는 권복례 시인만의 개성과 작품성에 의하여 사랑의 명시 반열에 오르기에 부족함이 없다고 본다.

4.

권복례 시인은 시인으로서의 자세를 올곧게 견지하고 있는 시인이다. 시류에 흔들리지 않고 결 고운 시를 창작하고자 하는 내면이 작품에 드러나고 있다. 목소리만 큰 시가 아니라, 조용하게 읊어내는 가운데 커다란 울림을 만들 줄 아는, 그리 많지 않은 시인 중의 한 사람이다.

그 문 열면
작은 둥지 하나 있어
퍼질러앉기도 하고
눕기도 하면서」
긴 휴식에 들어갔으면

무서리 녹아
빈 들에 봄이 와
나무에 물 오르는 소리가
졸졸 흐르는 날
검은 머리, 약관의 나이로 다시
봄꽃 몸짓으로 서면
좋은 시 한편 쓸 수 있을까

— 「문(門) 하나 있었으면」 일부

빈 들을 드문드문 덮은 무서리를 보면서 시인은 동면에 들어가고자 한다. 그 동면의 문을 열과 작은 둥지에서 휴식에 들어가고자 한다. 그러나 겨울이 가고 봄이 오면, 젊은 날의 시인처럼 좋은 시를 짓고 싶다는 심리적 일단을 보이고 있다. 시인의 의식은 언제나 불이 켜져 있다. 그런 까닭으로 동면이라는 휴식은 시인에게 있어 참으로 그리운 단어라고 하겠다.

동면은 신체적 · 정신적 피로를 해소하기 위해 필요하다. 말하자면 「사월의 꽃」에서 보이는 것과 같이 〈주민등록번호를 적을 때마다/ 떠올리던 내 나이/ 볼펜 끝에 묻어나던/ 내 나이를 떠올리며/ 몸살을 앓았다〉에서처럼 몸살을 풀기 위해서도 필요할 듯하다.

그러나 시인은 이러한 동면에서 깨어나 새로운 마음으로 거듭나고자 한다. 「나무의 노래」에서 시인은 〈손을 내밀어/ 맞잡고 싶은/ 날// 마음을 열고/ 내 안으로 들어오게 하고 싶은/ 날// 크고 둥그렇게 만들어 준/ 그늘 속으로 들어가/ 도란도란 얘기하고 싶은/ 날// 영혼의 상흔/ 너의 자연향으로 치유하고 싶은/ 날// 나는 네가 부르지 않아도/ 너에게로 간다〉에서 보여 주는 것은 나무와 시인과의 단선적 구조보다는 시인과 비유적 대상 사이의 구조로 파악하는 것이 좋을 듯하다. 결국 시인은 시적 대상이 부르지 않아도 스스로 대상을 찾아 헤맬 수박에 없는 운명의 소유자라는 것을 확인할 수 있다.

낡은 비망록에 쓰여 있는 글귀
버림받은 땅에
유배 온 사람의 글귀

오목리에는 소나무 숲의 솔향과
아카시아 향이 있고
맑고 고운 순백의 아이들이 있다

오목리는 마흔의 나를 부추기어
스무살의 꿈을
맑은 음향으로 우뚝 서게 하고
나를 제자리에 갖다 놓았다

하나님이 나에게 일러 주신
비망록의 해답이
순백의 아이들처럼 선명한 오늘
아, 봄이다

— 「하나님의 해답」 전문

돌 한 포기도 있어야 할 의미가 있듯이 사람이 존재하는 것은 정말로 신의 섭리와 같다. 이런 전제에서 창작된 이 작품은 시인의 시적 성취욕구를 확연하게 보여 준다. 특히 버림 받은 땅에 유배 온 사람의 글귀는 그의 영혼이 빚어낸 작품에 다름 아니다. 유배당한 사람의 생활을 형상화한 것이 바로 「생명(生命)」이다. 마지막 연에서 그는 〈그래/ 산다는 것은/ 뼈 마디 절이는/ 아픔 속에서도/ 다시 일어서는/ 생명의 신비로움으로/ 상처를 싸매며 사는 게지〉 라고 말하고 있는데, 바로 상처를 싸매며 사는 것이 시인의 생활이다.

이처럼 상처를 싸매는 것은 이미 언급한 바 있지만, 사랑과 그리움을 통한 거듭남으로 보인다. 그리움이 있기에 어떤 난관도 극복할 수 있기 때문이다. 「시집(詩集)」에서도 시인은 〈그렇게 마지막 책장을 덮듯이/ 그대를 향한/ 내 마음도 덮고 싶다/ 그러나/ 시집 안에서 가만가만 피어오르던/ 그리움의 이야기가/ 내 마음에 남아 떠돌아/ 끝내 책장만 덮고/ 그리움은 덮지 못했다〉 고 고백하는 것이다.

이러한 그리움은 「해묵은 사랑 하나」에서도 같은 맥락을 보이고 있다. 〈저기 저 나무들은/ 해묵은 짐/ 모두 털어버렸는데/ 이 햇빛 맑은 사월에/ 나는 왜/ 가슴 속의 사랑을/ 털어버리지 못하는가〉 라고 자문(自問)하고 있다. 바로 이러한 자문에 의하여 시인의 내면은 충실해지고, 그로 말미암아 그의 시는 더 큰 공감대를 형성하고 있으리라 본다.

감성을 언어의 절제로 빚어낸 작품이 그의 시적 성취를 입증하고 있다.

서산 해미 가는 길
마지막 남은
산벚꽃이
우수수 바람에 날리고
산벚꽃 이파리
덕숭산 골짝
물 속으로
뛰어들어가고 있다

—「사월의 끝 · 2」 전문

간명한 묘사로 되어 있으면서도 촌철살인(寸鐵殺人)의 경지에 이른 작품으로 볼 수 있다. 마지막 남은 벚꽃이 우수수 바람에 날리고 남은 꽃자리에는 연녹색의 이파리가 남았을 것이다. 시인이 눈으로 직접 관찰했든지 아니든지 상관이 없다. 그 작은 이파리들이 덕숭산 골짜기 물 속으로 들어가고 있다는 것은 바로 물 속에 이파리의 그림자가 비추었다는 것에 다름 아니다. 그러나 이렇게 묘사하는 것보다 짧은 시행으로 빚어내는 것이 바로 시의 마력(魔力)이다. 이런 시의 마력을 내면에 간직하고 있는 시인이 바로 권복례 시인이다.

5.

이상 간단하게 권복례 시인의 작품을 통독하고 약술했다. 그러나 이러한 경향 외에도 부모 · 가족에 대한 존경과 사랑, 아름답고 소박한 서정, 연륜에 맞는 원숙미 등이 시에 녹아 있음을 확인했으나 생략했음을 밝힌다.

간단하게 분석한 바를 정리하면 다음과 같다.

첫째, 권복례 시인의 작품을 보면 그는 천성적으로 온정성(溫情性)과 진실성(眞實性)을 갖고 있는 시인으로 보인다. 자신의 진실을 작품 속에 투영하고자 하는 소박한 자세를 초지일관(初志一貫)하고 있는 시인이다.

둘째, 권복례 시인이 견지하고 있는 소망은 긍정과 부정 위에 새롭게 쌓아 올리는 탑이다. 이처럼 간절한 소망을 보여 주는 작품은 주로 사랑으로 인한 그리움으로 확인된다.

셋째, 권복례 시인은 시인으로서의 자세를 올곧게 견지하고 있는 시인이다. 시류에 흔들리지 않고 결고운 시를 창작하고자 하는 내면이 작품에 드러나고 있다. 목소리만 큰 시가 아니라, 조용하게 읊어내는 가운데 커다란 울림을 만들 줄 아는, 그리 많지 않은 시인 중의 한 사람이다.

그러나, 그는 아직도 왕성한 창작열을 보이고 있는 시인이기 때문에, 이와 같이 몇 갈래로 구속할 수는 없는 것이다. 앞으로도 계속하여 그는 다양하고 독창적으로 그의 예술혼을 빚어낼 것이기 때문이다. 많은 사람의 가슴을 울리는 작품을 창작해달라는 소망과 함께, 꼭 그렇게 이루리라는 믿음으로 마친다.

◇ 김인숙 시인

소망의 미학, 그리움의 이미지

- 김인숙 시인의 1시집 작품세계

1.들어가면서

시인들은 언어로 집을 짓고, 정원을 꾸미며, 아름다운 꽃을 보여주기도 한다. 또한 시인들은 닿지 않는 세계를 동경하여 언어로 상상의 구체물을 보여주기도 한다. 또한 시인들은 언어로 창 · 칼 · 화살 · 승리 · 비둘기 · 사랑 등을 노래하여 전쟁과 평화를 구체화하기도 한다. 말하자면 시인들은 세상의 모든 것을 언어로 빚어 생명을 불어넣는다.

이런 여러 경향 중에서 김인숙 시인이 가꾸고 있는 시적 원형질은 '그리움'이다. 이 그리움은 인간이 원초적으로 간직하고 있는 정서이다. 생활 속의 '희 · 노 · 애 · 락'을 제재로 하여, 안타까움, 기쁨, 슬픔, 즐거움, 놀라움, 성냄, 너그러움 등의 정서를 형상화하고 있는데, 그 중 확연히 드러나는 것이 '그리움'이다. 이 그리움의 바탕에는 '사랑'이 존재하게 되며, 이 사랑이 시의 핵심을 이루고 있다. 또한 '사랑'은 '만남'으로부터 출발하는 것이며, 이로 인해 시인은 '만남'을 무척 소중하게 여기고 있다.

아름다운 날에
아름다운 만남

청량한 빛발 사이로
쏟아지던
그대 밝은 웃음소리

우주에 남아 있던
한점 밀알이 되어
고독한 씨앗으로 살아 있으리

생의 의미를 모르고서도
그저
웃을 수 있었던 순간들

아름다운 날에
아름다운 만남

—「그날」 전문

김인숙 시인은 '만남'을 아름답게 설정하고 있으며, 그로 인해 '청량한 빛발'과 '밝은 웃음소리'를 찾아낼 수 있다. 또한 이것은 '고독한 씨앗'이 되고, 시인은 고독속에서 존재 의미를 자각하게 된다. 그러나 이러한 자각을 통해서도 존재의 참모습을 찾을 수 없을 때, 대부분은 좌절과 실의에 빠지게 된다. 그렇지만, 긍정적 인생관을 지닌 시인은 웃을 수 있는 여유를 갖게 된다. 그러므로 이 작품은 시인의 내적 원형질이 긍정적이며, 희생적임을 독자들은 쉽게 감득할 수 있다.

김인숙 시인은 '만남'을 시의 출발점으로 인식하고 있는 것 같다. 이 만남을 통해 그의 우주는 열리고, 열린 우주에서 시인은 주인공이 될 수 있는 것이다. 자신이 처한 상황을 독자적 소우주라고 할 때, 시인은 그 우주의 중심에 서서 세상을 주관적이고 정감 있게 노래하는 것이다. 이때 '주관'이 무척 중요한 열쇠 구실을 한다. 많은 독자들이 공감할 수 있는 주관이라야 시로 성공할 수 있기 때문이다. 독자들에게 자신만의 세계를 보여 주어 공감대를 형성할 때, 시인은 희열에 젖을 수 있는 것이다.

시인은 자신의 생명을 바쳐서라도 시의 완성도를 높이려 한다. 수준 높은 한 편의 시를 빚기 위해 고심하다 보면, 때로는 생명의 소잔마저 감수하게 되는 것이다.

김인숙 시인도 이와 같은 치열함을 보이기 위해 최선을 다하는 것으로 판단된다. 그런 단서가 여러 편의 작품에서 산견된다. 이처럼 긍정적이고 아름다운 시심을 보이고 있는 김인숙 시인의 여러 작품을 분석하여 그가 견지하고 있는 시적 방향을 점검하기로 한다.

2. 김인숙 시의 분석

2.1 김인숙 시인의 시에서 돋보이는 주제는 그리움이다. 이 그리움을 통해 시인은 자신의 소우주를 설정한다. 일반적으로 그리움이라 하면 이성간의 감정을 연상하겠지만, 김인숙 시인은 한정적인 그리움을 노래하는 것이 아니라 삶의 다원적인 그리움을 시화하고 있다. 시인은 그리움에 지고지선의 가치를 부여하고 있는데, 이는 그리움으로 영혼까지 향기로울 수 있다는 형상화에서 확인할 수 있다.

비가 내리네
그대의 숨결처럼
은근하게 내리네

어둠 속에 잠긴 바람도
어딘지 모를 바람꽃을 향해
가슴 문지르다 비껴가네

위함으로 머무르면
세상은
온통 그리움으로 타고

그리움은
밤비에 젖어
영혼까지 향기롭네

—「밤비」 전문

시인은 밤비와 바람에서 그리움을 연상해냈다. 그리움의 원천은 '위함'인데, 이 '위함'은 상대방에 대한 사랑의 표출이다. 이 '위함'이 밤비와 연계되어 시인의 영혼까지 향기로운 것이다. 누군가를 위할 때 인간은 스스로 행복감을 갖을 수 있다. 이 시에서의 '그대'가 구체적으로 누구인가, 무엇인가는 그리 중요한 요소가 아니니다. 왜냐하면 그 대상의 구체성보다 이 시에서의 그리움에 대한 정서가 핵심이기 때문이다.

시인의 그리움은 고향에 대한 추억도 한몫을 하고 있다. 「우정의 내 고향.1」에서의 〈마른 나무 가지 위로/달빛 묻어놓고//밤새 눈 내린다/밤새 추억이 내린다〉라는 부분에서는 고향에 대한 그리움이 점철되어 있다. 또한 「우정의 내고향. 2」의 〈아직껏 고향 지킨 소쩍새/밤새/나를 찾아 울음 운다〉에서의 소쩍새는 서정적 자아의 감정이입에 다름 아니다. 말하자면 시인과 자연이 하나로 인식된 경지의 표현에 다름 아니라는 것이다. 이런 형상화는 「겨울에」의 〈눈발 무성한 날들 속에/조심조심 살아가지만/겨울은 내 가슴 속에 숨어 있다〉에서 확인할 수 있다.

이렇듯이 자연과 하나가 될 때 시인은 편안함과 행복감을 맛보게 된다. 자연의 일부로 장미꽃을 바라보며 시인은 이 세상 어느 것과도 비견할 수 없는 아름다운 정서를 표출하고 있다. 자연의 일부분인 장미꽃을 제재로 한 「장미꽃을 좋아하는 까닭」의 〈바라보는 것만으로 행복하다〉, 〈은은한 향내로도 행복하다〉, 〈어린 날 추억으로도 행복하다〉등의 정서 표출은 이를 증명하기에 충분하다.

이런 행복감은 이상 세계를 보여주는 주요 동기가 되기도 한다. 「꿈의 세계여」에서 시인은 〈신비의 문을 열고/나도 하나의 별이 된다〉면서 〈숨겨진 세계의/또다른 아름다움〉을 추구하고 있다.

2.2 시인은 아름다운 영혼을 추구하고 있다. 「자화상」에서 보면 〈내 속에 자라나는 불빛/스스로를 사랑으로 휘감을 때/영혼 또한 아름다워라〉 라는 구절이 나오는데, 이는 곧 시인의 내면이다. 그리움보다 더 아득한 슬픔이나 낯선 두려움을 감내하고 극복할 수 있는 매체가 바로 사랑이며, 이로 인해 '아름다운 영혼'이 될 수 있는 것이다.

그러나 시인의 지향이 아무런 고통도 없이 이루어지는 것은 아니다. 수많은 번민과 갈등을 거쳐 시인 스스로 이를 극복할 대 이루어지는 것이다. 감내하기 어려운 상황을 감내하고, 극복하기 어려운 일을 극복하는 것이 시인의 몫이다. 이런 작품을 한 편 소개하면서 분석해 보자.

산다는 것은
고독과의 싸움이다
한잔 고독을 다 마셔도
느껴지는 허탈감
찾아드는 목마름의 연속

이름 모를 울림이
몸을 스쳐 지나가면
가슴 한 구석 구멍 뚫린 채
등줄기에 흘러내리는
넉넉하지 못한 자유

땡볕에 달구어지는 가문 들녘처럼
어느 길목
우물 하나 있어
내 영혼 적시어 줄 강물을 그리며
안타까움의 노를 젓는다.

—「산다는 것은」 전문

이 작품에서 시인은 잠언적 명제로 시작하고 있다. 〈산다는 것은 고독과의 싸움이다〉 라는 명제는 시인의 내면에 잠재하고 있는 핵심 요소이다. 고독과의 싸움은 자신과의 싸움이며, 이 싸움에서 이겨도 시인은 〈목마름의 연속〉을 느낄 수밖에 없다. 이는 시인이 추구하는 예술에 대한 끝없는 갈망으로 보이며, 이를 추구하다 얻은 결과가 〈울림〉인 것이다. 이러한 울림으로 시인은 세속의 공허함을 감득할 수 있어, 〈구멍 뚫린 채 등줄기에 흘러내리는 넉넉하지 못한 자유〉를 토로한 것으로 보인다. 사막을 횡단하는 중에 만난 오아시스처럼 시인은 좋은 시상을 만날 때 행복하다. 이 시에서도 영혼을 적셔줄 강물을 시인은 〈우물〉에서 연상했으며, 그 연상의 결과물인 상상의 〈강물〉에서 안타까운 삶의 노 젓기를 반복한다는 것이다.

시인이 감내하고 극복해야 할 대상이 '고독'만은 아니다. 「낯선 길목에서」의 〈멀어지는 별빛을 찾아/엷어지는 별빛을 찾아/가여운 내 영혼/낯선 길목을 서성인다〉 에서 나오는 '낯설음'도 여러 시에서 부정적 요소로 형상화되고 있다. 여기서의 부정적 요소는 '방황' '열병' 등인데 이들이 도출한 '아픔'을 시인을 극복하고자 희망의 '별빛'을 찾게 된다. 또한 「동짓달의 소묘」의 〈어디론가 숨어야 하는데/자작나무 숲속에 숨어야 하는데/은행잎 날리는 바람막이에서/나는 발만 동동 구른다〉 역시 시인이 극복해야 할 '안타까움'이다. '한기' '검은 구름' '처절한 기상도' 등이 시인의 내면에 부정적 인식을 각인하고 있으며 시인은 이를 극복하고자 한다. 이런 극복은 '물'의 이미지로 이루어지는데, 이는 시인의 내면에 물이 긍정적 이미지로 채워져 있기 때문으로 보인다.

① 붉은 작약꽃잎 떨어지듯
침묵에 젖는 인생
무더운 여름날
낯선 두려움을 소낙비에 씻는다.

—「아득하여라」 끝연

② 이루지 못한 사랑을
잉태하기 위해
메마른 대지에서 비를 부른다.

—「먼 곳을 꿈꾸며」 끝연

시인은 '두려움'을 소낙비에 씻어버리고자 한다. 〈살아가는 의미〉를 추구하다 도출된 '슬픔'으로 잉태된 두려움을 물로 씻어내자는 것이다. 마찬가지로 '이루지 못한 사랑'을 찾기 위해서도 시인은 물의 힘을 빌리고 있다. 신화비평적 시각에서 보면, 김인숙 시인의 내면에는 '생명'에 대한 강렬한 내적 갈망이 존재하고, 이 잠재의식의 발로로 이런 작품이 형상화되었다고 볼 수 있는 것이다. 여기에서 부정적 요소를 해소하는 물의 원관념은 '사랑'이다. 시인은 이 사랑을 통해 부정적 요소를 모두 극복하고자 한다.

2.3 김인숙 시인은 사랑에 대해 남다른 인식을 하고 있다. 특히 사랑에 대한 언어적 표출은 가히 잠언적이다. 이는 자신에 대한 이기적 사랑, 남을 위해 희생할 수 있는 이타적 사랑, 그리고 간절하게 토로하는 연인에 대한 사랑, 막연한 그리움에 대한 사랑으로 드러나는데, 모두 시인의 내면이 투영된 언어의 거울이다. 시인이 언어로 빚은 사랑의 잠언을 찾아보자.

① 행복은 님의 가슴에서 찾고
사랑은 님의 침묵에서 찾으려네

— 「님의 모습은」 일부

② 사랑은 말이 필요없다
사랑은 눈빛으로 족하다
〈중략〉
그대는 나를 말로 사랑하네
나는 그대를 눈빛으로 사랑하네

— 「살아가는 행복」 일부

③ 기다림을 갖는다는 것은
만남보다 더 깊은 진실
〈중략〉
그리움으로 행복하여라
기다림으로 행복하여라
애달펴 행복하여라

— 「기다림을 갖는 것은」 일부

김인숙 시인이 갖고 있는 내면의 편린을 살펴볼 수 있는 부분적 예를 들었다. 사랑에 대한 토로는 대체적으로 밝고 따뜻한 것이 특징이라면 그 나름의 특징이다. 몇 편 더 확인해 보기로 한다.

「그날」의 〈아름다운 날에/아름다운 만남〉에서는 만남을 통한 사랑의 아름다움을 밝히고 있다. 「밤비」의 〈그리움은/밤비에 젖어/영혼까지 향기롭네〉에서는 그리움을 통한 영혼의 정화(精華)를 노래하고 있다. 「사월에」의 〈당신은 늘 가슴에 파고든/그리운 별〉에서는 사랑의 대상을 별로 설정하고 있다. 또한 「소중한 마음」의 〈기다림으로/지키는 아름다움〉에서는 그대를 위하는 소중한 마음이 애틋하게 형상화되어 있다. 이렇듯이 사랑에 대한 시인의 사랑관은 시 속에 용해되어 아름답게 직조되어 있다.

마음은
지금 빛나고 있습니다.
당신 그리움이
밀어를 잉태하고 있습니다.
얼마나 사무치는 그리움인지
진실만이 웁니다.

당신과 함께라면
영혼까지 행복합니다.

참으로 당신과 함께라면
어둔 길도 밝습니다.

— 「당신과 함께라면」 전문

시인의 아름다운 시어는 독자들의 심금을 울릴 수 있다. 그러기 위해서는 스스로 감동할 사랑을 해야 되고, 그 사랑을 언어의 마술사와 같이 최선을 다해 표현해야 한다. 김인숙 시인은 시적 대상에 의해 영혼까지 행복할 수 있는 예민한 감수성을 갖고 있으며, 그 가슴의 울림을 시로 빚고 있다.

이러한 사랑은 「별을 바라보는 마음으로」의 〈속삭임보다/빛으로 말하네〉 등에서 빛이 난다. 또한 이런 사랑으로 시인은 「홀로 걷는 거리에서」의 〈바람도 감미롭고/그대 이름도 감미롭습니다〉 와 같은 고백을 하는 것이다. 이것이 김인숙 시인의 사랑에 대한 백서인데, 이는 여타 작품에서도 산견된다.

2.4 김인숙 시인이 좋은 시, 훌륭한 시를 창작하고자 하는 소박한 욕구를 시로 빚어내고 있다. 모든 예술가들은 자신의 창작에 지고지선의 가치를 부여하고자 한다. 나름대로의 기(技)와 성(誠)을 다하여 완벽의 미(美)를 추구한다. 비록 지고지선의 목표를 이루지 못한다 해도 영육(靈肉)을 다 바쳐서 성력(誠力)을 다하는 것이다. 사실 예술가처럼 세상 모든 사람들이 스스로의 일에 최선을 다한다면 이 세상은 좀 더 밝고, 긍정적으로 발전할 것이다.

바람 되기 위해
꽃이 되기 위해
노래 불렀다

〈중략〉

가슴의 시를 쓴다
바람 되기 위해
꽃이 되기 위해

— 「창구에서」 일부

시인은 현실의 생활 속에서도 시심을 찾는다. 일하는 근무처의 창구에서도 시인은 시심인 '바람'을 찾고 있다. 이 바람은 '새벽'과도 연계되는데, 이는 진실의 말과 통한다. 시인은 시창작에 대한 절대절명의 의지를 보이고 있다. 「태어남으로 존재하였으나」의 〈하늘을 우러러/원점에 머물고/존재함으로 살았으나/시 한 편 못 쓰는 날〉의 심적 상태를 〈소리 없는 절규〉로 정리하고 있다. 이는 존재하는 것만으로 만이 아니라, 존재와 함께 진실의 언어로 자신의 시를 창작하겠다는 의지의 소산으로 보인다.

좋은 시, 문학성이 높은 시는 내적 고독의 결과이다. 내적 갈등이 빚어낸 정화이다. 시인은 「고독 · 1」에서 〈나는 하늘이 아니어도/나는 바람이 아니어도//한줌 흙으로 돌아갈 때까지〉 세상의 일을 다 잊고 소박하게 이름을 남기고 싶은 것이다.

억겁의 고통 이기지 못해
내 혀끝을 물고

고통의 외로움에
각혈하는 혈관의 죄

있는 듯 없는 듯 잠깐 세월
눈물 마른다

고통일라 외로움일라
기도하는 사랑일라

머언 먼 고독의 산에

사랑이 뿌리를 내린다

— 「고독 · II」 전문

이 작품에서 시인은 억겁의 고통을 이기지 못하고 있다. 이 고통의 구체성이 '각혈하는 혈관'으로 형상화 되었다. 그러나 고통과 외로움을 기도하는 사랑으로 극복하여, 삶의 뿌리를 내리게 되는 것이다.

3 나오면서

한 시인의 시세계를 분석하여 정리하는 것은 지난한 것이다. 그러함에도 불구하고 분석한 바를 간략하게 정리하면 다음과 같다.

첫째, 김인숙 시인의 돋보이는 주제는 '그리움'이다. 그리움을 통해 시인은 자신의 시적 소우주를 설정하고 있다.

둘째, 김인숙 시인은 아름다운 영혼을 추구하고 있다. 이는 내면의 표출이며, 슬픔·낯섬 ·두려움 등을 극복하여 이룩한 것이다.

셋째, 김인숙 시인은 '사랑'에 남다른 인식을 보여주고 있다. 이의 대상은 다양하며, 언어적 표출은 잠언적이다.

넷째, 김인숙 시인은 좋은 시, 훌륭한 시를 창작하고자 하는 소박한 욕구를 시로 빚어내고 있다. 또한 시인은 이에 지고지선의 가치를 부여하고 있다. 이렇게 정리하면서 그리움과 사랑으로 따뜻한 인간상을 보여주고, 현실을 바탕으로 밝은 미래를 예비하는 아름다운 모습을 보이는 작품을 한 편 소개한다.

바람처럼 노을처럼
어둠이 내려
멀어진 그대 모습 희미하여도
마음속엔 벚꽃처럼 화사한 그대

설레이는 마음
몇 번을 다독여도
끊임없이 솟아나는
따스한 눈물

그림자마저 떠나보내고
이 세상에서 가장 소중한 사람
그대를 따르다
허물 벗은 사람들

그대 노을진 뒷모습에 어리는
그리운 얼굴

가슴에 영원히 간직하기 위해
새로이 보금자리를 만드네

—「바람처럼 노을처럼」 전문

어둠 속에서도 임을 찾아 새로이 보금자리를 만든다는 시인의 섬세하고 따뜻한 정서가 아름답다. 이런 아름다운 바탕이 있기에, 「새벽에」의 〈이제 다시 한 번/일어서려/새벽 공기 마시며 무릎을 세운다.〉와 같이 아름답고 건실한 새 출발을 보일 수 있는 것이다. 김인숙 시인은 변함없이 그리움으로 세상을 아름답게 인식할 것이며, 사랑으로 어떤 어려움도 극복할 것이다. 그리하여 '그대'의 손길에 〈시내도 깨어나 노래하고〉, 시인은 〈청초한 봄〉을 예비할 것이다.

이와 같이 정리하고 나서, 마지막으로 시인에게 당부하는 바는 하나이다. 시의 길은 완성이 없으니 생명이 다하는 날까지 최선을 다하라는 것이다. 전문 문인으로서의 긍지로 작품성의 제고를 위해 최선을 다하여 한국 시문학사의 밝은 빛이 되어 달라는 것이다.

◇ 김화자 시인

추억의 반추와 긍정의 시학

- 김화자 시인의 1시집 작품세계

1.

김화자 시인을 처음 만나 인사를 나눌 때, 몸짓을 섞어 하는 말이 참 힘들어 보였다. 궁금해 하는 표정을 인지한 듯, 자신은 오랜 기간 실어증(失語症)으로 고생하고 있다고 하였다. 돌발 사건의 충격으로 쓰러진 뒤 실어증으로 10년 정도 한 마디 말도 할 수 없었다는 것, 병원에서 가료를 받아 점차 차도가 있다는 것, 인사를 나누던 2010년에는 어느 정도 대화를 할 수 있게 되었다는 것이다.

이 실어증을 극복하기 위하여 절실하게 노력하고 있다는 점을 재차 강조하였다. 첫째로 우리말 감각을 살리기 위하여 문학창작 공부에 나섰다고 한다. 그 다음으로 음악연습실을 찾아 노래를 부르면서 언어 감각을 익히고 있다고 밝힌다. 이후 많은 대화를 나누었고, 그가 겪은 아픔의 정도를 어느 정도 수용하기에 이르렀다.

가시 회초리가
몸을 친다.

그래서일까,
눈물빛으로 호소한다.
지금은
불꽃놀이에
몸살을 앓는 중이다.
아, 아프다.

—「열병」 일부

이 작품은 〈새싹에도/ 밤새 거미줄을 쳤다.〉로 시작된다. 이어 〈기지개도 켜지 못한 채/ 안절부절〉하지 못하는 내면을 그린다. 이 때의 상태는 〈잠을 자는지/ 꿈을 꾸는지/ 깨어 있는지/ 몽롱한 정신〉이라고 한다. '가시 회초리'는 구체적 사물이 아니라, 정신적 고통을 주는 상태일 것이고, 이러한 상태에서 벗어나기 위하여 그는 문학 창작에 매진하게 된다.

문학창작에 대한 교유(交遊)가 3년에 이르렀을 때 그가 시집 원고를 가지고 왔다. 10여 년 습작한 작품으로 시집을 발간하고 싶다는 의사를 밝혔다. 아직은 자신의 언어 감각이 덜 살아났기 때문에 여러 면에서 부족할 것이라고 하면서, 시집을 발간할 수준이 된다면, 작품 해설을 부탁드린다는 거였다.

10여 년에 걸쳐 창작한 작품을 읽으면서, 김 시인의 문학적 지향을 부분적으로나마 확인하게 되었다. 성실한 독자로서 가슴에 울리는 감동을 찾아 간략하게 정리하기로 했다.

2.

김화자 시인은 언어 장애를 겪은 후 현실 적응이 힘들었다고 한다. 한 때는 더 이상 살아가야 할 삶의 의미를 잃었지만, 자녀들의 눈빛에 힘입어 강인하게 살기로 하였다고 한다. 그리하여 자존(自存) 의식이 점차 자존(自尊) 의식으로 전환하기에 이른다. 그 과정은 말로 표현할 수 없을 만큼 큰 시련을 안겨 주었지만, 그는 10년 가까이 최선을 다하여 난관을 극복하고자 한다.

자신의 머리에서 자연스럽게 떠오르는 언어도 입안에서 웅웅 소리만 내기 때문에 괴로운 나날이 지속되었다. 평상시 자주 사용하던 말인데도, 머리에서 뱅뱅 돌면서 언어화되지 않는 고통을 감내해야만 했다. 그렇지만 언어를 되찾는 것만이 당면의 목표였고, 이를 위해 문학 창작과 노래방 가창 연습을 게을리하지 않는다. 그러한 특성이었을까, 대부분 단형의 시를 창작하게 되었고, 그 내용도 추억이 중심을 이룬다.

아버지 벼 베시던 날
메뚜기 잡으며
뛰어 놀았다.

들녘은 그때도
황금빛으로
저렇게 물들었었는데

늙은 밤나무

한 그루만 둥그렇게
저만큼 서 있다.

조그마하던 아기나무가
이제 나처럼
주름이 깊다.

두 팔 벌려 안아본다.
두 가슴에
반가운 맥박이 뛴다.

—「아기 나무가 어느 사이」 전문

김화자 시인의 「아기 나무가 어느 사이」는 떠났던 고향에 돌아와서 만난 밤나무를 통하여, 세월의 흐름과 삶의 무상을 융합적으로 그려내고 있다. 전체 5연 중 과거 회상은 1연이고, 나머지 2~5연은 자신과 나이와 함께 흐른 세월을 확인하는 과정이다.

1연은 과거 회상이다. 〈아버지 벼 베시던 날/ 메뚜기 잡으며/ 뛰어 놀았다.〉는 진술은 그의 내면에 남아 있는 절실한 서정에 바탕한다. 회상 시점과 현실의 서정적 거리는 60년쯤 되는 것 같다. 초등학교 시절의 추억일 터이매, 현재 고희(古稀)를 넘긴 시인에게는 오래된 그림으로 남아, 생각할수록 절실해지는 추억의 매체(媒體)다. 아버지를 비롯한 마을 어른들이 벼를 베시는 논에서 어린이들은 메뚜기를 잡는다. 웃으며 뛰며 행복하게 시간을 보내는 정경은 아름답고 행복해 보인다. 그 순간이 시인의 가슴에 뚜렷하게 남아 창작의 불씨로 기능한다.

2연~5연은 현실이다. 고향을 찾은 시점은 늦은 가을의 저녁 무렵이다. 2연의 〈들녘은 그때도/ 황금빛〉으로 아름답게 물들었다는 회상에서 확인된다. 그 아름다운 노을 아래 3연에서처럼 〈늙은 밤나무 / 한 그루〉가 자라서 둥그렇게 서 있다. 시인이 소녀였을 때, 그 밤나무는 〈조그마하던 아기나무〉였을 터이지만, 이제는 나이가 든 자신처럼 나무 둥치의 껍질에 굵은 주름(골)이 나 있다.

이와 같은 동질성에 의하여 시인은 물아일체(物我一體)의 경지에 든다. 그리하여 5연에서처럼 그 늙은 밤나무를 〈두 팔 벌려〉 안는다. 시인의 생각보다 더 굵어졌을 밤나무 둥치이기 때문에 양 손끝이 닿지는 못하지만, 나무를 안고 있는 시인과 나무, 〈두 가슴에/ 반가운 맥박이 뛴다.〉는 표현은 그야말로 절묘하다. 이처럼 고향을 찾은 시인, 그리고 고향에서 만난 자신 또래의 밤나무, 그 서정적 매체를 통하여 시인은 새롭게 뛰는 가슴을 되찾는다. 이러한 서정은 어머니로 이어져 새로운 감동을 생성한다.

> 밤꽃이 피면
> 어머니를 생각하면서
> 둑길을 걷는다.
>
> 옛날 그 추억을
> 실타래처럼 풀어내며
> 그리움을 만난다.
>
> 세월 거슬러
> 집배원도 모르는 주소가

어디쯤일까 가늠한다.

—「어머니 1」 전문

어려서 여읜 어머니를 그리워하게 하는 요소 중에 밤꽃도 중요한 모티브가 된다. 밤꽃이 필 때 어머니 손을 잡고 둑길을 걸었을까, 그는 둑길을 걸으면서 어머니를 회상한다. 추억을 실타래처럼 풀어내며 어머니에 대한 그리움을 되새긴다. 많은 독자들이 이와 같은 형상화에 감동하겠지만, 3연은 그야말로 절창(絶唱)이다. 어머니가 돌아가신 이후 많은 세월이 흘렀을 터이고, 세월이 흐르면 흐를수록 어머니에 대한 그리움은 절실한데, 어머니가 계신 곳을 알 수가 없다. 어머니가 계시는 곳, 우편 〈집배원도 모르는 주소〉를 생각하는 시인의 애절한 그리움이 작품에 투영되어 있다.

어머니가 「우물가에서」 〈두레박〉으로 사랑을 퍼올린다고 하며, 〈이슬을 밟고/ 일상처럼 다녀가시는 어머니〉를 간절하게 그리워한다. 이는 「아버지 2」에서 보이는 정서와는 완연하게 다르다. 어릴 적 〈아버지 진지 상에는/ 굴비 한 마리가 앉아〉 있었지만, 〈처마 아래 매달은/ 굴비 두름/ 눈으로만/ 밥 한 그릇을 후딱 비웠다.〉라고 객체화된 아버지상을 그려내고 있기 때문이다.

3.

김화자 시인은 부친이 사업을 하여 넉넉하게 살았다고 회상한다. 간혹 사업이 잘 되지 않을 때는 남매들이 지독한 고생을 하였다고 한다. 운명적이었을까, 그 생활 패턴은 결혼 후로도 이어진다. 남편이 사업을 하기 때문에 대체적으로 잘 사는 편이었지만, 때로는 생각하기도 싫을 정도로 수년을 버텨야 했다. 또한 특정한 충격으로 삶을 포기할 지경이 되었지만, 자녀들과 주위 친지들의 사랑으로 거듭날 수 있었다고 한다.

남들이 부러워할 정도로 행복한 생활을 하다가, 회사가 부도가 나서 단칸방으로 이사를 하던 때의 서러움은 말로 표현할 수가 없다. 그러나 아이들 넷의 눈망울을 마주하면서 용기를 내어 시련을 극복하게 된다. 여섯 식구가 각방을 쓸 정도로 여유가 있던 살림살이를 셋집의 마당에 쌓아두어야 했다. 남편은 잠적하고, 단칸방에서 아이들 넷과 함께 살아낸 세월을 생각하면 아득하였을 터이다. 밥 한 끼도 제대로 먹을 수 없던 때의 심정이 작품에 투영되어 나타난다.

그는 내게 밥 한 톨로
허기를 잊게 하셨다.

검은 콩 섞인 고봉 밥그릇이
오랫동안 눈앞에 어른거렸다.

울음이 넘치는 세상에서
홀로 미소 짓게 하셨다.

—「밥 한 톨」 전문

이 작품의 '그'는 서술어가 '잊게 하셨다.'인 것으로 보아 신앙의 주체로 보인다. 그 주체가 분명하지는 않지만, '그'는 밥 한 톨로 연명할 만큼 시인에게 시련을 주신 분이다. 2연은 구체적 상황을 그려놓은 것으로 보인다. 세를 사는 집을 들여다 볼 기회가 있었는데, 식탁에는 고봉으로 퍼 놓은 밥 한 그릇이 있었다. 그 밥에 파리가 까맣게 달라붙어 먹고 있는 모습을 보면서 '저 밥 한 그릇만 있어도 우리 다섯 식구가 잘 먹을 텐데.'라는 생각에 눈물을 흘렸던 것 같다. 단칸방으로 돌아왔을 때도 파리가 먹고 있던 밥그릇이 눈에 어른거려 작품으로 빚어졌을 것이다. 시인은 요즘도 가끔 그 밥그릇이 떠오른다고 회상한다.

3연은 1연과 동질적이다. 자신들은 '울음이 넘치는 세상'에서 살면서도, 현실에 절망하지 않는다. 가족들이 서로 격려하며 자존(自尊)을 지킬 수 있었는데, 이러한 상황도 신앙의 주체인 '그'의 섭리로 수용한다. 그러나 이는 큰 지진이 발생하기 위해 발생하는 예진(豫震)에 불과하였을 것이다. 본격적인 지진이 발생하자 그는 정신을 잃고 쓰러졌고, 10여 년 동안 실어증(失語症)에 시달리며 극복과정을 겪는다.

나는 허수아비다.
벼락 천둥을 이기고
캄캄한 밤도 이겼다.

세차게 몰아치는 비바람에도
반갑게 흔들리며
눈을 치뜨고 살았다.

—「허수아비」 전문

일상에서 만나는 허수아비를 노래한 것으로도 보인다. 그러나 그의 내면에 있는 절망과 슬픔, 미움과 분노를 삭이고 도달한 수준 높은 작품이다.

〈나는 허수아비다.〉에서 '허수아비'의 원관념이 자신이라는 것은 분명하다. 그는 오랫동안 가족을 위해 헌신하였기 때문에, 이와 관련한 충격은 자신의 생(生)을 부정할 정도였다. 그러나 네 자녀와 주위 사람들의 도움으로 '벼락'과 '천둥'을 이기고, 터널처럼 캄캄한 밤도 지날 수 있게 된다. 언어 구사가 부자유스러워서 간결하게 승화시켰지만, 이 작품 속에서는 슬퍼도 겉으로 슬픔을 표현하지 않는 애이불비(哀而不悲)의 정서가 오롯하다.

자녀를 위해 자신의 분노를 접어두는 데에 이르자, 그는 세차게 몰아치는 비바람에도 자신을 맡길 수 있게 된다. 미워할 대상은 여전히 미운 채로 있겠지만, 오히려 흔들리는 것을 반갑게 여길 정도로 성숙하게 된다. 그러나, 이는 모든 것이 자연스럽게 잊혀진 것이 아니라, 눈을 치뜨고 치열하게 잊어왔음을 확인하게 된다. 6행의 간결한 작품이지만, 비유와 상징으로 인하여 김화자 시인의 절절한 정서를 되새기기에 부족함이 없다.

4.

김화자 시인의 작품 제재(題材) 중에서 두드러진 분야가 여정(旅程)이다. 그는 여정의 특성을 밝히거나, 그 제재에 자신의 정서를 융합하는 것에 특별한 재능을 보인다. 작품 「동강에 와서」는 그 지역민들이 역점사업으로 가꾸는 할미꽃과 연계되어 있다. 1~3연에서 싱그러운 여름의 풍광을 제시하고, 마지막 연에서 〈강바람이/ 할미꽃 뿌리를 가꾼다.〉고 노래한다. 이는 자연과 인간이 서로 조화를 이루는 것이 가치롭다는 견해에 다름 아니다.

때로는 추억과 어우러진 그리움을 노래하기도 한다. 특히 그가 초중고 학창시절을 보낸 '부산'은 마음의 본향(本鄕)으로 자리하고 있다. 그에게 있어 〈부산은 어머니〉와 같은 존재이다. 부산 사투리만 들어도 구수한 고향이다. 부산을 찾아가 바닷바람을 맞으면 〈어느새 갈매기가 된다.〉고 노래한다.

KBS가 우뚝 선 복변산 자락
48 계단을 오르내리면
소꿉친구 웃음소리가 들린다.
"니 참 이쁘데이!"
까까머리 머스마가 서 있는 듯
가슴이 콩닥거린다.
"니 어데 있는데?"
숲을 보며 한마디 건네지만
아는 체하는 나무가 없다.

— 「부산에서 2」 전문

시인이 다니던 학교가 복변산 자락에 있었던 것 같다. 그곳은 현재 KBS 방송탑이 높이 솟아 있는 도심지로 변해 있다. 필자는 그 곳에 직접 가보지는 않았지만, 이 작품을 통하여 유추할 수 있는 풍광이다. 학교가 위치한 그 산자락에는 48계단이 있고, 50여 년의 세월이 지난 후 시인이 다시 그 계단을 오르내리면서 추억에 젖는다. 청순했던 시절에 까까머리 남학생이 부끄러움을 띤 채 고백하던 "니 참 이쁘데이!"라는 말이 추억 속에서 살아난다. 그 추억만으로도 시인의 가슴이 두근거린다. 그 학생을 생각하면서 시인은 "니 어데 있는데?" 소리치게 된다. 이 작품의 백미(白眉)는 대화체를 통하여 내면의 진실을 간결하고 완곡하게 표현한 것이다. 또한 〈숲을 보며 한 마디 건네지만/ 아는 체하는 나무가 없다.〉고 한 형상화이기도 하다. 마음으로 그에게 묻지만, 그것은 되돌릴 수 없는 추억의 일부분일 뿐이다.

「부산에서 4」에서도 유사한 형상화가 보인다. 시인이 해운대를 찾아 한 움큼 모래알을 집는다. 부끄러워도 수영복으로 갈아입고 해변을 거닐던 추억이 되살아난다. 친구들은 모두 떠났지만 〈바닷가 모래알에서/ 친구들의 수다소리가 들린다.〉 그리운 사람들을 떠올리며 해변의 모래를 만지다 보니 그들의 따스한 체온이 살아나서일까 그 모래가 따뜻하다. 그러나 김화자 시인이 빚어내는 기행시(紀行詩)의 중심은 불교와 닿은 작품으로 보인다.

늦가을 떠났다.
바람을 일으키며
무작정 수덕사로 갔다.

찬바람이
몸을 휘감아 도는데
비구니 한 분을
인연처럼 만났다.

극락은 어디이고
지옥은 어디인가
마음으로 물었다.

고목 가지 사이를
스쳐가는 바람결이
'일체유심조'
속삭이고 있었다.

—「수덕사에서」 전문

내면의 갈등이 심할 때, 혹여 조금이라도 가라앉힐 수 있을까 싶어서 수덕사를 찾은 것 같다. 늦가을에 찾은 수덕사에서 비구니 한 분을 만나 자신의 고뇌를 속시원히 풀어내고 해답을 들으려고 하였지만, 그러한 욕구를 접어야 했다. 실어증으로 인하여, 일목요연하게 말을 하기도 어렵고, 또 그렇게 한다고 특별한 해답을 얻을 수 있다는 확신도 없었기 때문일 것이다.

그러나 이 나들이를 통하여 그는 〈극락은 어디이고/ 지옥은 어디인가〉 묻고 묵상(默想)하는 가운데 스스로 해답을 얻는다. 고목 가지 사이를 스쳐가는 바람결이 그에게 건넨 말은 〈일체유심조(一切唯心造)〉였다. 내 마음이 극락이라고 하면 이 세상이 극락이고, 내 마음이 지옥이라고 하면 이 세상이 지옥이라는 돈오(頓悟)의 경지에 이른다. '돈오'라는 것은 어떤 계기에 의하여 갑작스럽게 깨닫게 되는 경지를 말하는데, 그는 수덕사에서 이러한 경지에 이른 것 같다. 이와 같은 깨달음으로 그는 괴롭게 한 사람들을 용서할 수 있었을 것이다.

이와 같은 형상화를 보이는 또 다른 작품에서도 그는 절을 찾아 마음의 평화를 구하는 듯하다. 「갑사에서」를 보면 〈산그늘이 깊다./ 가만히 있어도/ 도(道)에 드는 듯싶다.〉는 돈오의 경지를 노래한다. 그래서 〈눈을 감아도/ 맑은 세상이 보인다.〉는 깨달음으로 세상을 살아간다.

5.

김화자 시인은 1941년에 충청북도에서 출생하고, 어린 시절에 부친의 사업을 따라 부산에 정착하여 성장한다. 8세에 모친을 여의었지만 슬퍼할 사이도 없이 가족을 돌보아야 했다. 건축업을 하는 부친이 공사 현장에서 숙식을 하였기 때문에, 집에는 어린 자매들만이 생활하였고, 그가 동생들을 돌보아야 했다고 한다.

부산대학교 국어국문학과 재학 중에 결혼하여 대전에서 정착하여 보낸 세월이 50년이다. 그런 연유에서 대전과 관련한 작품을 여러 편 선보였는데, 모두 애정 어린 시심이 담겨 있다.

칠칠 풀어헤친 그대의 머리가
내 가슴에 별을 심는다.
다시 만날 날을 기약하던 그대는
아득히 먼 추억 속에서
봄바람으로 나를 찾아 왔는가?

―「유등천 단상 2」 전문

대전에는 대전 동구와 중구 사이의 대전천(大田川), 중구와 서구 사이의 유등천(柳等川), 서구와 유성구 사이의 갑천(甲川), 이들이 하나로 모이는 삼천(三川)이 있다. 그 중에서 유등천은 많은 버드나무가 자생하여 유천(柳川)이라고도 하고, 한글 이름으로 '버드내'라고도 부른다. 봄이 되면, 파랗게 눈뜬 버들개지를 휘휘 늘어뜨린 채 흔들리는 능수버들의 모습이 절경(絶景)이다. 그 유등천을 오가며 시인은 아름다운 서정을 가꾼다.

또한 시인은 「내원사 계곡」에서 〈맑은 샘에 가라앉았던/ 둥둥둥 종소리〉를 찾아내기도 하고, 「엑스포 야경」에서 정답게 인사를 하는 이웃을 사랑한다. 또한 그는 〈대전역 대합실 의자처럼/ 누군가 다가와서/ 잠시 쉬어갈 수 있는/ 시〉를 짓고 싶다고 고백하기도 한다. 그리고 〈모두 녹색 물〉이 들 정도로 아름다운 숲의 도시 「대전에서」 사는 것이 행복하다고 노래한다.

이런 마음으로 지은 그의 시를 읽다보면, 독자들도 그의 진심어린 내면과 만나 새로운 감동을 공유(共有)하게 된다. 앞으로도 그는 아름다운 서정으로 독특한 감동을 생성(生成)하는데 최선을 다할 것이다. 그런 믿음으로 김화자 시집의 작품 기행(紀行)을 맺는다.

◇ 전성희 시인

절실한 그리움을 이카루스 날개에 신고

- 전성희 시인의 3시집 작품세계

1. 감동을 생성하는 시인

전성희 시인과는 인터넷 문학활동을 통해 만난 사이다. 인터넷에 올라오는 수많은 작품을 대하던 중, 밤하늘의 별처럼 아름다운 시를 대하고 반가웠다. 그가 바로 전성희 시인이다. 그의 작품을 읽으면, 머리에서 생성된 문학적 감동이 점차 가슴으로 전달된다. 이 감동은 다시 새로운 감동을 생성하며 온몸으로 번진다.

한동안 그의 작품을 읽으면서 행복한 독서를 즐겼다. 그러던 중 문학사랑 인터넷문학상 심사위원회에서 그의 작품을 수상작으로 선정하였고, 그는 제47회 수상자가 되었다. 시상식에서 만나 새로운 인연을 맺었다. 그의 세 번째 시집 해설을 부탁받았다. 이미 발간한 두 권의 시집을 통독하다가, 두 번째 시집에 수록된 「팔베개」에서 눈물겨울 정도로 감동의 회오리를 만난다.

> 나는 닿을 수 없는 허공에 팔을 뻗는다.
> 손끝을 내밀면

아스라한 온기가 어둠 속에서 번져온다.

내 나이보다 푸른 아버지의 목 줄기에
애절한 그리움으로
나는 팔베개를 드리운다.

평상에 누워 별들 헤아리며
별빛의 흐름 따라
가벼이 시린 젊음을
내 팔목에 걸어놓은 아버지.

끝없이 우러러보며
연둣빛 팔목은 하늘로 뻗는다.

사라져가는 기억들이
우듬지에 하나 둘 별로 걸려
꿈속에서 아버지의 팔베개가 된다.

흐르는 별 줄기 따라
나는 한쪽 팔에
그리움을 걸고 누워 있다.

—「팔베개」 전문

시인은 허공에 팔을 뻗어 아버지를 찾는다. 별세한 아버지가 찾아올 리 없지만, 아버지를 그리워하는 것만으로도 그의 가슴에는 '아스라한 온기'가 번져 온다. 꿈에서나 만날 수 있는 아버지, 별세할 때의 나이는 자신의 현재 나이보다 한참 젊다. 시인은 〈내 나이보다 푸른〉 아버지의 삶을 통하여 현실 속 자신과 비유적으로 대조한다.

그는 '별' '날개' 등을 통하여 아버지가 있는 하늘과 소통하고자 한다. 이러한 정서가 그의 작품에 자주 나타난다. 평상에 누워 '별'을 헤아리며, '별빛'의 흐름을 따라 발걸음을 옮기시던 아버지, 〈마흔의 시린 젊음〉이 시인에게는 잊을 수 없는 통증으로 남아 있다. 그리하여 하늘로 떠나신 아버지를 〈우러러보며〉 자신의 〈연둣빛 팔목〉을 하늘로 뻗어 아버지를 위한 팔베개를 만들고자 한다. 그러나 세월이 흐르면서 아버지에 대한 그리움도 조금씩 엷어지게 마련이다. 이제는 하늘로 솟은 나무의 우듬지에 하나 둘 '별'로 걸릴 만큼 추억의 소재가 성글다. 그 별을 만나기 위해 한쪽 팔로 팔베개를 마련하고 아버지를 기다린다.

이런 스토리가 작품의 표면적인 의미일 터이다. 이를 바탕으로 그의 내면에 흐르는 사친(思親)의 정서, 하늘을 향한 간절한 소망, 표현의 세련미, 불교적 심상을 확인하고자 한다.

2. 그리움이 시를 쓰게 하다

전성희 시인을 탄생시킨 그리움은 '아버지'에 연유한다. 감수성이 예민하던 여고 재학 시절에 갑자기 아버지를 여읜다. 일본 유학에서 돌아와 나라의 동량(棟樑)들을 잘 길러야겠다는 사명감으로 교육계에 기꺼이 투신한 아버지, 그 아버지가 예기치 않은 사건으로 급서(急逝)하여, 그는 세상이 무너지는 절망을 겪는다.

중학교 3학년이었을 때라고 한다. 그는 아버지가 근무하던 학교의 교지 『동아탑』을 만난다. 그 책에 수록된 아버지의 작품 「관세음

보살」을 읽게 되고, 막연하게나마 문학 세계를 동경하고 있던 중에 갑작스럽게 아버지와 사별(死別)한다. 절망 속에서도 아버지와 친분 관계를 유지하던 문학평론가 김준오 선생을 고등학교 2학년 담임으로 만나면서 소녀의 가슴에는 새로운 문학 창작의 뿌리가 내린다. 부친의 별세로 겪었을 내면적 절망, 그리고 현실적 질고(疾苦)가 어떠하였을까는 말하지 않아도 명약관화(明若觀火)하다. 그처럼 어려운 세월을 극복하고, 너그러운 마음으로 살아낼 수 있었던 것도 아버지가 남기고 간 사랑과 불교신앙에 바탕하였을 것이다. 그리하여 그의 가슴에는 거의 반세기가 지나도록 만날 수 없는 아버지에 대한 그리움이 작품으로 빚어져 그만의 감동을 생성한다.

이따금 꽃들이 정원을 흔들었다.
푸른 창살 틈으로
기억 속 무늬는 청아하고
햇살 사이로 빛바랜 흑백향기가 배어나왔다.

칠월을 봉한 여름은 익고
간간히 나이테로 여물어가던
세월의 바람에 나는 꽃으로 피어났다.
꽃에 날개를 달아 준 아버지의 흔적도 피어났다.

어느 날인가 우렁찬 가장의 울림대신
세상의 탁음이 들리던 그날부터
모든 씨앗들 아린 속삭임이 시작되었다.
유난한 꽃과 열매들로 아늑한 정원

무궁화사랑 한층 더 높이던
아버지의 중년은 꽃으로 저물어갔다.

동남풍을 따라 평상에 앉으면
한 쌈의 손길에 사계 꽃을 일구던
아버지의 생이 유년의 사랑으로 피어났다.
내 아이들의 정원처럼
영혼을 일으켜주던 알맞은 온도
고요한 체감은 나를 감싸주었다.

—「아버지의 무늬」 전문

아버지에 대한 추억은 청아(淸雅)하였으나, 흑백(黑白)의 향기로 만난다. 그가 〈간간히 나이테로 여물어가던/ 세월의 바람〉을 딛고 꽃으로 피어난 것이나, 그의 형제자매들이 겪었던 〈씨앗들 아린 속삭임〉 등을 통하여, 꽃을 존재하게 한 주체가 아버지였다는 고백은 눈물겹다. '꽃으로 피어난 것'의 원관념이 명확하지는 않지만, 그가 아버지의 뒤를 따라 '시인'이 되었다는 고백으로 보아도 무리가 없다. 물론 은유적 다의성에 의하여 더 다양한 해석이 가능하지만, 그의 시집을 관류(貫流)하는 이미지는 '시인' 등단으로 귀납한다.

일본에서 유학을 마치고 귀국한 그의 아버지에게 청소년들은 나라꽃 〈무궁화〉와 다름 아니었다. 〈유난한 꽃과 열매들로 아늑한 정원〉을 가꾸던 아버지는 선구자적인 뜻을 다 이루지 못한 채 〈중년의 꽃〉으로 저문다. 그렇지만 아버지는 시인의 가슴에 살아남아서 〈사계 꽃〉을 일구기도 하고, 〈아버지의 생이 유년의 사랑〉으로 피어나기도 한다. 아버지는 꽃이 잘 자랄 수 있게 〈영혼을 일으켜주던 알

맞은 온도〉를 시인에게 주고 떠난 분이기도 하다.

이와 같은 정서가 「아버지의 불빛」에서도 확인된다. 〈이따금 기억의 행로는/ 슬픔의 뿌리로 이어지는 허황한 길목이었네. 거슬러 흘러간 푸른 한 시절/ 뿌리 깊은 꿈을 심어주신/ 젊은 우리 아버지〉에 대한 그리움이 절실하다. 이는 어머니로 전이되기도 한다.

어머니가 물을 머금으면
가슴 깊이 스며든 슬픔이 희석되었다.
들숨과 날숨 사이에서
생의 사선으로 꺾여진
어머니의 마지막 호흡까지 빨아 올렸다.

남은 생을 머물다 간 적막한 병동
목젖에 차오르는 서러움을
어머니는 간간히 끌어 올렸다.
필사의 힘으로 받아들이는
가냘픈 숨소리
어머니는 너의 몸을 빌려 영혼을 적셨다.
슬픈 울림의 저 흡인력
두 귀는 너의 손끝에서 진동소리를 들었다.

어머니의 메마른 입술 사이로
너는 생을 꺾은 채 때때로 숨을 멈췄다.
단숨에 너를 피워 올리지 못하는
어머니의 긴 한숨처럼 초조한
일상을 서서히 가라앉혔다.

아늑한 기억 속의 갈증이
허기진 달빛으로 창백하게 떠다녔다.

시를 읽고 시인의 내면을 탐색하는 것은 독자의 몫이다. 이 작품은 어머니의 노년을 배경으로 하는 것 같다. 특히 작고(作故)하기 직전의 상황으로 보인다. 어머니는 식사를 못할 뿐더러, 스토로우를 통하여 물을 마시거나 호흡을 지탱할 정도로 절박하다. 〈어머니가 물을 머금으면/ 가슴 깊이 스며든 슬픔〉에서 힘들게 살아온 세월이 녹아 있는 것 같다. 또한 〈남은 생을 머물다 간 적막한 병동〉을 통하여, 그 병원이 바로 어머니가 임종한 곳이라고 암시한다.

이 작품은 어머니의 임종을 지켜보던 시인이 자신의 정서를 '스트로우'에 의탁하여 빚은 절창(絶唱)이다. 또한 〈어머니의 긴 한숨처럼 초조한/ 일상〉을 서서히 가라앉히며, 어머니의 운명(殞命)을 비유적으로 승화한다. 이는 「당신의 귀가 닫힌다」에서 탐색되는 바, 어머니의 운명과 닿아 있는 것 같다. 〈당신의 안온한 표정〉 〈관대한 눈빛으로 생을 거래하고〉 〈청각은 아주 조용히 방향을 잃는다.〉 〈벌써 당신의 시선은/ 저만치 푸른 창을 넘는다.〉 등에서 유추할 수 있다. 이제 어머니는 세상의 소리를 듣지도 못하고 운명할 상황이다. 이를 비유와 상징으로 형상화한 것이다.

그러나 아버지와 어머니에 대한 그리움의 농도(濃度)는 완연하게 다르다. 시인에게 삶의 지표를 남기고 서둘러 떠난 아버지에 대한 그리움은 진하고 절실하다. 그러나 노년에 이르도록 애증을 나누었던 어머니에 대한 그리움은 조금 엳어 보인다. 색깔과 농담(濃淡)이

약간씩 다른 그리움이어서, 그의 시는 단조로움에서 벗어나게 된다.

3. 비상의지가 꿈을 꾸게 하다

소년소설이나 청소년소설에서 주된 설정은 주인공에게 닥친 운명적 부재(不在)다. 누구는 아버지가, 누구는 어머니가, 누구는 양친이 부재하거나 멀리 떨어져 있도록 설정된다. 주인공에게 닥친 운명은 그를 단련시켜 혹독한 시련을 잘 극복하게 한다. 혹은 상상할 수조차 없는 인물이 나서서 주인공을 구원하기도 한다. 청소년기에 부친을 여읜 전성희 시인의 삶도 이러한 범주에 들어가지만, 그는 현실에서의 난관을 스스로 극복하고 감내한다.

동화작가나 청소년소설 작가들은 슬픔이나 어려움을 극복하는 기제로 대부분 '꿈'을 도입한다. 꿈 중에서도 날개를 달고 세상을 날아다니거나 초능력자를 만나 행복하기를 소망한다. 그러나 꿈은 대부분 꿈으로 끝나게 된다. 스스로 조금씩 이루어 나가 보람을 찾는 것이 소중함을 깨닫는다. 전성희 시인은 이름에서부터 별(星)이 등장하여 그러하였을까, 하늘을 향한 그리움을 자주 노래하고, 이카루스의 날개로 하늘을 날고자 한다.

프리다 칼로의 생을 풀꽃으로 피우는
벼랑 위의 남자는
부러진 척추 마디를 맞추며
필생의 날갯짓을 한다.
지상의 가장 후미진 곳을 찬란하게 하는

초현실 게임은 아름다운 희생이다.

—「마임이스트」 일부

전성희 시인과 프리다 칼로는 삶의 궤적에서 공통점을 지녔다. 청소년 시절에 전성희는 아버지를 여의어 절망에 빠지고, 초현실주의 화가 프리다 칼로는 전차 사고를 당하여 절망한다. 전성희는 아버지로부터 영감을 받아 시인이 되고, 프리다 칼로 역시 몽상적인 사진작가 아버지의 영향을 받아 화가가 된다. 두 사람 모두 아버지를 흠모하고 헌신적이었으며, 그의 아버지 역시 두 사람을 사랑하였다고 전한다.

전차에 깔려 부러진 프리다 칼로의 척추 마디를 맞추며, 〈벼랑 위의 남자〉가 필생의 날갯짓을 지속하는 것은 전성희 시인에게로 전이된다. 두 사람의 공통분모는 가장 높이 나는 새가 되려는 비상의 지라 하겠다. 그러나 '남자'는 사실상 〈주어진 생의 길을/ 잠시 머물다 가는/ 구름 같은 삶〉을 지닌 모습으로 환치(換置)된다. 프리다 칼로가 아버지를 기려 그린 '아버지의 초상'에 대한 헌사는 〈60년 동안 간질로 고생하면서도 결코 일을 멈추지 않았고, 히틀러에 맞서 싸웠다. 깊은 애정을 담아. 딸 프리다 칼로〉로 되어 있다. 이는 전성희 시인이 아버지를 문학창작의 별로 인식하는 것과 별반 다르지 않다.

내 어깨에는 날개가 돋아 퍼덕이고
홀로 자유로워지기 위해서
더욱 완고한 생각이 필요한 것을 알았다.
사랑은 결코 트릭과 함수 관계라는 것을

위험한 미술관에서 깨달았다.
깃털처럼 가벼운 그대 연민을 보았다.

—「트릭아트에서의 해후」 부분

이 작품은 〈수십 해를 사랑은 나를 어둠에 가두었다.〉로 시작한다. 시인은 모나리자에게서 미소가 사라지자 붓으로 미소를 그려 넣을 만큼 현실적이고 논리적이며, 체계적이고 구조적 사고를 지니고 있다. 또한 그와 같은 사고(思考)의 성채(城砦)에서 벗어나지 못하여 스스로 '어둠'에 갇혀 산다. 그러나 미술관에서 '트릭아트'를 만난 후, 그에게는 사고(思考)의 일대 전환(轉換)이 일어난다. 그의 〈어깨에는 날개가 돋아 퍼덕이고/ 홀로 자유로워지기 위해서〉 완고한 생각을 극복할 수 있는 자유를 꿈꾼다. 완고한 사고를 극복하기 위해 〈더욱 완고한 생각〉이 필요하다는 역설에 이른다.

트릭아트 작품을 보면 일상적 사고가 부서지고, 새로운 인식 체계가 생성된다. 과학적인 화법과 특수도료를 활용하여, 평면임에도 불구하고 살아 있는 입체로 느껴지도록 장치한다. 보는 각도에 따라 그림이 변형되어 보이도록 돌출 각도법을 도입하기도 하고, 액자 밖으로 튀어나온 부분을 만들기도 하며, 그 부분의 그림자까지 사실적으로 그려서, 초현실적 리얼리즘을 극대화하기도 한다. 이러한 기법은 평면의 일상성을 극복하는 미술의 새로운 분야이다. 이런 미술을 접한 시인은 오랜 '어둠'에서 벗어나 자신의 진솔한 자화상을 확인하게 된다.

이는 작품 「착시 현상」에서도 드러난다. 〈언젠가 내 어깨에/ 날개 돋힌 적이 있다.〉고 하던 그는 미술관에서 〈마법의 계보에 몸이 닿는 순간/ 은빛비늘을 번쩍이며 창공을 날기 시작했다.〉고 진술하는데, 이는 트릭아트의 영향으로 보인다.

> 상흔이 가시지 않은 발자취들
> 먼 협곡을 지나
> 철로를 건너오는 모진 바람이
> 쌍굴다리 아래서 흩어진다.
> 남쪽으로 기울어진 슬픈 연못
> 날개 접힌 동요가락이
> 눈부신 음표를 달고 여름하늘을 떠다닌다.
>
> —「노근리의 꽃」 일부

노근리는 민족의 비극 '김일성 남침전쟁'인 6.25의 와중에, 오인(誤認)으로 인해 많은 민간인이 학살된 현장이다. 북한군으로부터 기습적 침략을 당하여 남쪽으로 피난을 가던 사람들이 있었는데, 이들을 북한군이 변장한 행렬로 오인하여, 비행기 난사(亂射)로 많은 사람이 죽는다. 그 상황을 〈번뜩이는 비명/ 빗발치는 소리가 붉은 총구〉로 형상화하는데, 총탄에 의해 무고한 백성들이 〈핏빛 새벽〉을 맞는다. 그때 희생된 〈꽃잎들〉이 칠월이 오면 다시 꽃으로 피어나 그 날을 증언한다.

굴다리 여기저기에 남아 있는 총탄 자국은 그날의 아픔을 입증한다. 그래서 시인은 〈날개 접힌 동요가락〉에 새롭게 〈눈부신 음표〉를 단다. 그 동요가락이 여름하늘을 떠다닌다. 이처럼 슬프고 안타까운 상황을 극복하기 위하여 시인은 비상의지를 원용한다. 신이 그에게 달아준 날개일까, 그는 이카루스의 비상의지에 편승하여 문학작품을 빚는다.

4. 일상에 비유의 옷을 입히다

좋은 문학작품은 대체로, 주제가 선명하고 가치 있는 것, 문장이 적정하고 미려한 것, 표현의 멋을 갖춘 것, 그리하여 독자들에게 감동을 생성하는 것 등을 중요한 요소다. 그렇지만, 좋은 작품이라고 하는 시 창작의 발단은 대부분 사소함에서 비롯되는 경우가 많다. 워드워즈가 무지개를 바라보면서 아름다운 세상과 꿈을 노래하였고, 릴케는 라일락꽃을 통하여 사랑의 아름다움을 노래하였다. 서사시는 예외적이지만, 대부분의 서정시들은 작은 사물에서 사랑의 미묘한 울림을 찾아낸다. 이를 바탕으로, 시인의 내면과 상상력은 예술적 감동을 빚어낸다.

전성희 시인의 작품을 읽으면서 여러 측면에서 감동하게 된다. 주제도 선명하고 표현 역시 유려하다. 일부 작품의 제재(題材)는 평범한 일상성을 띠지만, 그의 문학적 프리즘을 거치면 아름다운 이미지로 거듭난다. 일상의 빛이 프리즘을 통과하면 굴절된 각도에 따라 새롭고 개성적인 빛깔로 변환하는 것과 같다. 시인 역시 독자적 프리즘으로 작품을 빚는다. 특히 자신의 은유와 상징으로 새로운 감동을 생성한다.

무채색 재킷을 입을 때는
언제나 잘못 끼운 단추가 어긋났다.

팽팽하게 조여 오는
신체의 휘어진 선으로 흘러내리던
첫 번째 방향이 틀어진 걸 알았다.
엉킨 하루를 지나는 옷깃
규격이 처음부터 어긋난다는 것을 알지 못했다.
좁은 공간을 조율하지 못하고
자꾸만 채우려는 것에 집중하던
내게도 어울리지 않는 색깔이 있었다.

—「단추를 끼우며」 일부

옷을 입는 것이라든가, 옷을 입으며 단추를 끼우는 일이라든가, 단추를 잘 못 끼우는 것 등은 그야말로 일상의 사소한 일들이다. 그러나 시인은 이러한 행위 자체에 대한 사실적 진술을 통하여 독자들이 유추할 수 있는 여지(餘地)를 마련한다. 서두에서 〈무채색 재킷을 입을 때는/ 언제나 잘못 끼운 단추가 어긋났다.〉고 하는 진술은 여러 경우를 상정한다. 시인에게 '무채색'의 의미는 그 자체였을까, 아니면 힘들게 살아야했던 긴 세월이었을까, 또는 삶의 의미를 잃어버릴 정도로 서러운 것이었을까, 독자들은 상상의 날개를 펼치고 시인을 탐색한다. 〈언제나 잘못 끼운 단추〉라는 정서적 풀이는 '무채색'과 인과(因果) 관계가 성립한다. 특히 그에게 있어 삶의 〈방향이 틀어진 걸〉 깨닫게 하는 중심 기제로 작용한다.

현실에서 잘못 끼운 단추라면, 풀어낸 다음, 첫 단추부터 다시 정확하게 끼우면 될 일이다. 그러나 시인은 이러한 행위에 오불관언(吾不關焉)이다. 단추를 잘못 끼운 채 〈엉킨 하루〉를 지난다고 한다. 이것은 잘못 끼운 단추가 현실의 옷 입기가 아님을 암시한다. 그의 내면이거나, 혹은 그가 살아내는 삶의 양상으로 보인다. 그리하여 그는 〈자꾸만 채우려는 것에 집중〉하게 되지만, 이러한 생활은 그가 지향하는 것이 아니다. 때로 현실은 그에게 잘못 끼워진 단추를 달고 그 상태로 살아가라고 강요한다. 그리하여 〈하염없는 세월로 채워가며/ 단추의 규격에 나를 맞추기도 했다.〉고 실토한다. 자신이 잘못 주어진 운명에 순응하며 살고 있다는 것에 다름 아니다.

내가 꿈꾸는 사이
가끔 꿈속의 내게 다가와
그대의 최면술은 애틋한 암호를 해독하며
녹슬지 않은 시간을 끌어내고 있었네.
그대의 확장된 내시경
내 숨결에 그윽한 초점을 맞추고 있었네.

—「최면 내시경」 일부

이 작품은 위(胃)나 장(腸)의 상태를 확인하기 위한 '수면 내시경' 행위가 바탕이다. 이 행위는 시인의 사랑과 오버랩이 된다. 잠든 사이에 몸의 부위를 탐색하는 수면 내시경처럼, 시인은 '최면' 상태에 있고, '그대'는 시인을 스캔한다. 〈그대는 이따금 내 심장에 최면〉을 걸어 〈내 안의 슬픈 비밀〉을 찾아낸다. 아무에게도 말할 수 없었던 〈말없음표 부호들〉을 찾아내어 〈생시의 시간〉을 풀어낸다.

이쯤에서 '그대'의 실체가 궁금해진다. 수면 내시경이라면 당연히 시술하는 의사일 터이지만, 시인이 그려내는 세계는 그렇게 단순하지가 않다. '그대'는 〈눈부신 투시력으로/ 내 안에 잠든 나를 일으켜〉 준다. 〈꿈의 프리즘을 통해/ 영혼의 파장을 탐색〉하기도 한다. 〈세월을 옭아매던 기억들/ 거미줄처럼 얽혀버린 이야기들〉을 풀어낸다. 그리하여 그대의 최면술은 〈애틋한 암호를 해독〉하기도 하고, 〈녹슬지 않은 시간〉을 시인으로부터 끌어내기도 한다. 그대의 시선은 시인의 〈숨결에 그윽한 초점〉을 맞춘다.

이런 바탕에서 유추하면, 시인을 이해하는 사람, 시인에게 위안이 되는 신앙적 존재, 그를 거듭나게 하는 문학 창작 행위 등으로 요약할 수 있다. 이렇게 다의적 해석이 가능한데 바로 비유와 상징의 힘이다.

5. 불교적 달관이 오롯하다

전성희 시인의 작품에는 긍정의 시심이 주류(主流)를 이룬다. 보통 사람으로서는 참을 수 없을 정도의 시련임에도 그는 달관하여 수용한다. 시인은 '대상포진'을 앓았던 듯하다. 〈예기치 못한 너의 방문/ 살갗을 어루만지는 비늘처럼 문신을 뜬다.〉며 감내할 수 없는 고통을 호소한다. 그리하여 시인은 심각한 '근육통'에 시달리게 되고, 〈가끔씩 일탈을 꿈〉 꾸었다고 한다. 그의 일생에는 대상포진과 같은 환난이 여러 번 엄습하였을 터이지만, 그 고통을 잘 극복하고 아름다운 시를 창작하는 시인이 된다.

그가 힘든 세상에서 긍정할 수 있는 바탕은 아버지로부터 물려받은 것이라고 한다. 청소년 교육에 매진하던 그의 부친은 불심(佛心) 또한 깊었다. 이 불심은 일체유심조(一切唯心造)의 경지에 이르게 되고, 자신의 마음에 선한 매듭을 짓는다. 그 불심을 이어받아 시인은 대학에서 사회복지학을 전공하며 긍정적 시심을 다진다. 그리하여 시인 스스로 돈오(頓悟)와 점수(漸修)를 생활화한다. 돈오(頓悟)는 열심히 궁구(窮究)하던 중에 문득 도(道)를 깨닫게 되는 경지를 말하고, 점수(漸修)는 성실하게 수양을 하여 종이에 먹물이 번지듯이 도(道)에 이르는 과정을 말한다.

담쟁이넝쿨 감싸 안은 검푸른 바위
운무를 뚫고 초록하늘이 내려앉았다.
햇빛 차단된 동굴의
석벽을 열자 제 몸 사르며
모서리마다 불상을 떠받치고 있는
연꽃봉오리는 속세 향해 꽃등을 켜고 있다.

살포시 무릎 꿇고 앉은 법당
소리 없이 기도문이 흘러나온다.
닿을 수 없는 염화미소를 떠올리며
꽃불이 타들어 갈 때마다
나는 시린 등을 굽힌다.
내안을 환히 채워오는
영혼의 풍경소리를 듣는다.

봉황대 바위 끝까지
검푸른 절벽을 파고드는 불가의 넝쿨나무
운무가 스미고 간 풍경들이
붓다의 형상으로
가파른 산자락 둘러앉아

정토를 향한 순례자의 길을 비추고 있다.

—「화엄풍경」 전문

서정적 주체는 햇빛도 차단된 동굴에 들어선다. 그 안에서 제 몸을 사르며 불상을 떠받치고 있는 연꽃봉오리의 희생을 마주한다. 시인은 속세를 향해 꽃등을 켜고 부처님을 떠받드는 연꽃처럼 살기를 소망한다. 자신도 모르는 사이에 '기도문'이 흘러나오고, 그 때 자신의 내면에 충일하는 영혼의 풍경소리를 듣는다. 이 작품은 담쟁이넝쿨, 검푸른 바위, 운무, 초록하늘, 동굴, 석벽, 불상, 연꽃, 법당, 풍경소리, 절벽, 불가, 풍경, 붓다, 정토, 순례자 등의 시어에 불성을 투사(投射)한다. 즉 처처불심(處處佛心)의 시적 변용이며, 물물불성(物物佛性)의 눈부신 깨달음이다.

이와 같은 전성희 시인의 작품 양상을 대하면서 귀한 시인을 만난 행복감에 젖는다. 작품의 표면적 의미와 비유적 원관념을 탐색하면서 휘몰아치는 감동에 젖는다. 그래서 그의 시심이 빛나는 새로운 작품 창작을 기대하게 한다.

◇ 김선자 시인

고통을 승화한 애이불비의 미학

- 김선자 시인의 1시집 작품세계

1. 서정의 바탕을 찾아

충남 대덕군 동면 마산리(대전광역시 동구 마산동)에서 태어난 김선자 시인의 고향은 '대청호'이다. 그가 다닌 동명초등학교는 '대청호' 물속에 잠기게 되어 산 위로 이전하였고, 동신중학교는 아예 대전광역시 동구 용운동으로 이사를 하였다. 나고 자란 어머니 집도 대청호 물결이 출렁이는 곳에 있어, 그의 추억과 서정은 대청호를 바탕으로 형성된다.

그는 시인이 꿈이었다. 어려서부터 '시인'이 되려는 꿈을 가꾸어온 그는 독서에 집중하여 부모로부터 꾸중을 들었다고 회상한다. 후일 아들 형제를 양육해야 하는 편모 '워킹맘'이 되어 고달픈 생활을 할 때에도, 그의 가슴에서 자라는 '시 창작의 열정'으로 '삶의 고단함'을 극복한다. 견딜 수 없는 고통이 일어날 때마다 고향을 찾아 심리적 안정을 구한다.

언제나 그 자리에서
실향의 아픔을 달래주는
깊고 넓은 가슴을 만난다.

하늘을 닮아서일까
순박한 사람들이
떼어놓고 간 속정 때문일까

수많은 애환을 품어 안고도
해맑게 웃기만 하는
대청호, 너를 닮고 싶다.

저기 저 은빛 물비늘에
얼룩진 마음을 내려놓는다.

—「대청호 연가 2」 일부

삶에 지칠 때마다 그는 서정의 고향인 '대청호'를 찾는다. 그럴 때마다 대청호는 언제나 그 자리에서 실향의 아픔을 달래준다. 〈하늘을 닮아서일까/ 순박한 사람들이/ 떼어놓고 간 속정 때문일까〉 그는 대청호에서 마음의 평화를 얻는다. 살아가면서 수많은 애환으로 아파하고 좌절하였을 터이지만, 그는 대청호에 〈얼룩진 마음〉을 내려놓는 것으로 새롭게 거듭나게 되는 것이다.

「대청호 연가」는 6편의 연작시다. 그가 대청호를 얼마나 사랑하는지, 대청호에서 얼마나 위안을 받는지, 정서적 위상이 작품 속에 녹아 있다. 〈이름 모를 풀꽃들과 도란대는 새소리/ 하늘빛 대청호에 자박거리는 발걸음은/ 추억〉이 되어 그를 부른다. 〈어린 시절/ 잃어버린 한 쪽 고무신은/ 어느 용궁 속에 둥지〉를 틀었을까 동심에 젖게 한다. 〈실향민이 된/ 질곡의 세월/ 타향에서 흘린 눈물〉을 위안받는 곳이기도 하다. 대청호 안개가 걷히면 그의 〈작은 소망〉도 날개를 펴리라는 믿음으로 고향 대청호를 자주 찾는다. 그러나 대청호를 떠나 현실로 돌아오면 도시의 외로움이 그를 맞는다.

하루의 희로애락을
툭툭 털어내며
돌아오는 발길

도시의 네온사인을
한 입 베어 문 심장에
차가운 별들이 떨어진다.

무심코 올려다 본 하늘엔
겨울달이 나목에 걸려있고

채 떠나지 못한 잎새 하나
시린 달빛 아래
파르르 떨고 있다.
저렇게,
저렇게 곡예사가 되어
매달려 있는 삶이
가시처럼 아프다.

—「귀가」 전문

그는 1988년부터 두 아들의 엄마로서 직업 전선에 나선다. '보험 설계사'가 되어 고객의 미래생활을 돕는 역할에 충실하던 어느 날 '일터'에서 아이들이 기다리는 집으로 돌아오는 상황의 형상화이다. 〈도시의 네온사인을/ 한 입 베어 문 심장〉은 호화찬란하고 따듯해야 할 터인데도, 시인의 가슴에는 〈차가운 별들〉이 떨어진다. 이는 〈하루의 희로애락을/ 툭툭 털어내며/ 돌아오는 발길〉의 이미지와 결합하여 고달픈 날의 '귀가(歸家)'임이 드러난다.

무심히 올려본 하늘, 앙상한 나목(裸木)에 겨울달이 걸려 있고, 가을에도 떨어지지 않고 남아 있는 잎새 하나가 시린 달빛 아래 파르르 떨고 있다. 떨어질 듯 위태롭게 매달려 있는 모습에서 〈가시처럼 아프다〉는 정서적 통증을 공유한다. 이와 같은 정서적 공유는 「낙화」로도 전이되어 형상화된다. 〈상처가 깊고 깊으면/ 아프다는 말도/ 못합니다.// 슬픔이 깊고 깊으면/ 소리 내어/ 울지도 못합니다.// 소리 없이 떨어지는/ 꽃잎은/ 얼마나/ 얼마나/ 아프고 슬플까요.〉에서 시인은 상처가 깊어 아프다는 말도 못한다. 두 아들 앞에서 소리 내어 울지도 못한다. 그래서 소리 없이 떨어지는 꽃에 자신의 정서를 반영한다.

김선자 시인은 이러한 정서를 시로 빚으며 생의 기쁨을 얻는다. 문학은 혼자 외롭게 창작하는 작업이기에, 같은 길을 가는 사람들이 모여 서로 힘이 되고자 동인 활동을 하기도 한다. 그는 '글벗문학회'에서 창작활동의 동력을 얻고 있던 중, 2014년에 『문학사랑』의 신인 작품상을 수상하여 등단한다. 그 동안 창작한 작품으로 2016년에 첫 시집 『대청호 연가』를 발간한다. 대청호 호숫가에서 고향을 지키며 사시는 94세 노모를 자주 찾아뵙는 효심(孝心)의 발현으로 보여 더욱 뜻이 깊다.

2. 사친(思親)의 정서를 찾아

대청호 담수로 실향민이 된 그의 상실의식은 부모에 대한 '그리움과 추억'의 정서를 환기시키는 요소로 기능한다. 90세를 넘긴 어머니는 대청호 호숫가에서 고택을 지키며 살고 있는 분이다. 시인은 아들의 결혼을 앞두고 노모를 함께 찾아뵈었고, 노모는 예비 손자며느리에게 〈내 딸이지만/ 하나도 나무랄 데 없는/ 네 어머니〉라고 단언한다. 이 말은 〈딸이 홀로 고생하며/ 키워낸 외손자〉에게 건네는 감계(鑑戒)의 성격도 띤다. 이렇게 〈딸의 가슴을/ 먼저 헤아리시는/ 노모의 눈물과/ 굵은 주름〉이 서러우면서도, 노모로 인해 자신의 고단한 삶을 위로받는다.

까마중 익어가는
황혼 들녘

은빛 나이테의
어머니
머리카락

억새 몸짓으로
바람마저 서럽다.

— 「어머니」 전문

김선자의 이 작품을 감상하면서 단형(短形)의 형상화에 경탄한다. 어머니의 흰 머리칼을 보면서 안타까워하거나, 또한 바람에도 흔들릴 것 같은 어머니의 모습을 대한 자녀들이 눈물을 흘리는 작품은 쉽게 만날 수 있다. 그러나 이와 같은 제재를 객관적 묘사를 통해 정서를 심화시키는 애이불비(哀而不悲)의 경지는 아무나 이를 수 있는 것이 아니다. '슬퍼도 슬퍼하지 않는다,'는 이 말은 그 속에 더 큰 슬픔을 내재하여, 시인과 독자들이 동질적 정서를 공유한다는 의미다. 즉 가슴이 찢어질 듯이 슬프고 아파도 그 상황을 겉으로 드러내지 않으면서 감동을 생성(生成)하는 경지는 찬탄 받아 마땅하다.

김선자 시인에게 어머니는 존경의 대상이자, 연민의 실체로 작용한다. 노모의 별명은 '고추댁'이다. 가을이면 빨간 고추를 따 말린다. 〈어린 시절 가을이면/ 우리 집은 온통 고추로/ 빨간 꽃이 피었다.〉고 서술한다. 〈수백 번의 어머니 손길〉로 말린 고추는 의대를 다니는 오라버니의 등록금이 되기도 하였고, 가정생활의 바탕이 되기도 하였을 터이다. 〈이제 남으신 건/ 마른고추보다/ 더 메마르신 (어머니의) 손등〉 〈서리 내린 머리와/ 바람 숭숭 드나드는/ (어머니의) 뼈마디〉에서 우리는 뛰어난 사모별곡(思母別曲)을 공유하게 된다. 이러한 정서는 '아버지'를 비롯한 가족에 대한 사랑으로 형상화되어 나타난다.

① 들길 따라
아버지 등에 업혀 갔던 길
하얀 찔레꽃 따 먹으며
잘도 놀았지.

해질녘 돌아오는 길,
아버지의 흰 적삼에 배인
땀 냄새는 찔레향보다 좋았고
지친 아버지 등에서
철없는 어린 딸은 그저 좋았지,
좋기만 했지.

② 어느 오월
찔레 향 흐드러지던 날
세상 짐을 내려놓고
천국으로 가신 아버지.

③ 이 계절
아버지의 향기 그리워
하얀 찔레꽃 무덤 앞에
진종일 서성이고 있네.

— 「찔레꽃 2」 전문

이 작품의 제목은 '찔레꽃'이지만, 그 중심 제재는 '아버지'이다. 내용에 따라 붙인 번호 ①은 아버지와 함께 보낸 어린 시절의 행복하던 회상이다. 아버지 등에 업혀 들길을 따라 가다가 찔레꽃도 따 먹는다. 해질녘 자신을 업고 오는 아버지의 땀 냄새가 찔레향보다 좋았다는 정서적 고백이다. ②는 찔레꽃이 흐드러지게 피던 날에 〈세상 짐을 내려놓고〉 소천하신 아버지에 대한 2차적 회상이다. ③은 〈찔레꽃 무덤〉 앞을 서성이며 '아버지의 향기'를 그리워하는 내면의 반향이다. '찔레꽃 무덤'은 아버지 무덤 곁에 피어 있는 찔레꽃일 수도 있고, 많은 줄기가 밀생(密生)하여 둥근 지붕이나 무덤처럼 보이는 '무더기'로도 해석할 수 있는바, 이런 다의성은 시 표현의 수준 높은 기교에 해당한다.

그는 「한가위」에서도 아버지에 대한 정서를 구체화한다. 장에 가신 아버지를 기다리는 시인, 〈지친 몸/ 천근의 무게지만/ 어린 딸을/ 덥석 안고/ 사슴처럼/ 가벼우신 발걸음〉으로 추석빔을 준비해 오시던 아버지를 그리워한다. 「분꽃」에서는 꽃가마를 타고 시집간 언니의 눈물을 잊지 못한다. 〈그 시절 분꽃은 아직도/ 마당가에서 주인〉을 기다린다고 하여, 자신의 정서를 분꽃에 의탁하기도 한다. 편모로서 두 아들을 양육하느라 고단하던 시절, 어느 국회의원이 생활보호 대상자들에게 밀가루 한 포대씩 추석명절 선물로 주어, 머리에 이고 가는데, 아들이 "엄마, 내년엔 티코 사서/ 싣고 가자."는 말을 한다. 철없던 아들의 말, 시인은 가슴 아픈 상황에도 절망하지 않고 감사한 마음으로 살아낸다.

이런 자세는 「모자가정」에서도 드러난다. 이미 오래 전, 지난 이야기지만 〈어렵게 살아가는 홀로된 엄마들에게/ 정부에서/ 햇빛 같은 희망을 준/ 모자가정 혜택 영세민 아파트〉 8평을 분양받고도 행복하던 시인이다. 〈그 시절/ 고마운 정부가 있었기에/ 지금의 내가 있을 수 있는 게지〉 주위의 시선이나 부끄러움을 이기고, 항상 감사한 마음으로 어려움을 극복한 인간승리의 '워킹맘'이다.

3. 표현의 예술성을 찾아

김선자 시인은 평소에 "시를 써서 행복합니다." "시에 살고 시에 죽는 생활을 하겠습니다." 등을 밝힐 정도로 시를 사랑하는 사람이다. 신인작품상 당선 소감에서도 그는 〈제 의지와는 상관없는 운명〉이라며, 〈아슬아슬한 삶을 살면서도 '시'라는 청량제〉가 있었기에 고통스런 삶을 견디어 왔다고 고백한다. 앞으로 삶의 〈긴 통로 속에서 피어나는 한 송이의 작은 들꽃〉과 같은 시인이기를 소망한다. 이렇게 시 창작의 열정을 밝힘으로써 혹여 나태해질 수 있는 자신을 경계(警戒)한다.

김선자 시인의 시를 감상하면서, 시의 주제와 표현에 대한 진부한 명제를 되새기게 된다. 그가 무엇을, 어떻게 써서 감동을 생성하는지 확인하기 위한 전제(前提)이다. 시인이 '무엇을 쓰느냐'도 중요하다. 그러나 시의 주제를 살리기 위해, 감동을 생성하는 예술의 경지에 오르기 위해서는 '어떻게 표현하느냐'가 더 중요하다. '무엇'은 도덕이나 철학 교과서에도 수록되어 있지만, 그것이 정서적 감동과 직결되는 것은 아니다. 그리하여 시인들은 '무엇을 쓰느냐' '어떻게 쓰느냐'의 상보적 융합을 통해 정서적 충격을 빚어내고자 한다.

아이들이 오지 않아
동구를 지키는 느티나무 아래
졸고 있던 할아범

사립문을 밀치고
들어서면
토방 가득 엎드려 있던 어둠은
창호지 속으로 스미어 들고

일 나간 놈
마실 나간 놈
시집보낸 놈
어릴 적 그 놈들

기다리던 할멈과
밥술을 뜨다 말고
자식들이 오지 않는다며
고개를 젓는
알전등.

—「외로운 사람들」 전문

1연은 느티나무 아래에서 누군가를 기다리는 '할아범'의 서경묘사이다. '누구를 기다리는가'는 3연에 나온다. 〈일 나간 놈/ 마실 나간 놈/ 시집보낸 놈/ 어릴 적 그 놈들〉을 기다리던 할아범의 외로운 상황은 2연에서 수준 높은 표현으로 '어떻게'를 실현한다. 누구를 기다리던 할아범이 사립문을 밀치고 집으로 들어선다. 이어지는 〈토방 가득 엎드려 있던 어둠은/ 창호지 속으로 스미어 들고〉라는 2행에서 이 작품의 수준은 갑자기 높아진다. 할아범이 밖에서 기다리는 동안 토방의 어둠이 창호지 속으로 스미어 들어 방도 어둠에 쌓였다는 것으로 보이는 상황을 2행에 압축한 표현기교는 놀랄 수밖에 없다.

3연은 '누구'에 대한 직접적 열거다. 그러나 4연은 다시금 시적 성취에 놀라게 한다. 할아범은 〈기다리던 할멈과/ 밥술을 뜨다 말고/ 자식들이 오지 않는다〉며 실망한다. 이때 할아범과 할멈이 고개를 저으면 1차적 묘사에 그칠 수 있기 때문에 시인은 〈고개를 젓는/ 알

전등〉으로 객관화하여 외로움을 극대화한다. 이런 표현 기법이 시를 시답게 만들고, 시인을 시인답게 만드는 데에 작용한다.

그리움으로 옹이 진 자리
아린 가슴 품어주고
아름다운 상처
천상으로 가는 꿈길.

미간에 이는 바람에도
벙그는 꽃으로
승화된 성녀.

사월은
말 못하는 아기가
울지 않아도
말문이 트이는 계절.

—「4월」 전문

시인들은 계절이나 자연에서 받은 감흥을 자주 노래한다. 하루하루가 다를 터이고, 다달이 다를 터이니, 시인의 예민한 감각적 더듬이에 감지된 자연은 각자의 프리즘에 의해 작품화되게 마련이다. 김선자 시인도 그러한데, 앞의 작품은 어느 꽃을 특정화하지 않았지만, 4월에 피는 꽃과 자신의 체험을 결합한 작품이다. 그의 작품 중에 여러 꽃이 등장하지만, 4월에 피는 꽃 중에서 〈봄밤/ 기도하는 어머니〉의 원관념으로 등장하는 '목련'으로 보아도 좋을 듯하다.

〈그리움으로 옹이 진 자리〉〈아린 가슴 품어주고/ 아름다운 상처/ 천상으로 가는 꿈길〉〈미간에 이는 바람에도/ 벙그는 꽃〉〈승화된 성녀〉 등은 「목련꽃 지던 밤」의 〈이마에 머무는/ 바람에도/ 떨어지는 눈물〉〈속울음 삼키던// 그 밤〉〈어머니의/ 세월이 지듯/ 목련은 지고〉 등과 이미지가 중첩되어 동질성이 확보된다. 이러한 이미지가 중첩하여 작품성을 높이고 있다. 특히 〈4월은/ 말 못하는 아기가/ 울지 않아도/ 말문이 트이는 계절〉이라는 표현에 이르러, 김선자만의 개성적 이미지 창조가 빛난다.

찔레꽃 향기 서글픈 밤
나 어쩌라고
어찌하라고
고장 난 내 심장을
허락도 없이
헤집느냐
울지 마라
울지 마라
어둠이 사라지면
아침이 오리라.
네 가슴의 눈물이
노래의 향기가 되리라.

—「소쩍새」 전문

찔레꽃은 모내기 하는 5월에 피고, 소쩍새도 그 때쯤 짝을 만나기 위해 구슬프게 운다. 시인은 찔레꽃을 통하여 어머니에 대한 정서도 표현한 바 있으며, 아버지에 대해서는 특별한 경험을 작품으로 승화시킨 바 있다. 이 작품에서는 찔레꽃 향기에 취해 잠들지 못하고 있는 시인이 주인공이다. 1행의 서정적 바탕에 〈나 어쩌라고/ 어찌하라고/ 고장 난 내 심장을/ 허락도 없이/ 헤집느냐〉에 이르러 감정의 고조화를 이룬다. 울기를 그치고, 어둠이 사라지면 아침이 되고, 또 일상이 시작되면 가슴 저린 '밤의 번민'도 사라질 것이다. 마지막 2행 〈네 가슴의 눈물이/ 노래의 향기가 되리라.〉는 이 작품의 백미(白眉)라 하겠다. 소쩍새 '가슴의 눈물'은 곧 시인의 눈물일 터이고, 이 눈물이 '노래의 향기'가 되리라는 발상은 참으로 놀랍기 때문이다.

4. 새로운 소망을 찾아

김선자 시인의 작품을 감상하다 보면, 고난의 가시밭길을 거쳐, 스스로 행복을 찾아가는 자세가 오롯하다. 그 과정에서 삶에 대한 깨달음, 상대에 대한 배려, 타인에 대한 용서 등이 작품 속에 녹아 있다. 〈떨리는 손 잡아주던/ 따스한 손길〉 〈가슴속 깊은 상처/ 싸매주던 그 마음〉을 나누어 준 사람이라면, 〈설령, 거짓이라 할지라도〉 그대는 「무죄」라고 용서를 하는 시인이다.

그리하여 〈모든 이를 용서하는 건/ 나를 용서하는 것〉이라는 철학적 명제에 이른다. 살아가는 것은 곧 용서이기에 〈고개 들어 고인 눈물〉로 고개 숙여 회개하면, 〈씨실의 원망 위에/ 날실의 사랑이 엮어져/ 미완성 작품을/ 함께 만들어 가는 것.〉이 「용서」라고 정의한다. 때로는 슬픈 삶이 새로운 씨앗으로 변환되는 자연을 예찬하기도 한다. 〈꽃이 지는 것은/ 슬픈 일이지만/ 꽃이 지고 난 뒷자리엔/ 수많은/ 꽃씨가 만들어집니다.〉라고 노래하는 시인의 내면은 '꽃이 지는 슬픔'에서 '수많은 꽃씨'의 보람으로 변환되었음을 입증한다.

꽃잎은
떨어져도
울지 않고

낙엽은 지면서도
춤을 춘다.

지천명으로
내달리는 이 밤

가슴은 통곡하지만
그래도
웃고 싶다.

— 「그래도」 전문

김선자 시인은 젊었을 때에 체험한 눈물의 홍수를 지천명(知天命, 50세)에 이르러 스스로 건넌 듯하다. 감정에 휘둘리지 않고, 사색을 통해 관조적 경지에 이른 듯하다. 꽃잎이 떨어져도 울지 않는다. 낙엽이 지는 것을 보며 애상하던 시인이 오히려 '춤을 춘다.'고 노래한다. 그의 가슴에는 아직 통곡(痛哭)할 일이 조금쯤 남아 있겠지만, 스스로 감내하며 극복하고자 한다.

이런 의지는 작품 「그 섬」에도 반영되어 있다. 〈허허롭던 가슴에/ 섬 하나 있네.〉 그의 가슴에 나무옹이처럼 박혀 빼낼 수도 없고 다 가갈 수도 없는 '그 섬'에 가고자 하얀 돛을 올렸지만, 돛을 내리고 그 섬에 가지 말라고 순풍(順風)이 타이른다. 그리하여 〈산다는 건/ 누구나 가슴에/ 섬 하나씩 품고 가는 것〉이라는 이치를 스스로 터득한다. 또한 작품 「팽이」에서처럼 잠시라도 〈한눈을 팔면/ 넘어지고 마는 가장이기에〉 그는 세상을 열심히 살아냈을 터이다.

있잖아.
저 코발트 빛
하늘을
꼬옥 짜서
그림을 그릴 거야.

난 캔버스
넌 붓이 되어
우리가 함께 할
꿈길을
만들 거야.

그 길 끝엔
수채화 같은
사랑이
기다리고 있겠지
그러겠지?

— 「꿈」 전문

김선자 시인은 세상의 풍파를 스스로 견뎌낸 사람이다. 두 아들을 데리고 편모 '워킹맘'으로 살아내는 아픔, 가난한 사람에게 나누어 주는 밀가루를 받으며, 8평짜리 임대 아파트에 입주하며, 때로는 부끄러움과 질시(嫉視)로 세상에 분노했을 수도 있다. 그러나 타고난 천성이 긍정적이어서, 나보다 남을 배려하며 살아냄으로써 오늘의 행복에 이르렀을 터이다.

이 작품에서는 동화적 발상에 순수한 시심을 융합하여 〈수채화 같은 사랑〉을 소망하는 시인의 내면이 청랑(晴朗)하다. 이러한 시심은 「샛별」에도 나타나 있다. 〈그대/ 그립고 그리워/ 샛별 따다/ 가슴에 담았습니다.〉라는 가정(假定)에서 〈바람 앞에 등불 같은 삶/ 서러운 기다림〉으로 살아가지만, 〈꺼지지 않는/ 그 빛은/ 내 미래의 등대/ 당신〉이라는 깨달음에 이른다. 여러 편에 등장하는 '그대'와 '당신'이 누구인지 적시할 수는 없지만, 우리는 시집의 여러 작품들을 통하여 몇 가지로 추정할 수 있다. '시인이 사랑하는 사람' '시인을 사랑하는 사람' '막연한 그리움의 대상' '종교적 구원자' 등으로 유추하게 한다. 어느 대상이든지, 그를 통해 긍정적 자세를 견지할 수 있다면, 그 존재 자체가 다행스런 일이다.

김선자 시인이 세상에 나서면서, 여러 단계로 나누어지는 자신의 삶을 종합한 듯한 작품이 있어 마지막으로 소개한다.

석양이 떨어지는 겨울산
내가 앉아
노래 부를 나뭇가지
먹을 모이를 빼앗겨도

나의 둥지를 다 내어주고
생채기 난 가슴
나신으로 눈밭을 뒹굴어도

울지 못하는 새
머지않은 봄 날
동백 눈물 뚝 뚝 떨어지는 날

언 가슴에 둥지를 틀
나 닮은 새 한 마리 날아와
함께 노래 불러보았으면.

— 「울지 못하는 새」 전문

그는 석양이 떨어지는 겨울산에서 편안하게 앉아 노래 부를 '나뭇가지'와 '먹을 모이'를 빼앗기면서 살았을 터이다. 둥지까지 다 내어주고 '생채기 난 가슴'으로 눈밭을 뒹굴며 고통을 겪으면서도 '울지 못하는 새'가 되어 '봄 날'을 기다렸을 터이다. 그리하여 '언 가슴'에 둥지를 틀고 날아와 함께 노래 불러줄 '새 한 마리'를 기다렸을 터이다. 자신을 새에 의탁하여 비유와 상징으로 승화시킨 놀라운 작품을 감상하며, 그에게 봄이 빨리 와서 함께 노래하며, 두루 행복하게 살아가기를 기대한다. 이런 기대로 김선자 시인의 작품 세계 여로(旅路)를 접는다.

2부

기독정신의 숨결 찾기

◇ 온정선 시인

순명(順命)으로 빚은 사랑

- 온정선 수녀시인의 1시집 작품세계

1. 드는 말

온정선 수녀시인은 초등학교 교사이다. 그의 작품을 대하면 욕심을 비운 상태의 지순한 열정을 보게 되는데, 아마도 신분에 의한 형상화 작업에 연유한 듯하다. 환언하면 세속의 희 · 노 · 애 · 락을 뒤로 하고 수도자의 길을 묵묵히 걸어가면서, 때때로 시 창작을 하기 때문에 그의 사상 감정이 승화되어 나타난 듯하다는 것이다.

수녀와 교사라는 신분에 충실한 형상화가 「내 이렇게 살다가」라는 작품인데 '어린이들과 함께'라는 부제가 있다.

수많은 길 세상에 많아도
내 이렇게 살다가
달릴 길을 달리다가
한 아이의 어머니도 아니면서
수천의 어머니로 살다가

배 아파 낳은 자식 하나 없어도

하루에도 수십 번
배 아프다가 가슴 철렁 내려앉다가

환갑에 절 한번 못 받아도
머리는 제대로 희어가다가
아픈 허리 온돌에 눕혀 줄
나와 비슷한 사람들끼리

무슨 일하며 살아 왔느냐고
묻지도 않고 물어도 안보면서
존경하는 일에만 열중하다가
세상에 다시 태어나도
내 이렇게 살다가…….

—「내 이렇게 살다가」 전문

이 시는 시인의 내면적 울림이며, 순명(順命)의 고백으로 단정할 수 있는 뛰어난 작품이다. '한 아이의 어머니도 아니면서/수천의 어머니로 살다가'에서 보여주는 교사로서의 직분에 2연의 '하루에도 수십 번/배 아프다가 가슴 철렁 내려앉다가'라는 모성의 발현은 시인의 지순한 열정과 사명감을 보여주는데 부족함이 없다. 3연과 4연은 수녀의 신분에 대한 긍정적 생활단면으로 보이는데, 서로 '존경하는 일에만 열중'하는 사랑과 겸양의 미덕을 극명하게 표출하고 있다. 그러면서도 끝부분의 '세상에 다시 태어나도/내 이렇게 살다가'에서 보여주는 바, 교사와 수녀라는 직분에 대한 소명의식, 즉 천직이라는 수용과 달관에 의한 뜨거운 소망을 제시하고 있다.

온정선 시인의 작품이 모두 어린아이와 수도자 생활과 관련된 것만은 아니다. 세속을 떠났지만 가족에 대한 그리움도 나타나고, 추억과 서정성이 뛰어난 작품을 빚기도 하면서 시적 주대상인 신앙과 어린이교육에 치중한 작품을 창작하고 있기 때문이다. 그의 시에 대한 특성은 본론에서 작품의 경향에 따라 분석해보기로 한다.

2.「사순절」그 자성의 미학

사순절은 예수가 광야에서 40일간 금식하고 시험받은 수난을 기념하고 재현하기 위하여, 단식과 속죄를 행하도록 하는 기간이다. 신자들은 금식을 하며 예수의 고행을 실천하고 근신하여 신앙에 정진하는데 부활 제 40일이며 일요일을 제외한다.

온정선 시인은 이러한 사순절을 맞아 자성과 함께 신앙의 주체인 예수를 재확인하고 있다.

> 머리에 재를 이고
> 떠나는 아침도
> 해는 동쪽에서 떠올랐어요.
> 누구를 찾아 나선 건 아닌데
> 어쩔거나-
> 따뜻한 물 한 잔 나누지 못하고
> 저리 바삐 가버린 사람들
> 그럴 수가 있을까
> 내 탓으로 가슴을 치며
> 강가에 비를 뿌리고

재는 날아와 시간을 덮고
눈을 뜰 수 없는 날
문득 크게 다가선 이 사람
오! 예수여.

—「사순절」 전문

이 시의 1연에서는 예수가 십자가에 못박혀 죽는 날에도 자연현상으로서 해가 떠오름은 변함없었다는 전제이다. 이는 동양적 사고의 단면을 보여주는 기자(箕子)의 「맥수지가(麥秀之歌)」와도 상통하며, 고려 정지상(鄭知常)의 「송인(送人)」이 보여주는 대조적 심상과도 접맥되는 발상으로 볼 수 있다.

또한 2연의 자성적(自省的) 표출은 두 부분으로 나눌 수 있다. 앞부분의 내용은 부활한 예수가 특정한 대상을 찾아 나선 것도 아닌데, 예수를 따르던 제자와 무리들이 달아난 것에 대한 소견으로 시인은 '어쩔거나'라고 안타까워하고 있다. 그러한 심리적 반응이 자신에게도 있을 수 있으며, 그 때문에 시인은 자신의 반성과 앞선 자들의 행위에 대한 반성으로 '내 탓으로 가슴을 치며' 눈물을 흘리게 된다.

3연의 '강가에 비를 뿌리고'에서 '비'는 시인의 눈물이다. '재는 날아와 시간을 덮고'에서 보여주는 시상은 예수의 시대와 시인의 처한 현대와의 간극을 좁혀주는 것으로 보아 타당할 것이다. 따라서 동시대에 느끼는 절절한 슬픔으로 눈을 뜰 수 없었을 것이다.

마지막에서는 예수의 죽음 현장에 있는 듯한 시인의 감정으로 말미암아 예수의 고난이 현실적으로 느껴지고, 따라서 사랑과 복음의 화신으로 신앙의 주체인 '예수'를 크게 느낄 수 있다는 것이다.

같은 맥락으로 형상화된 작품에 「당신 이름」이 있다.

생의 끝날까지 부르며
아!
세상의 모든 이름
오직 당신 이름 하나에
침몰된 순간이여.

—「당신 이름」 후반부

즉 온정선 시인은 신앙의 주체인 '예수'에 세속의 희 · 노 · 애 · 락과 이미 관계 맺어진 모든 사람을 귀결시키고 있다. 절대적 순명(順命)의 자세이며 올곧은 신앙심의 발로이다. 따라서 시인은 자연현상도 신앙과 관련해서 인식하고 있음을 본다. 그 대표적인 예가 다음의 작품이다.

5월이면 제일 먼저
성모님 걸어오시는 길
바람이 길을 연다.

기도 소리가 들리는 오후
성모님 옷자락 잡아
슬픔을 거두는 일
묵주알 알알이
새겨 있는 사람들
땀방울 거두는 일

수천 년을 잊지 않고 살아온
너의 찬란한 희망이 아니냐.

—「5월의 바람」 전문

이 시는 싱그러운 5월의 바람을 의인화하여, 존경의 대상인 성모를 기념하여 제정한 성모성월(5월)을 노래하고 있다. 성모님 오시는 길을 제일 먼저 준비하는 '바람'은 시인의 감정이 의탁된 대상이며, 슬픔을 거두고, 수고하는 땀을 식히는 일을 한다. 그것이 바로 영원한 작업이며 보람과 희망이라는 시인의 종교적 견해가 승화된 작품이다.

또한 자신의 역할을 신앙의 주체인 하나님의 뜻에 따라 사용되는 하나의 도구로 인식하고 있다. 「조그만 손을 잡고」의 '수많은 세월을 살아와도/황토길 뙤약볕 한 장 덮을/미루나무 한 잎 못 키웠어도//추수한 들녘에 수숫대처럼/하늘아래 서 있기만 하는 저를/기어이 쓰리려는/맘 좋으신 당신은 누구십니까?//정녕 이 조그맣고 무수한 손의 임자는/하느님 당신이 아닙니까?/에서 보여주는 것이 바로 시인의 내면적 반향이다.

또한 온정선 시인은 신앙에 의지하여 삶을 영위하고 있다. 「당신이 아니시면」의 '당신이 아니시면/허물리는 이 작은 섬/나는 한 알의 모래입니다/티끌입니다'에서 보여주는 진실한 고백이 이를 입증하고 있다. 그가 절대자 앞에서 작은 존재임을 고백할 때, 그는 신앙의 거인에게 서게 되리라는 유추가 가능하며, 그는 '내 님만 보신다면야/숨어서 피는 꽃이어라'(「내님이 보신다면」 끝연)에서 보여주는 신앙의 향기가 드높은 꽃이 될 것 같다.

다시 말하면, 온정선 수녀시인의 신앙시에는 예수 안에서 진실한 자성(自省)과 지순한 신앙이 문학적 형상화를 이루고 있음을 발견할 수 있다는 것이다.

3.「제자의 선물」 그 울림의 미학

스승에게 있어 제자의 선물은 보람이요, 위안이다. 특히 마음에서 울어난 선물일 때, 스승은 감격하여 힘든 노고를 잊게 된다. 온정선 시인도 제자의 선물로 바이올린 연주를 받은 후에 그 감격을 시로 형상화하고 있다.

잡고 가던 손 잠시 놓고
이젠 네가 갈고 닦아온
바이올린 선율에 쉬는 오후

아름다운 것아
대견한 것아

조그만 가슴에
샘솟는 이 기쁨은
처음으로 네가 준 선물이다.

백묵가루도 좋다고 마시던
호흡기를 더듬으며
영혼의 안 동네에 향기 어려라

빛나는 네 눈동자가
상기도 보석처럼 박혀 있다.

—「제자의 선물」 전문

이 시는 화려한 수식도 없이 담담한 어조로 시작하여 서서히 감정의 고조화를 이룬 작품이다. 이 시에서 독자들은 두 가지의 시적 진실을 찾아낼 수 있다. 첫째, 제자에 대한 사랑이다. 1연에서 보여주는 사제동행의 본보기가 그러하며, 2연에서 보여주는 감격의 표현이 이를 입증한다. 둘째, 시인의 순수성이다. 제자의 바이올린 연주(선물)에 '영혼의 안 동네 향기 어려라'등의 표현은 그가 순수하다는 점을 보여주는 것이며, 그 감격의 지속을 노래한 끝연의 표현은 순수성의 극치라고 할 수 있다.

이렇듯이 제자에 대한 사랑이 지순하기에 제자들의 죽음 앞에서 시인은 절절한 슬픔을 형상화하고 있다. 제자이며 음악가인 진금과 병결의 죽음을 애통해하는「가슴에 그린 오선」은 슬픔의 극한적 토로이다.

꿈결인 듯 회오리바람이듯
여름, 그 여름 햇볕처럼
가장 뜨겁게 살다간
오! 세실리아 미카엘 오뉘여!
〈중략〉
통곡의 마당에 꽃잎처럼 내리는
살아온 분홍빛 젊은 나날들이여
싹이 트거라 피어나거라

아직은 떠날 때가 아닌 것을
〈후략〉

—「가슴에 그린 오선」 1연 · 2연

온정선 시인은 예수의 십자가 매달리심도 수용해야 하는 수녀이다. 그러나 수녀이면서도 교사이기에 제자의 죽음에 '하늘 아래 첫 동네에/이런 원통한 일도 있는가'라고 애통해 하며 '가슴 깊이 통곡' 하는 것이다. 이러한 형상화를 보이는 작품에 「제자의 잠」이 있다. 제자의 죽음에 대한 상황설정은 '겨울비'로 드러내고 있고, 그 슬픔의 표출은 '갈기갈기 장미꽃잎/파열해간 생명의 의미를/되새기고 있다'로 표현하고 있으며, 자신의 내면을 '이젠 아이의 아버지도/어머니도 아닌 이방인/통곡할 가슴마저 겨울비에 씻겨/폭포처럼 얼고 있었다'고 표현하고 있다. 제자에 대한 사랑과 연민을 절절한 어조로 토로하여 보다 높은 차원의 공감대를 형성하고 있다.

제자에 대한 사랑으로 기쁨과 슬픔을 노래하면서 또한 희망과 동심을 표현한 작품도 보인다.

아이들 데리고
등꽃 아래 앉아서
노래를 부른다

하나씩 등불 켜는
초롱초롱 눈망울
너희 눈길에 희망을 건다

그 조그만 등꽃 속에
모두 숨어
다시 피어나는 꽃무더기

— 「등꽃 아래에서」 전문

일상성을 노래한 시이면서도 그 속에는 시인만이 갖고 있는 독특함이 있다. 즉 신선한 충격을 주는 개성이 있다. 등꽃과 고리 지어진 등불(눈망울)의 결합도 뛰어나지만, 3연에서 보여주는 시적 상상력은 독보적인 위상이다. 이는 시인이 어린이(제자)를 사랑한다는 근거이며, 어린이를 통하여 시인은 '너 하나에 세상은 있네/너 하나에 내일이 열리네'(「아가의 아침」)라고 존재 의미를 밝히고 있다.

온정선 시인의 시 속에는 자화상이라고 할 수 있는 작품이 있다.

남의 아내 시절도 끝나고
어머니 시절도 끝나고
이제 할머니가 된 수녀

"어디 한번 수건을 벗어 보아요.
우리 엄마 머리 같을까
우리 언니 머리 같을까?
머리를 갸우뚱하는 순이

"잘 때는 그 옷 입고 자나요
머리 수건은 벗고 자나요?"
제일 궁금했던 철이.

다 잊혀지기 전
세월이 먼저 지름길로 달려와
저절로 터진 순이와 철이의 입
"할머니, 오! 할머니 수녀님."

—「할머니 수녀님」 전문

교사와 수녀로 생활하며, 기쁨·슬픔·희망 등의 정서를 시로 표현한 온정선 시인은 순수하고 진실하여 작품에서 주는 감동이 남다르다. 시인의 감동이 하나의 울림으로 퍼질 때 그 울림은 새로운 생명력을 갖게 되는 것이다. 온정선 시인의 시도 이와 같은 형상화를 이루고 있음에 틀림없다.

4.「베틀가」 그 추억의 미학

과거로 인하여 현재가 있고, 현재의 바탕 위에 미래가 펼쳐지리라는 일반성에 의해서도 '과거'는 소중한 것이다. 또한 과거에 대한 시적 형상화는 그 과거가 과거만으로 존재하는 것이 아니라, 현재에도 중요한 의미를 부여하고 있다는 전제에서 가능한 것이다.

온정선 시인의 작품에 나타난 '추억'도 같은 궤적으로 파악되며, 시인의 심상에 새겨진 '과거'는 개별적이면서 동시에 보편성을 갖게 되어 더욱 중요한 의미가 있다. 온정선 시인이 여성이기 때문인지 전통적 정서가 놀랄 만큼 섬세하고 따뜻하다.

보이지 않는 십자로였네
긴긴 올 속에
너와 나를 엮어 넣는
사랑의 길이었네

마음의 뜨락을 다듬으며
베틀에서 사라져간
허허로이 사라져간
고뇌의 조선 여인아

북실에 길게 감기는
동네 어귀 우물가
당신이 빚은 웃음소리가
칠현금을 타는데

당신의 손에 손에
차가운 손을 얹어 놓고
여울져 넘쳐흐르는
수세기 전 베틀 소리를 듣네

— 「베틀가」 전문

이 시는 한국의 전통을 소재로 하여 시인의 섬세한 시각과 따뜻한 성품을 표현하고 있다. 특히 이 시는 몇 가지 측면에서 주목할만한 표현이 있다. 첫째는 시상 결합의 새로움이다. 베틀의 씨줄과 날줄을 '십자가'로 인식하고, 그것은 과거(너)와 현재(나)를 연결하는 '사랑의 길'이라는 인식의 표현이다. 둘째, 표현의 새로움이다. '마음의 뜨락을 다듬으며'에서 보여주는 시어의 결합도 뛰어나고, 북실에 길게 감기는 '웃음소리'도 누구나 찾을 수 있는 표현은 아니다. 셋째, 연상작용의 새로움이다. '동네 어귀 우물가'가 앞서 대입되었기에 여울져 넘쳐 흐르는 '베틀 소리'를 들을 수 있으며, 이 연상작용은 영화에서 자주 사용되는 이중화면과 유사한 이중 이미지를 형성하고 있다.

앞선 작품은 베틀을 제재로 한 작품으로, 이는 일반성에 기초를 두고 있으나, 시인의 개별적 경험을 토대로 한 작품도 여러 편 보인다.

「들녘에 서서」에서는 자신의 유년시절이 중심을 이루고 있다. '빈마음이 되고자/빈들을 거닐어도/유년의 냉이꽃은/질긴 전설처럼 아삼이는데/ 〈중략〉 /빈들에도 어린 소녀 적의 내가 있었다'는 고백은 유년시절에 대한 강렬한 이미지가 내면에 존재함을 표현한 것이다.

「냉이꽃만한 소망」에서는 '꿈하나로/바구니 들고/들길에 서 볼거나/냉이꽃만한 소망 하나/담아볼거나'하며 유년을 추억하는데, 그 냉이꽃 속에 소망과 순정이 '오우버랩'된다. 이는 한국적 전통을 서정적으로 직조한 것이다.

온정선 시인이 가장 절절한 어조로 노래한 시는 어머니의 죽음에 대한 「思母曲」이다.

> 세상은 강 넘어 출렁대고
> 진종일 파도치던 흐느낌 소리
> 가시 많은 나무도 저만치 서서
> 누런 베옷을 입고 있었다.

삶의 관절이 으스러지고
욕망이 허무로 퇴색되는 날
천국 가시는 길 손안에 끼워드린
영롱한 묵주알이 알알이 되살아나
산향기(山香氣) 가득찬
수유꽃을 피웠어라.

―「思母曲」 2연 · 3연

시인의 감정이 폭발적으로 드러난 2연과 3연이다. 부모의 죽음을 경험한 사람들은 공감의 눈물을 흘릴 만큼 절창이다. 4연의 '굽은 허리 반으로 접으시어/안으로만 살아시던 당신'은 「할미꽃」의 중요한 창작동기가 되었을 것 같다. 「할미꽃」은 '허리 펼날 없이/안으로 깊게만 살아가신 어머니/어머님 같은/꽃일레, 할미꽃일레' 로 되어 있는데, 어머니에 대한 정서가 심상에 깊이 각인된 결과로 볼 수 있다.

그 외에도 천주교의 성인 김대건 신부를 찬미한 「나 바위에 서서」가 있으며 안드레아 수사님의 영전에 바친 추모시 「말씀 안하셔도」가 있다. 또한 성인들을 추모한 「갈매기 갈매못가에」라든가, 아버지를 그리워하는 「흙으로 덮은 이름」과 할머니를 그리는 「평강공주 우리 할머니」등이 있다. '정한모 은사님을 찾아뵙고'라는 부제가 붙은 시는 존경과 은혜를 시적으로 형상화하여 보여 주고 있다.

스승님 계시어서
안국동 부근
별빛 저리 낮붉히나
(2연·3연 생략)

제자와 만난 스승
장관님이 되옵시고
스승과 만난 제자
수녀가 되었어라.
변한 것 많아도
사라진 것 많아도
잊을 수 없는 은혜의 빛이
이 가슴에 파고듭니다.

―「안국동을 찾아서」 일부

온정선 시인은 추억을 언어로 직조하고 있는데, 그 추억의 형상화가 섬세하고 따뜻하여 더 큰 공감대를 형성하고 있으며, 절절한 노래는 독자들에게 새로운 충격으로 인식될 것이다.

5. 나는 말

한 시인의 시 세계를 분석하고 평가한다는 일은 난감한 일이다. 현재까지의 작품을 이해함도 어려운 일이나, 다시 전개될 시 세계를 가늠하는 것은 더욱 난감한 일이다.

그러나 다양한 작품 속에서 몇 갈래를 나누어 그 내용의 파악과 문학성의 성취도를 음미하는 것은 필요한 작업이다. 본고 역시 온정선 시인의 시 세계에 대한 첫 시도이기 때문에 평자의 주관에 의한 분석을 시도했고, 그 분석이 객관성을 얻도록 하기 위해 고심했다.

그 결과를 정리하면 다음과 같다.

첫째, 온정선 시인은 수녀신분에 입각한 신앙시를 많이 창작하고 있는데, 그 시적 원형질은 진실한 자성(自省)과 지순한 신앙심이다. 신앙의 주체 안에서 절대적 순명(順命)의 자세는 경건함을 동반하고, 이는 독자에게 외경(畏敬)의 공감대를 형성하게 한다.

둘째, 온정선 시인은 초등학교 교사이기 때문에 제자와 관련한 작품 역시 많은데, 제자에 대한 사랑으로 인한 기쁨·슬픔·희망 등이 작품으로 승화하고 있다. 기쁨과 희망을 노래한 형상화는 서정의 극치를 빚어내고 있다.

셋째, 온정선 시인은 과거의 추억을 작품으로 창작한 시가 여러 편인데 놀랄 만큼 섬세하고 따뜻함을 간직하고 있다. 그 대상은 전통·유년시절·민족·부모·성직자·스승 등 다양한데, 때로는 잔잔한 서정을 노래하다가도 폭발적 언어로 정서를 표출하여 공감대를 형성하는 절창 중의 절창이다.

이외에도 많은 갈래의 작품이 있지만 본고에서는 생략하고 다음 창작품을 기대하기로 한다. 그가 시업(詩業)을 계속하리라는 확신은 다음의 작품에 연유한다.

> 시인은 바다입니다
> 늘 떠나가는 배를 띄우고
>
> 물기 없는 바위의
> 젖은 가슴이 되고
>
> 늘 서서 자는 나무
> 그 넓은 이불로 누웠습니다.

용서와 회한의 기를 흔들며
나의 서툰 망태질을 재촉합니다.

진주는 아니어도
늘 그득한 수확

손톱만한 조개껍질을
해변에 펼쳐 놓으면

감사로운 물결은
또 한번 나의 얼룩을 씻어 줍니다.

—「시인의 바다」 전문

온정선 시인은 '물기 없는 바위의/젖은 가슴'이 되기 위해 '서툰 망태질'을 계속할 것 같다. 이런 전제에 입각하여 평자로서 당부하고자 하는 바 하나가 있으니, 작품의 제재나 표현 모두가 한결같이 순수함은 높이 평가할 수 있으나, 여기에 과유불급(過猶不及)을 경계하는 선에서 표현상의 감칠맛을 더한다면 금상첨화가 될 것 같다는 것이다. 그리하여 한국문학사에 길이 남을 작품을 창작해 달라는 것이다.

◇ 박귀자 시인

기도와 찬송의 시적 형상화

- 박귀자 시인(목사)의 1시집 작품세계

1.

박귀자 시인의 작품은 기독교 신앙에 바탕한다. 삶이 다양한 것만큼 그의 작품도 다기다봉(多岐多峰)할 것이지만, 그의 내면에 흐르고 있는 서정의 큰 줄기는 기독 사상의 체험적 찬양이라는 성격을 지닌다.

그가 전국여성백일장에서 장원한 작품이나, 금강주부백일장에서 장원한 작품, 그리고 등단할 때의 「비 내리는 날」 등은 한국의 전통적 서정을 형상화하는 것이었다. 그러한 경향이 신앙생활의 깊이가 더해지면서 기도와 찬양의 성격을 띠게 되었고, 급기야는 신앙 중심의 작품으로 거듭나게 된다. 그의 작품을 다독하다 보니 구약성서 중 「시편」 40편의 몇 구절이 연상된다.

> 내가 여호와를 기다리고 기다렸더니 귀를 기울이사 나의 부르짖음을 들으셨도다 나를 기가 막힐 웅덩이와 수렁에서 끌어올리시고 내 발을 반석 위에 두사 내 걸음을 견고케 하셨도다 새 노래 곧 우리 하나님께 올릴 찬송을 내 입에 두셨으

니 많은 사람이 보고 두려워하여 여호와를 의지하리로다

— 「시편」 40편 1~3절

「시편」의 이 부분은 다윗이 오랜 재난과 고통을 참고 기다린 후에 여호와의 구원을 얻은 기쁨을 노래하는 내용이다. 특히 찬양은 구원이나 승리의 절정이라 할 것인 바, 하나님의 구원을 체험한 후에 자신도 모르는 사이에 터져 나오는 감탄사와 같은 것이다. 동시에 찬송은 믿음에 대한 확신이며, 이를 바탕으로 다른 사람에 대한 권고의 성격도 지니는 것이다.

이러한 믿음에 대한 작품을 일독하면서 좀더 분석하기로 한다.

그것은 기적이다
세상의 지혜로
세상의 그 무엇으로
증거할 수 없는 것
바람이 어디서부터
불어와서
어디로 가는지 모르듯
그렇게 오는 것
그것은
바라는 자들의 실상이요
보지 못하는 것들의
증거이므로
더욱 더 기적이다

— 「믿음」 전문

박귀자 시인의 「믿음」과 구약성서의 「시편」에서 인용한 부분에서 몇몇 요소를 추출(抽出)해 보면 다음과 같이 정리할 수 있다. ① 하나님은 기도를 들어주신다. ② 기도의 응답으로 구원을 이루신다. ③ 시인은 구원을 감사하며 찬송한다. 이러한 과정은 믿음을 통해 얻어지며, 특히 보지 못하는 자들에게 확인되는 구원의 증거는 놀라운 기적이 된다.

박귀자 시인의 작품에는 위와 같은 과정을 형상화한 것이 주류를 이루고 있다. 그 줄기를 찾아 분석하고 정리하고자 한다.

2.

박귀자 시인은 신앙의 주체인 하나님께 간절한 기도를 드린다. 기도를 드린다는 것은 신앙의 주체에 대한 완벽한 신뢰를 의미한다. 시인이 인식하고 있는 신(神)의 실체는 「빚진 자입니다」에 잘 나타나 있다. 신은 〈한 영혼을 천하보다 귀하게 여기시는 분〉이고, 〈더 낮은 곳을 향하여 마음을 주리게 하신 이〉이며, 〈내 연약함과 허물을 친히 대신 지고 수치의 십자가에서 지켜낸 사랑〉을 주시는 분이다.

이런 분에게 시인은 지상에서 가장 절실하고 귀한 기도를 올리고자 한다. 그러한 기도의 전범을 시인은 「요나의 기도」에서 찾아낸다. 〈요나 당신이 부럽습니다.〉로 시작한 이 작품은 자신의 생명마저 회생하며 〈진노의 풍랑을 만나 나 때문이라며 치솟는 파도 속으로 던지라 외치던 당신〉이 부럽다. 특히 부러운 것은 〈아무 것도 이루어진 게 아닌 어둠 속에서 이미 이루어진 것으로 믿고 감사의 기도를 올린 요나〉의 믿음이다. 이것은 시인 역시 요나와 같은 순정한 믿음을 본받겠다는 것에 다름 아니다.

그래서 시인은 다음과 같이 애절한 기도를 드리게 된다.

고난이 다가오는 소리
그대여, 즐거이 받겠나이다
그칠 줄 모르는 영혼의 눈물
무릎 꿇은 자아여
맷돌에 갈고 갈게 하소서
고운 가루가 되어
당신께 드리는
향기 나는 화제가 되겠나이다
태우소서 모두 태우소서
한 점 티끌도 남기지 마소서
사울의 이름 버리고
바울의 이름 새기어
영혼을 소생시켰나이다
그의 나라와 그의 의를 구하는
간절한 영이 되어 고백하나이다
당신을 기쁘게 하는
진실한 도구가 되겠나이다

— 「눈물 강가에서」 전문

작품의 제목에서 시인은 고난과 슬픔을 당하고 있는 현실적 입장을 암시하고 있다. 또한 작품의 내용에서도 〈고난이 다가오는 소리〉를 통하여 이를 확인할 수 있다. 그러한 가운데, 시인은 자신에게 닥친 고난과 슬픔, 그리고 눈물을 순순히 수용하겠다는 초아(超我)의 내면을 밝히고 있다. 〈그칠 줄 모르는 영혼의 눈물〉로 무릎 꿇으면서 이기심에 젖어 있는 현실적 자아를 깨끗히 태우고자 한다. 그리하여 순백의 경지에서 영혼을 소생시키고자 한다. 소생한 영혼을 통하여 시인은 의를 구하는 간절한 영이 되고자 하며, 궁극적으로는 신을 기쁘게 하는 도구로 쓰임에 만족한다. 이런 신앙이 바로 순정한 믿음이며, 시인이 지향하고 있는 믿음의 경지이다.

이처럼 순정한 신앙을 통하여 시인은 신앙의 주체인 하나님과 세상에 다시 없을 절친한 관계를 설정하기도 한다.

반생을 걸어오며
만난 사람들
그들 속에서
영원한 진실을 찾던
남루한 자아
아무도 아무도
내 아픔을 알지 못했어
그 보석이
오직 당신께 있음도
난 몰랐어
늘 내 곁을 서성이며
기다리는 줄도 몰랐어

— 「진실」 일부

이 작품은 중의적 성격을 띠고 있다. 하나는 신앙의 주체와 친밀한 관계를 설정하고 일상 대화체로 통하여 거듭나는 자아를 보여주는 것이다. 또 하나는 시인이 추구하고 있는 진실을 간직하고 있는 세상의 특정한 사람을 만난 것으로도 보인다. 물론 그의 시가 추구하는 전체적 경향으로 볼 때, 전자의 경우에 해당하는 것으로 보인다. 혹여 그렇지 않다고 하더라도 이 작품은 〈영원한 진실〉을 추구하는 시인의 올곧은 자세에 특별한 의미를 부여할 수 있다.

그가 찾고자 하는 〈영원한 진실〉은 무엇인가? 그의 작품 중 「잃어버린 십자가를 찾아서」에서 보면, 그는 믿음의 날개죽지가 힘겨워지는 날 마음의 등잔을 닦는다고 한다. 잃어버린 십자가를 찾아 길을 떠나면 〈어느새 등잔에 가름〉이 찰랑인다고 한다. 결국 그는 세상의 어둠을 밝힐 기름, 빛을 발산하는 〈등잔 속의 기름〉을 추구하는 것이다. 신앙의 불꽃을 피우려는 것이 그의 믿음이며 동시에 그가 추구하는 〈영원한 진실〉인 것이다.

그러나 〈영원한 진실〉에 이르는 도정이 쉽지만은 않다.

얼마나 더 올라가야 할지
안개비 살아나는 등성이
아득하기만 하여라
숨돌린 시간
돌아서지 못한 갈증
아주 가까운 곳에서
허물어지는 소리 들린다
계절을 지키는 산모퉁이까지
뒤따라 온 아픔
질기도록 내려앉아

온통 오동꽃 향내만 피우는구나
감당할 수 없는 그리움
움켜쥐고 일어서게 하는
다시 보아도 여전히
아득한 당신의 산

—「산을 오르며」 전문

신앙의 도정을 등산에 비유하여 쓴 작품이다. 안개비가 내려서 올라가야 할 길이 아득하기만 하다. 숨돌린 시간에 느끼는 갈증, 이러한 고난이 신앙의 도정에도 존재하게 마련이다. 아주 가까운 곳에서 허물어지는 소리도 들린다. 같이 올라가지 못하고 중도에 포기하는 것은 신앙의 도정도 마찬가지이다. 그러나 감당할 수 없는 그리움으로 다시 일어서서 산을 바라보지만, 그 산은 아득하기만 하다. 이는 일상적 등산의 경우에도 해당되지만, 박귀자 시인의 경우에는 바로 신앙의 산이라는 비유로 해석된다.

아득하기만한 등산과 같은 도정을 시인은 「별을 찾을 수 있다면」이라는 연작시를 통하여 보여주고 있다. 시인은 〈아픔의 마디 마디 꺾어〉 길을 떠난다. 그대의 빛은 어디에 있을까 방황하면서도 빛과 음성을 찾는다. 그때 〈아, 그대의 나무에 달린 나〉를 보게 된다. 그대의 나무는 십자가의 상징으로 〈나무에 달린 나〉는 십자가에 달린 시적 자아로 보인다. 그리하여 시인이 느끼는 십자가의 아픔은 바로 그대가 대신하고 있다는 인식에 바탕한다. 결국 시인이 찾아 헤매는 궁극적 지향은 〈그대의 십자가〉인 것이다.

시인이 〈그대의 십자가〉를 지향하는 것은 신앙의 주체에 대한 한없는 사랑의 표현이다.

내 눈물은
빛나는 기쁨이고 싶어요
오월 하늘을
날아오르는
나는야
종달새이고 싶어요
나의 아담
당신의 젊어진 어둠
녹여 줄
노래를 부르고 싶어요
그분이 주신 사랑
이 작은 목숨
당신을 위하여 줄 수 있는
아버지의
행복한 종달새이고 싶어요

— 「아담을 위하여」 전문

이처럼 순정한 작품에서 덧붙임 설명은 군더더기가 되고 만다. 시인의 내면이 자연스럽게 형상화되었기 때문에 덧붙여야 할 말이 필요 없는 것이다. 이러한 희구는 그의 영혼이 순수하다는 것을 의미한다. 그는 「순수를 위하여」에서 〈당신이 만든 세상/ 하루에도 몇 번씩 맴돌다가/ 늪속으로 늪속으로/ 가라앉는 꿈〉을 꾸고 있다. 동시에 그는〈누구일까요/ 감추어놓은 그대의 순수를/ 찾으러 길 떠나기 전에/ 붉은 내 가슴/ 씻고 또 씻게 하는 이〉를 찾으려 한다.

그리하여 시인은 생활의 신조를 신앙에 기초하여 제시한다. 「그리스도인」 연작시에서 그는 〈언제나/ 시각의 채널을/ 당신께 고정함〉으로 보고, 〈땅위 것/ 소망을 두지 말일〉 〈영원한 나라에/ 보물을 쌓아 둘 일〉 〈진실로 땀흘려/ 나누고 살 일〉 등을 제시한다. 이러한 제시는 바로 신앙인이 견지해야 할 필수 덕목이라는 점에서, 박귀자 시인의 신앙적 경지를 유추하게 한다.

이런 경지에 이르게 되면, 누구나 감사하는 마음을 갖게 된다. 박귀자 시인은 하나님께 감사하는 마음을 시로 창작하고 있는데, 특히 「만남」을 통하여 생명력 넘치는 언어로 빚어내고 있다. 신앙의 주체에 대한 감탄으로 신의 섭리를 형상화하고 있다.

당신과의 만남은
눈부신 평안입니다.
어둠을 거슬러 온 가지 끝
푸르른 속내
당신의 흔적입니다.
귀 기울이면
나지막이 부르는 노래
당신 말씀이
스쳐간 붓 자국
아, 향그런 봄날입니다.

— 「만남」 전문

시인은 봄날에 나들이를 하고 있다. 거닐면서 추운 겨울을 지나온

나뭇가지 끝을 바라보게 된다. 그 가지 끝에 푸른 움이 트고 있다. 가만히 귀를 기울이면 가지 끝에서 움트는 소리가 노래로 들린다. 그 노래와 함께 아름다운 봄 동산이 바로 신의 섭리, 신의 작품임을 깨닫는다. 그래서 봄날의 나들이에서 시인은 감탄의 자연스런 발로를 경험하게 되고, 그 감탄 속에서 행복과 평안을 만나게 된다. 이러한 현상을 약간의 시적 기교를 통하여 노래하였기에 이 작품은 잔잔하면서도 폭발적인 감동을 동반한다.

이러한 만남에서 시인은 신앙의 주체에 대한 찬양을 한다. 「그 아름다운 날」에서 〈너무도 감사해서 찬양의 향기〉를 올려 드리기도 하고, 시인의 가슴에는 〈용서하지 못했던 어둠을 만져 주는 사랑의 생수〉가 솟아오르기도 하며, 또한 〈고운 몸짓의 언어들이 수줍게 춤을 추던 아름다운 날〉에 떨고 있기도 하다. 그리하여 시인은 〈우리를 빛나게 하던 사랑〉과 〈꿈꾸는 기쁨〉이 가슴속에 충만하게 번지는 것이다.

3.

박귀자 시인은 신앙시만 창작하는 것은 아니다. 아버지 · 어머니 · 동생 · 자녀 · 동창생 등의 지인과 함께 헬렌켈러 · 북에서 온 연예단 아이들 · 남의 아이 등 관계가 설정되어 있는 사람들과의 희노애락이 작품으로 창작되어 있다. 또한 생사고락과 현실의 여러 상황이 작품으로 보이기도 한다. 그러나 이런 작품들에서도 신앙이 기초함을 볼 수 있다.

결국 그는 〈하나님이 즐거이 부르는 중에 올라가심이여 여호와께서 나팔 소리 중에 올라가시도다 찬양하라 하나님을 찬양하라 찬양하라 우리 왕을 찬양하라〉고 외친 「시편 47장 5~6절의 말씀처럼 신앙의 승리와 신앙의 주체에 대한 찬양을 시로 노래하고 있으며, 나아가 앞으로도 계속적으로 찬양할 것으로 보인다. 그의 기도와 찬송은 일시적인 것이 아니라 평생의 업이 되리라는 판단이다. 그것은 다음의 작품에 기초한다.

하나님과 동행하며
광야 같은 세상
터널을 지나서
영원한
생명의 나라로
기다리시는
주님의 품으로
기쁘게 기쁘게 간
아버지의 딸
이 곳에 잠들다

— 「묘비명」 전문

신앙에 바탕한 이러한 형상화는 시인의 내면의 집약이다. 생시에서와 같이 죽음에 이르러서도 신앙의 주체와 동행하고자 하는 마음, 그가 기다리는 곳으로 기쁘게 갈 수 있는 마음, 그리하여 그의 딸로서 잠들 수 있는 마음이 바로 시인의 신심이다. 이와 같은 순정한 신앙을 바탕으로 그의 시, 그의 창작은 천국의 곳간에 가득 쌓이게 될 것이고, 그로 인해 완전한 사람으로 거듭날 것임을 보이고 있다.

앞으로 박귀자 시인이 어떠한 성격의 시를 창작할는지는 아무도 속단할 수 없다. 더 많은 신앙시를 창작할지, 혹은 등단할 때의 전통적 서정을 노래할지, 그도 아니면 또 다른 영역을 개척할지 모른다. 다만 그가 어떠한 시를 창작하여 보여주든지 간에 그의 작품 바탕에는 신앙이 자리하리라는 것만은 자명하다.

박귀자 시인의 작품 중 신앙시를 중심으로 간략하게 정리하면서, 그의 새로운 작품을 기대한다.

◇ 이에스더 시인

성령이 꽃피운 정갈한 시심

- 이 에스더 시인(목사)의 1시집 작품세계

1.

이 에스더 시인의 시집 『고향』을 첫 작품부터 읽으면서 맑고 정갈한 시심에 동화되었습니다. 시어가 어렵지 않아 친숙하게 읽을 수 있는 작품들이어서 그랬겠지만, 작품마다 순수한 동심이 내재되어 있었고, 때로는 신앙의 신비와 성령의 충만함이 가슴에 전달되었습니다. 작품을 감상하면서 두근거리는 가슴을 경험하였는데, 이와 같이 감동을 공유할 수 있게 하는 것이 문학과 예술의 본령(本領)일 터입니다.

이런 점에서 이 에스더 시인의 작품은 가끔 필자를 미소 짓게 하였으며, 때로는 빈 가슴을 채우는 듯한 충만감에 젖도록 작용하였습니다. 한 작품씩 감상하던 중 「그리운 벗」에 이르러 상쾌한 전율이 밀려왔습니다.

산에는 꽃이 피고
시인의 가슴에도

꽃물이 든다.

—「그리운 벗」 전문

3행의 단형으로 완결된 작품입니다. 1행의 〈산에는 꽃이 피고〉 다음 행에는 '00에는 00하고'가 자연스럽게 연상됩니다. 산에 피어 있는 그 꽃을 바라보며 시인은 '그리운 사람들'을 떠올린 듯합니다. 그들과의 추억을 되살리며 시인의 가슴에 벅찬 그리움이 생성되었을 터입니다. 그리움은 산에서 피어나는 '꽃'과 이어지고, 이는 다시 '꽃물'로 승화됩니다. 그래서 산에 꽃이 피면 시인의 가슴에는 꽃물이 들게 마련입니다.

이 작품에서 핵심을 이루는 조사 '도'가 작품을 새롭게 합니다. 〈시인의 가슴에는/ 꽃물이 든다.〉고 하였다면 우리 모두 수용할 수 있는 평범한 형상화입니다. 그러나 '는'을 '도'로 바꾸면, 시인 외에 다른 사람들과 감정을 공유하고 있다는 뜻입니다. 다른 사람들의 가슴에도 꽃물이 들고, 나의 가슴에도 꽃물이 든다는 의미입니다. '그리운 벗' 모두가 같은 그리움을 안은 채 살아가고 있다는 것을 강조한 것이지요. 의미가 크지 않아 보이는 '조사' 하나에도 민감하게 반응하는 것, 이를 작품에 투영하여 심리적 미묘한 차이도 찾아내는 능력이 시인의 천부적 기질이기도 합니다.

2.

이 에스더 시인의 작품을 통하여 형언할 수 없는 따스함을 느낍니다. 누구에게나 '어머니'는 다사로운 분입니다. 또한 '고향'은 그리움

속에서 '생명의 본향'으로 존재하게 마련입니다. 그러나 이러한 의미를 작품으로 구체화하는 것은 쉽지 않습니다. 그런데 이 에스더 시인은 이를 능란하게 빚어내는 독자적 자질을 갖추었습니다. 많은 시인들이 고향과 어머니를 제재(題材)로 작품을 빚지만, 모두 같을 수는 없습니다. 각각 다른 추억을 갖고 있기 때문입니다. 이런 전제에서 이 에스더 시인의 작품을 감상해 봅니다.

은빛바람 머물다가는
시골돌담 오솔길
어스름한 저녁 하늘을 수놓는
어머니의 기도

초가마을 굴뚝에 연기 오르고
고향집 흙방 장작 내음 서려올 때
눈 덮인 싸리문 틈으로

아가!

버선발로 뛰어나오시는
어머니

—「고향」 일부

이 작품의 서두는 〈소복소복 눈 내리는/ 고향〉으로 되어 있습니다. 어찌 보면 지극히 평범한 서경적 서두입니다. 그러나 작은 서정의 징검돌을 딛고 나서면 새로운 고향이 펼쳐집니다. 하얀 눈과 상웅하는 '은빛바람'이 머물다 가는 시골 돌담과 오솔길을 시인이 찾습니다. 노을이 아름다운 저녁 어스름을 시인은 '어머니의 기도'라고 비유하고 있습니다. 눈물이 날 정도로 아름다운 석양을 바라보며 어머니의 기도를 떠올리는 것은 그의 내면에 성령의 돌보심 때문일 터입니다.

다시 마을로 내려오면 초가지붕의 굴뚝에서는 저녁밥 짓는 연기가 오릅니다. 집안으로 들어가면 흙방의 틈서리에서 연기가 서려 오릅니다. 그때 어머니가 버선발로 뛰어나오시며 "아가!" 소리치며 반깁니다. 어머니가 반기는 모습은 시인의 어린 시절에 겪은 체험을 현재화한 것으로 보입니다. 그리운 세월, 어머니를 가슴에서 내려놓고 밤을 밝힙니다. 문밖에는 눈송이가 포근히 내립니다. 이와 같은 서경과 서정, 그리고 어머니의 사랑, 아름다운 추억이 빚어내는 서정시를 작품 「고향」에서 만나는 것도 시 감상의 오롯한 맛입니다.

그런데 이제 시인도 추억 속의 '어머니'와 같은 입장이 되었습니다. 그러한 내면을 담아낸 작품이 「하얀 설 명절」입니다.

눈 내리는 산골마을
참새 발자욱
노루 발자욱
앞마당 장독대
소복이 쌓인 하얀 백설기

엄마가 지어주신
색동한복 입고

오손도손
설 떡 먹으며
즐거워했던 어린 시절

이제
아들 며느리 손자들에게
고운 한복 지어주고
명절의 기쁨을
안겨줍니다.

—「하얀 설 명절」 전문

1연과 2연으로 구성되었다면 이 작품은 '동시'라고 해야 할 터입니다. 1연의 서경묘사와 눈을 '백설기'로 보는 시각이 그러하고, 2연의 어머니가 지어주신 '색동한복'을 입고 즐거워하던 시절이 그러합니다. 그러나 3연에 이르러 이제 시인은 아들과 며느리, 그리고 손자들에게 한복을 지어주고 명절의 기쁨을 안겨주는 '어머니'와 '할머니'가 되어 있다는 인식에서 '시'가 되는 것이지요.

자녀와 손주에게 베푸는 사랑은 하나님이 우리들을 보살피는 사랑과 동질적입니다. 그래서 시인은 〈하나님의 사랑으로 꽃물이 드는 5월/ 주님의 형상을 입고 오신/ 어머니의 세월〉이라고 노래합니다. 이제 저녀의 어머니가 되고 손주들의 할머니가 되어, 자신의 어머니를 생각하면 눈가에 이슬이 맺히게 마련입니다. 시인은 〈주님의 사랑〉과 〈바람결에 들려오는 어머니의 숨결〉에 감동하며 〈연둣빛 기도의 샘이 흐르는/ 고요한 숲길〉을 거닐 듯이 세상을 평화롭게 살아가고 있는 것 같습니다.

그리하여 시인은 '어버이의 사랑'에서 〈신록의 푸르름으로/ 집을 지으시고/ 봉숭아 꽃잎으로/ 하나님의 사랑/ 곱게 물들여 주신 부모님〉을 추억하며 감사하는 내면을 작품에 담아, 독자들과 함께 그 정서를 공유하고자 합니다.

3.

성경의 시편과 아가서는 하나님을 찬양하는 노래들로 이루어져 있습니다. 아가서에서 하나님은 솔로몬의 입을 빌려 노래를 부릅니다. 그 가운데 "I am the rose of Sharon."이라는 시구(詩句)가 있습니다. 샤론의 수선화를 일컬음입니다. 수선화는 눈을 즐겁게 하고, 그 향기는 상쾌하여 기분을 좋게 한다고 합니다. 마찬가지로 영혼의 모든 감각들은 모두 예수 안에 있는 것들이며 이 감각에서 만족감을 느끼게 됩니다. 'rose'는 장미로 번역되어 왔지만, 바다 수선화의 일종이라고 하여 '샤론의 장미'가 아니라 '샤론의 수선화'로 번역하는 것 같습니다. 어떠하든 신앙의 신비만큼이나 감동적인 오브제인 것은 틀림없어 보입니다.

눈이 시리도록
빛나는 겨울
밤새 내린 하얀 눈을 헤치게
찾아온
샤론의 수선화

사랑이 식어가는 땅

고통의 신비
온몸으로 받으며
모진 추위를
희망의 부활로 이겨내고

메마른 영혼
사랑의 향기 안겨주고
봄이 깨어나기 전
살며시 떠나가는
겨울 나그네

—「샤론의 수선화」 일부

이 에스더 시인은 '목마른 자'들을 이끄는 목사입니다. 겨울눈이 내린 날, 눈이 시리도록 맑고 빛나는 밤에 가장 아름답고 감동적인 '샤론의 수선화'가 시인을 찾아옵니다. 이는 하나님의 계시를 전하는 성령의 임재(臨在)로 보아도 무리가 없어 보입니다. 성령은 〈사랑이 식어가는 땅〉의 '고통'을 통하여 생명으로 인도하는 '부활'의 보조관념으로 보입니다. 모진 추위를 이겨내고 봄이 되면 만물이 소생하듯이 메마른 영혼에 사랑의 향기로 작용하는 말씀, 봄이 오기 전에 살며시 떠나는 '겨울 나그네'를 배웅하면서, 스스로 느끼게 하는 하나님의 섭리를 노래하는 작품입니다.

시인은 '알프스'에서 〈해발 3,000미터 고산지대/ 이름 모를 산새들이/ 길손을 반긴다.〉고 노래합니다. 〈아득히 수천 길 아래/ 인간의 이기심〉과 〈물질문명에 찌든 영혼〉을 씻어주는 '에메랄드빛 바흐알프 호수'를 보면서 '주 하나님이 지으신 세계'를 찬양합니다. 그는 '순례자'에서 보여주는 것처럼 〈시원한 빗줄기에/ 세속의 욕망을 씻고〉 〈잃어버린 에덴〉을 찾아 순례길을 떠나는 마음으로 신앙생활과 문학창작을 겸하는 목회자라 하겠습니다. 그리하여 이 세상의 모든 괴로움과 고통에서 벗어나는 평안함에 이르고자 기도하는 목자로 보입니다.

생이 아름다웠노라.

낙원으로 향하는
장엄한 시간
천상의 종소리
모차르트의 레퀴엠

주여
하늘문을 여소서
영원한 안식과 평안

—「안식」 전문

이 에스더 시인은 '죽은 자를 떠나보내는 노래(장송곡)'인 '모차르트의 레퀴엠'에 이르러서도 〈생이 아름다웠노라〉 영탄하는 시심을 견지합니다. 죽음은 슬픈 이별이지만, 한편으로는 하늘에 계신 분의 영역으로 가는 길이기도 합니다. 살아서는 갈 수 없는 길을 떠나야 하나님 앞에 가서 그 분의 사랑을 만날 수 있습니다. 그 곳이 바로 '낙원'입니다. 그리하여 시인은 〈낙원으로 향하는/ 장엄한 시간〉이라고 합니다. 그는 영원한 안식과 평안을 위하여 〈주여/ 하늘문을 여소서.〉 절실한 소망을 작품에 담아냅니다.

시인은 '프라하'를 찾습니다. 〈얀 후스의 동상을 감싸고 흐르는/ 중세 교회 종소리〉에서도 순교자의 울음소리를 듣는 능력을 받은 목자입니다. 음악을 전공한 분이기 때문에 보통 사람보다 예민하게 음악적으로 반응하는 것 같습니다. 그 교회종소리가 〈순교자의 울음인 듯/ 생명을 다해/ 신앙의 꽃을 피운/ 가슴 시리도록/ 잠 못 드는/ 프라하의 밤〉을 노래합니다. 시는 음악과 잘 어울립니다. 시를 음악으로 만들어 만인의 가슴을 울리기도 합니다. 그렇듯이 이 에스더 시인도 '감동의 영지'를 추구하는 것 같습니다.

4.

인간의 삶은 낱낱으로 여정으로 짜인 순간순간의 연속입니다. 이 여정에서 우리는 삶의 희로애락(喜怒哀樂)을 만납니다. 우리나라의 경우에도 외침이 잦았고, 그럴 때마다 우리 겨레는 고통의 세월을 살아냈을 터입니다. 우리들처럼 이스라엘 민족들도 그러한 고통을 겪으면서 신앙의 신비와 감사함을 체험하였을 터입니다. 특히 애급의 노예에서 벗어나기 위해 모세를 따라 홍해를 건넌 일은 참으로 놀라운 기적입니다. 우리도 그러한 기적을 이루었습니다. 세계에서 가장 가난한 나라에서 10위권 나라로 성장할 수 있었습니다. 그런 바탕에서 현재의 삶을 감사하는 신앙인의 자세가 오롯합니다.

애급을 지나
홍해를 건너

평화의 섬 제주에
둥지를 내려주시고

한라의 신선함과
바다의 푸름으로

주님을 찬양하는
평화의 도구로
살게 하심을 감사드립니다.

—「감사」 일부

시인에게는 아름다운 계절도 감사해야 할 대상으로 기능(機能)합니다. 이 작품의 서두에서 그는 계절의 변화로 가을을 맞으면서 감사드립니다. 〈감사의 꽃향기/ 짙어지는 계절// 주님의 사랑으로/ 단풍잎 가을 옷 입혀 주시고// 내 영혼의 들녘에/ 햇빛과 비를 내리시어/ 풍요로운 가을을/ 안겨주심을 감사드립니다.〉 〈내 영혼의 들녘〉은 아름다운 삶의 터전입니다. 그 곳은 시인이 살고 있는 제주도를 가리키지만, 어쩌면 우리나라 전체, 나아가 세계만방으로 확대할 수도 있습니다. 이스라엘 민족이 애급을 나와서 홍해를 건너 '젖과 꿀이 흐르는 땅'에 이른 것 같이 시인은 〈평화의 섬 제주〉에 둥지를 틀고 감사하고 찬양하는 생활을 합니다.

수확의 계절에 시인은 〈상한 갈대도 꺾지 않으시고/ 꺼져가는 등불도// 끄지 않으시며/ 온 우주에 사랑의 씨앗을 놓아/ 수만 송이 꽃으로 오시는/ 임〉 앞에서 스스로 작은 '들꽃'이 되고자 겸양합니다. 이 겸양은 〈상처 깊은 한반도/ 두 동강난 나의 조국〉을 위해 참회의 눈물로 회개하겠다는 의지와도 닿아 있습니다. 동시에 〈당신의 사랑으로/ 치유와 회복의 은총 내려주소서.〉 절실하게 기도하는 자세와도 닿아 있습니다.

누구나 고향을 그리워하고, 살고 있는 터전을 아름답게 생각하지만, 이 에스더 시인은 자신이 살고 있는 제주도를 특별히 사랑하는 것 같습니다. 〈아침/ 오솔길/ 흙 내음/ 고요한 평화/ 새들의 노래〉는 물론 노루가족도 산책을 나오는 '에덴'과 같은 곳으로 묘사합니다. 그 노루들과 〈후미진 산모퉁이/ 돌아가도록/ 동행〉하는 깊은 애정을 작품에 담습니다.

이 에스더 시인의 시집 『고향』을 읽으며, 순수한 동심, 정갈한 서정을 만나게 되어 행복하였습니다. 앞으로 '샤론의 수선화'처럼 아름답고 사랑스러운 작품 창작을 기대하며, 이 에스터 시인의 첫 시집에 수록된 작품 감상의 여로를 접습니다.

◇ 이사라 시인

서정과 시심의 맥놀이 현상

- 이사라 시인의 2시집 작품세계

1. 시인의 강을 다시 보며

이사라 시인(본명 이하자)은 매주 대전성모병원에서 봉사를 한다. 독실한 가톨릭 신자인 그는 1983년부터 2014년 현재에 이르기까지 30년이 넘도록 봉사하여 근속 공로상을 받을 정도로 열성적이다. 환자들의 수술에 쓰이는 물품을 세탁하거나 정리하기도 하고, 작은 도서실에서 책을 정리하기도 하면서 일심(一心)으로 봉사한다.

이사라 시인은 청소년기부터 시의 씨앗을 품고 생활하던 중, 이순(耳順)을 넘기면서 습작기에 들어선다. 열심히 노력하여 여러 작품을 빚게 되고, 2008년에 『창조문학』 신인상에 시가 당선되어 등단한다. 이어 습작기에 창작한 작품을 모아 2009년에 첫 시집 『강물에 시를 쓰다』를 발간하여 문단의 주목을 받는다. 첫 시집의 해설에서 조남익 시인은 '사물의 원형과 근원에 대한 발견'이 주부의 사회미학에 눈을 뜨게 하였다고 평설한 바 있다. 그래서일까, 그의 시는 원숙한 서정에 바탕을 두고, 주제와 이미지의 결합이 뛰어난 작품을 빚어내고 있다.

그의 첫 시집을 재독(再讀)하면서 시심의 근저에 흐르고 있는 '강'을 만난다. 청소년기에서부터 고향의 금강은 그의 시심을 가꾸는 서정적 공간으로 기능하였으며, 강을 통해 아름다운 정서가 배양된 듯하다. 때로는 강과 함께 사는 사람들의 희로애락이 시인의 의식과 무의식에 작용하여 작품으로 승화된다. 첫 시집의 표제작이기도 한 「강물에 시를 쓰다」는 시인의 내면에 드리워진 추억의 편린(片鱗)을 승화시킨 작품이다.

지금 후회되는 것은
너무 느리게 흐른다고
강물의 등을 떠밀어 버린 일이다.
일몰의 시각에 나타나는
무지갯빛 물고기의 이름을 잊은 일이다.
나는 아이였고
강은 넘치게 흐르고 있었다.
날카로운 외로움 빛이 되고
빛은 나를 베어 비늘이 되었다.
철쭉이 지는 강 붉게 흐를 때
두루미가 다리 하나로도 먼 산을 보는
평화로운 강가에서
첫 아기를 낳는 사람이 되고 싶었다.
따뜻하게 데워진 강물에 아기를 씻기고
강바닥에 내려앉은 작은 영혼들의 움직임을
보여주고 싶었다.

— 「강물에 시를 쓰다」 1, 2연

이 작품은 5연으로 구성되어 있다. 1연과 3연은 각각 〈지금 후회되는 것은〉으로 단 1행이다. 인용한 2연이 바로 시인이 후회하고 있는 일부이며, 4연 또한 같은 구조로 되어 있다. 이를 바탕으로 도출된 5연은 〈삶의 절반을 가르고 흐르는/ 강,/ 건너기 전까지/ 시를 쓴다.〉로 맺고 있다.

이 작품 2연을 분석하는 것은 이사라 시인의 문학적 지향을 확인하는 작업이기도 하다. 그는 젊은 시절에 강물이 너무 느리게 흐른다고 등을 떠밀어 버린 일을 후회한다. 강은 느리게 흐르기도 하지만, 강물에 비친 아름다운 경치를 안고 흐르거나, 때로는 홍수가 일어 강안(江岸) 가득 흐르는 황톳물의 도도함까지 갖추고 있지만, 그의 내면에 살아있는 '금강'은 느림의 객체로 인식되고 있다. 이와 함께 그는 노을이 지는 시각에 물 위에서 펄떡이는 '무지갯빛 물고기'의 이름을 잊은 것을 후회한다. 물고기의 이름을 잊었다고 하여 후회할 일은 아니지만, 시인의 내면에 가끔씩 나타나는 사물들에 대한 궁금증이 표면화된 듯하다. 그 물고기는 '갈겨니'여도 좋고, '무지개송어'나 '끄리(칠어)'여도 무관할 터이지만, 추억을 이끌어내는 소중한 제재임에 분명하다.

그에게 '금강'은 〈두루미가 다리 하나로도 먼 산을 보는/ 평화로운〉 곳이며, 그 곳에서 〈첫 아기를 낳는 사람〉이 되고 싶었다고 고백한다. 여름날 오후, 따뜻하게 데워진 그 강물에 아기를 씻기면서 '작은 영혼들의 움직임'을 보여주고 싶었다고 추억한다. 이러한 강은 그에게 있어 생명의 근원이며, 마르지 않는 서정의 원천이다. 이런 바탕에서 그가 두 번째 시집의 제목을 『시편의 강에서』로 지은 것도 필연이다. 그 과정에서 개인적 서정이 신앙과 사회로 열리게 되고, 그로 인하여 정서적 프리즘이 확장되는 효과를 얻는다.

2. 그리움의 원천에 대하여

2.1 시인의 강과 아버지의 강

이사라 시인은 「강물에 시를 쓰다」의 5연에서 〈삶의 절반을 가르고 흐르는/ 강,/ 건너기 전까지/ 시를 쓴다.〉고 노래한 바 있다. 강과 함께 하였던 그의 청소년 시기에는 아름다운 서정이 내면에 흘러넘쳤을 것이다. 그러나 강을 떠나 사회생활을 시작하면서 〈날카로운 외로움(은) 빛이 되고/ 빛은 나를 베어 비늘〉이 되게 한다. 외로움은 시창작의 모티브로 작용하게 마련인데, 특히 시 창작에 대한 의욕은 이순(耳順)에 이를 때까지 자루 안의 송곳처럼 시인을 괴롭혔을 것이다.

그 날카로운 자극에 의하여 그는 늦은 나이임에도 불구하고, 시 창작의 길에 나서게 되고 멋진 작품을 빚어낸다. 그 외로움이 시인으로 하여금, 금강에서 만나 본 무지갯빛 물고기의 아름다운 '비늘'처럼 반짝인다. 여기에서 비늘의 원관념은 바로 시인이 빚어낸 작품에 다름 아니다. 그는 강을 건너기 전까지 시를 쓰겠다고 한다. 시를 '쓴다'고 현재진행형을 활용하고 있지만, 그 속내는 강을 건너기 전까지 시를 '쓰겠다'는 의지의 표현이다. 바꾸어 말하면, 강을 건너는 순간, 그는 시를 빚어내지 못하는 운명적 상황이 되리라 예감된다. 「시편의 강가에서」는 주관적 서정에 신앙적 깊이를 보탠 작품이다.

나 아직 바빌론의 강에 서성이네.
천국은 그리운 도시 그러나
사랑하는 그들 함께 가는 곳 아니면
나 홀로 그 강에 배를 띄우지 않겠네.

강물에 노을이 몸을 던지고
바람이 노을을 거두어 가도
하늘의 별들이 지켜보고
반달도 뜨겠지.

장손이 대학 가는 것도
둘째가 성공하는 일도
건망증 심한 아내 가스 잠그는 일도
시렁 위에 놓인 걱정 보따리.

그러나 나를 위해 기도하지 말고
내가 기도하게 해준다면,
버드나무 무성한 가지에 걸어놓은 사랑
아직 이별 노래는 하지 않겠네.

—「시편의 강에서」 전문

이사라 시인은 아직 '바빌론의 강'에서 서성이며 그리운 도시 천국을 지향한다. 그러나 사랑하는 사람이 동행하지 않으면 자신도 그 강을 건너지 않겠다는 의지가 굳건하다. 이 강을 경계로 천국과 현실이 존재한다. 그런데 그는 현재 바빌론의 강—유프라테스 강, 혹은 전설 속에서 만날 수 있는 강을 마주하고 있다. 특정한 사물이나 사상을 이원화하는 것은 도그마(dogma)의 오류에 빠질 염려가 있지만, 종교에서는 선과 악, 미와 추, 천국과 지옥 등 이분법을 활용하여 설득력을 확보하기도 한다.

1연의 굳건한 지향에 이어, 2연에서는 서경과 서정을 융합하여 표현의 극대화를 이루고 있다. 〈강물에 노을이 몸을 던지고/ 바람이 노을을 거두어가도〉에 담겨 있는 은유와 상징은 작품의 품격을 높이는데 기여한다. 이에 비해 3연은 생활 현실의 대유적(代喩的) 사항들을 직설적으로 나열한다. 시적 감동은 반감되지만, 진실성을 확보하는데 기여한다. 다시 4연은 1연과 동질적 구조로 자신의 소망을 밝힌다. 가까이 있는 지인들이 자신을 위해 기도해 주는 일도 고맙지만, 시인이 그들을 위해 기도하겠다는 주체적 발상이다. 그리하여 아직은 버드나무의 수많은 잎처럼 인연을 맺고 있는 '사람'들과 이별하고 싶지 않다는 간절함을 내포한다.

기독교 계열 신자들의 영적 고향인 이스라엘과 대칭적 공간으로 인식되는 '바빌론' 혹은 '바빌론의 강'은 여러 예술 장르에서 인용되고 있다. 구약성서에 기록되어 있는 '바벨탑'이 있던 곳으로 보기도 하며, 인류 문명의 발상지로 알려진 유프라테스 강을 말하기도 하고, 이스라엘 혹은 예루살렘과 대립되는 공간으로 비유되기도 한다. 역사, 문학, 미술, 그리고 음악 장르 등에 풍부한 영감을 준 강이 '바빌론의 강'이다. 시인은 금강과 가까운 고을에서 나고 자라서일까, 그에게 있어 '강'은 생명의 근원이자 그리움의 원천이다.

새벽안개 잠기는 배추밭
아버지의 강이다.

풍년이 들어도
강은 수심이 깊다
그래도 포기할 수 없는 포기들
밤마다 몸을 뒤척이는 강,
아버지는 무릎을 꿇고
착한 배추들과 작별을 해야 한다.
강물이 떠난 자리
어지러운 바닥에
홀로 서성이는 그림자를
무늬 없는 바람이 다독인다.

또한 세상 식탁에서
김치를 만난다.

— 「배추밭」 전문

시인은 새벽안개가 자욱한 들녘의 배추밭을 바라본다. 안개가 자욱한 배추밭은 '아버지'가 가꾸는 삶의 터전이다. 이 작품에서의 '아버지'는 시인의 아버지로 한정하기보다, 가족의 생활을 책임지고 있는 '세상의 가장들'로 보는 것이 타당할 것이다. 강가에서 농사를 짓는 사람의 대유(代喩)로 보이는 '아버지'는 풍년이 들어도 걱정이다. 흉년이 들면 소출이 작아서 걱정이고, 풍년이 들면 농산물의 가격이 낮아져 걱정이다. 식품이나 농산물은 유통기한이 정해져 있다. 특히 농산물은 제 철에 수확하여 즉시적인 소비자의 선택이 있어야 한다.

배추밭을 아버지의 강으로 노래한 이 작품은 풍년이 들어, 배추의 값이 생산비에도 모자라지만 베어버리거나 갈아엎을 수 없어 〈밤마다 몸을 뒤척이는〉 농부의 고통스런 내면을 묘사하고 있다. 농부는 배추를 출하(出荷)하면서도 〈어지러운 바닥에/ 홀로 서성이는 그림자〉로 남아 있는 사람이다. 이처럼 난관을 극복하면서 농사를 짓는 사람이 있어, 우리는 식탁에서 배추김치를 먹을 수 있다.

시인은 배추밭에서 주체적으로 일을 하는 농부가 아니다. 풍년이 들은 배추밭을 바라보면서 농민들의 애환을 비유적 심상으로 노래한 사람이다. 이 시는 시인의 애정 어린 시각과 상상력이 빚어낸 품격 높은 작품이다.

2.2 어머니의 달과 언니, 오빠

이사라 시인은 막내로 태어난다. 그가 태어나던 일제시대의 '40대'는 요즘의 '60대' 정도로 노인 대접을 받던 때였는데, 40대 부부의 만산(晩産)으로 생명을 얻은 그는 사업체를 운영하던 아버지 덕분에 유복한 소년기를 보낸다. 행복도 잠시, 여고시절에 그의 부친이 별세하여 어머니의 사랑을 받으며 성장한다.

그가 나고 자란 집은 충청북도 옥천군 옥천읍에 있는 정지용 시인의 생가와 지척이었다. 개울 하나 건너 대한민국을 대표하는 시인과 이웃하여 살았다는 것만으로도, 시인의 내면에 자긍심이 뿌리를 내렸을 터이다. 그 바탕에서 비롯된 것일까, 그는 여고 시절에 충북 교육주간 행사 백일장에서 최고상을 수상하면서 특별한 주목을 받는다. 당시 국어과 교사였던 김병배 시인은 특출한 여류 시인을 기대하며, 매년 신문과 문학지에서 제자의 이름을 찾았다고 밝힌 바 있다. 이사라 시인이 늦깎이로 등단하고, 시집을 발간하였을 때 특별히 기꺼워한 김명배 시인을 통하여, 당시 그에 대한 기대가 어떠하였는가를 미루어 짐작할 수 있다.

아버지의 부재(不在)로 그는 어머니, 그리고 일찍 떠난 언니, 아버지 대신 돌보아 준 오빠를 통하여 세상과 소통하였을 터, 그가 보여주는 순수한 서정과 섬세한 감각을 이해할 수 있는 바탕이다.

밤바다에 달이 떠 있다.

애처롭게 걸린 등불
밤마다 등불을 내걸던 어머니
한 자락 바다를 덮고 잠들었다.
물고기 따라 산호초 속으로 들어갔다.
등불을 내건 어머니 방이 보였다.
자박자박 발자국 소리
달이 돌아오고 있다.

해를 건지러
어머니가 집을 나선다.

—「바다의 달」 전문

단형(短形)의 작품이지만, 이사라 시인의 서정과 언어적 감각이 빚어낸 절창이다. 바다의 달과 어머니가 내걸어 놓았던 등불의 비유도 신선하다. 어둔 밤길에 집을 찾아오는 가족들의 안전을 위해 등

(燈)을 걸어 놓았던 어머니의 사랑은 한국인 대부분이 공감할 수 있는 소재다. 어머니가 〈한 자락 바다를 덮고〉 잠이 들었다는 표현 역시 놀랍다. 어머니의 걸음걸이와 같이 달이 '자박자박' 발소리를 내며 돌아온다. 그래서 어머니는 이제 가족을 위해 일상의 아침 해를 맞는다. 밤바다에 떠 있는 달을 보면서 상상으로 빚어낸 「바다의 달」은 이사라 시인의 대표작 중 하나일 것이며, 두고두고 찬탄 받을 만한 작품이다.

어머니에 대한 그리움이 '매미'를 통하여 승화된 작품 「생일 축하」도 그야말로 압권이다. 시인은 그의 집 베란다(발코니)에 앉아 온종일 울고 있는 매미를 본다. 〈혹시, 막내 딸 생일이라고/ 먼 하늘나라에서/ 휴가 받아 왔어? 엄마!〉라는 시상은 아무나 찾아낼 수 있는 경지가 아니다. 시인은 〈햇보리라도 흔할 때 낳았다고/ 좋아하더니/ 흰 쌀밥 고봉으로 먹어도〉 어머니가 계시지 않는 세상에서는 맛이 없다고 한다. 내년부터는 막내딸의 생일을 축하하러 (매미의 모습으로) 힘들게 찾아오지 말고, 〈계좌로 입금하든지/ 문자나 날리든지〉 하라고 '어리광(?)을 부린다. 어머니의 수고로움을 걱정하는 마음이 애틋하다. 먼지가 쌓여 있었던 것일까, 〈매미가 날아간 창틀에/ 희미한 발톱 자국〉을 찾아낸다. 그 발자국에서 〈허공에 못 박힌 울음〉을 찾아낸 시인의 언어적 감수성이 특출하다. 이러한 그리움이 언니로 이어지기도 한다.

하늘 아래 산다는 건
비망록 한 권을 적는 일이다.

서른도 못 살고 죽은 언니는
새가 되었다.

마당에 도는 바람개비 남매가 놀면
새 한 마리 종종 따라다닌다.
새 장가 들어 단꿈 꾸는 건너 방 밖
웬 새가 그리 울어대는지
모란 꽃 동네 우물가에
입 소문 찍어 먹는 새
도시로 떠난 집 텅 빈 마당에
혈류 같은 잎맥
말갛게 언 발자국

하늘 가득
새털구름 흐르고
마른 수수 잎 날아가는 소리
세월이 바위 될 때
화석으로 남을 발자국

언니는 새가 되었다.

—「새가 되다」 전문

이사라 시인은 서른도 못 살고 죽은 언니를 생각하며 애상(哀傷)해 한다. 조카의 보조관념으로 등장한 바람개비가 돌아가는 모습을 보다가, 그 마당에서 검은 눈을 반짝이며 바라보는 새를 만난다. 시인은 이 새를 언니의 후생(後生)이라고 믿는다. 새 장가를 든 형부의 신혼방 밖에서 우짖는 새소리도 언니의 환생으로 인식한다. 새는 날아다니며 동네 우물가에서 나누는 여인네들의 입 소문을 듣기도 하고, 아이들의 생활도 알 수 있었을 터이다. 그렇지만 언니네 식구들이 모두 도시로 떠나고, 빈 마당에 찍혀 있는 새 발자국에서 안타까운 정서를 환기한다. 세월이 흐르면 새(언니)의 발자국은 화석으로 남을 터, 그래서 시인은 그 발자국을 따라 언니에 대한 그리움을 절실하게 되새긴다.

언니에 대한 그리움은 「도라지꽃 이야기」에서 심화(深化)된다. 〈첫 딸을 낳은 언니/ 도라지 꽃 수놓은 베개 위에/ 하얗게 앓고 있었다.〉의 상황이 추정하게 한다. 그 언니가 별세한 후 가늠할 수 없는 슬픔을 〈세월이 돌아가는 골목 어귀/ 애잔하게 핀 꽃〉이라 노래한 것은 애이불비(哀而不悲)의 시심(詩心)이다. 〈밤 새워 불 밝히는/ 초롱꽃 기원〉이 탑(塔)을 세우고도 남았을 터이지만, 언니가 돌아올 수 없어서 슬픔은 극대화된다.

2.3. 시 창작의 염결성과 절대성

이사라 시인은 가톨릭 신앙의 영향도 있겠지만, 본성적으로 진실을 추구하는 성향의 소유자로 보인다. 생활 속에서 절대적 선(善)을 실천하기는 존경받는 성인(聖人)들도 어려운 일이었을 게다. 다만 그 선에 가까이 갈 수 있도록 최선을 다하는 모습이 아름답다. 서두에서 말한 것처럼, 이사라 시인은 병원에서 무료봉사를 하고 있다. 환우들을 돌보거나 비치된 도서를 정리하는 일이었는데, 어느 날 그 소임이 다른 일로 바뀌었다. 도서 정리를 하는 봉사활동 사진이 필요하여 책장 앞에서 사진 한 장 촬영해 올 것을 요청하였는데, 그는 소임이 바뀌어 어렵다고 하였다. 이틀 전까지 하던 일이지만, 이제 다른 일을 하면서, 어떻게 그 사진을 촬영하겠느냐는 반문이었다.

이런 성품의 소유자여서 그는 늘 자신을 깔끔하게 돌아본다. 예컨대 「거짓말을 출판하다」라는 작품에서 치열할 정도의 염결성(廉潔性)을 확인한다. 〈시집을 내고도/ 한편의 시도 외우지 못한다./ 시들이 붉은 띠를 두르고 달려 나올 것만 같다〉면서 자성(自省)한다. 〈진실만을 써야한다고 선서한 일 없지만/ 진실의 입에 넣어도 잘리지 않는 손〉이 되고자 한다. 이러한 고백은 자신의 염결성에 바탕을 둔 것에 틀림없다. 이러한 내면의 순수는 신앙의 절대성으로 이어진다.

밤마다 내려오시어
이 동네 저 골목 돌아보시네.
잠그지 않은 문도 닫아 주시고
꼬리 흔드는 강아지도 쓰다듬고
병자의 머리도 만져보시네.

많은 별 중에
오직 푸른 별 지구가
기울어지지 않도록
사랑의 못을 박으셨네.

밤마다 찾아가는 골고다 언덕
새벽이 오면 상처투성이 발을 씻고

고요히 두 팔 벌리고
아무 일 없다는 듯
서신 채로 잠드셨네.

— 「예수 상」 전문

이사라 시인은 '성당 꼭대기'에서 두 팔 벌린 '예수상'을 보면서 상상력을 발휘한다. 예수는 밤마다 사람들의 마을로 와서 고단한 자들의 친구가 된다. 수많은 별들 중에서 지구를 선택하여 '사랑의 못'을 박아 정상적인 운행을 하도록 한 분이 바로 예수라는 것이다. 어려운 사람들의 손을 잡고 가슴을 나누다가 새벽이면 상처투성이의 발을 씻고 십자가에 다시 오른다는 시각이다. 이는 또한 예수를 따르다 순교하신 분들을 모셔 놓은 「성거산 성지」를 돌아보며 느끼는 경외(敬畏)로 나타나기도 한다. 이 성지(聖地)는 〈차령산맥 줄기 성거산〉에 있다. 야생화가 아름다운 곳에 〈봉긋봉긋 솟아있는 줄 무덤들〉에서 무명의 순교자를 묵상하기도 하고, 야생화에서 초록의 피가 돌고 있는 고운 빛깔을 찾아내기도 한다.

이제부터라도
잘 살아 보라고
너희들을 하느님께 입양시켰다

푸른 하늘 옥수수
울타리에 낮달 걸리듯
근심을 매달고
외양간에 찬바람 드센 날

어미 소 큰 눈에 별 뜨듯
떠오르는 얼굴들

나는 왜 엄마로 만들어졌을까

이제 저 있을 자리에
당신 있어 주십시오
하느님

— 「기도」 전문

이 작품은 신앙을 통한 '어머니'로서의 자세를 보여준다. 사랑하는 자녀들에게 지혜, 부귀, 건강 등을 물려주고 싶은 것은 부모의 마음이다. 그러나 신앙인에게는 〈이제부터라도/ 잘 살아보라고/ 너희들을 하느님께 입양〉 시키는 일이 더 소중하다. 세상의 어머니로서는 〈푸른 하늘 옥수수/ 울타리에 낮달 걸리듯/ 근심〉 속에서 살 수밖에 없는 본성적 희생이 있다. 그리하여 〈외양간에 찬바람 드센 날〉에 농부가 소를 걱정하듯, 집을 떠나 살고 있는 자녀들에 대한 걱정이 크게 마련이다. 늘 걱정만 하는 자신을 돌아보며 〈나는 왜 엄마로 만들어졌을까〉 자문해 보지만, 이에 대한 답은 오직 하느님의 몫이기 때문에 시인은 기도할 수밖에 없다.

그는 「오래된 길」에서 〈북아현동 높은 곳 성채 같은 다세대 주택들 미로를/ 또박또박 적금통장 찍어가듯 야무지게 올라가는 사람들〉 사이에서, 의과대학에 다니던 아들의 서울 유학시절 모습을 떠올린다. 이제 그 골목과 그 길은 사라졌지만, 시인의 추억에는 상존하는 세상이다. 그는 아들에게 〈인생에는 언제나 갈림길(이) 있고/

그 앞에서/ 오래된 길 거기〉에 자신이 서 있을 것이라고 약속한다. 변하는 세상에서 변하지 않는 어머니의 사랑으로 남아 있겠다는 다짐이다.

3. 가열하게 빚어내는 시

이사라 시인은 생활 속에서 만나는 사물에 대한 특별한 애정을 작품으로 빚는다. 특히 사라져 가는 것들에 대한 연민을 자주 노래한다. 「목공소」에서는 〈빗금처럼 기울어진 시간 속에/ 살아 있는 그리움〉을 찾아낸다. 〈우리 동네 작은 목공소〉가 도시 재개발로 문을 닫고 사라지는 것에 대한 안타까움을 환기한다. 식탁에서 자주 만나는 반찬을 통해서도 서정을 담아낸다. 「고등어 눈물」에서 〈등에 선명한 가문의 표시〉를 한 뼈대 있는 족속의 〈눈가에 아직도 맴도는 파도/ 물결 푸른 바다〉가 출렁이는 모습을 연상한다.

평생을 동고동락(同苦同樂)한 남편에 대한 작품도 가품(佳品)이다. 〈남편은/ 뉴질랜드 양털 이불을/ 덮고 잔다.// 어느 날부터/ 순한 양이 되었다.// 나를 어미 양으로 알고/ 따라 다닌다.〉(「양모 이불」 전문)라면서 현대사회 현상을 우회적으로 그려낸다. 청년기와 장년기에 호기롭게 살아내던 남편이 노년기를 맞아 의기소침하게 된 경우를 형상화한 작품이다. 손녀 조민정에 대한 사랑은 「해금을 켜는 소녀」로 거듭난다. 해금을 켜느라 〈푸른 정맥 보이는 손가락에/ 댓잎 스치는 소리/ 활이 현에 닿으면/ 아련한 울림〉을 찾아내는 손녀가 기특하다. 그 손녀가 시인에게는 '첫사랑'임을 밝힌다.

몇 년째 도서관 방 하나를 빌려
참 즐겁게 공부하는 학생들이 있습니다.

도서관 마당에는
싱싱한 나무들이 그림자를 드리우고
사철 발 벗은 청년이 책을 읽고
치맛자락 날리며 씩씩하게 걸어오는 소녀
이곳에 끝까지 남은 이들은
수백 짐이나 되는 책을 져 나를 것입니다.

우리들 글밭에도
보랏빛 붓꽃은 피어 있습니다.

—「한밭도서관에서」 일부

이사라 시인은 늦깎이로 시작한 습작기에 특별한 열정을 보였을 뿐더러, 등단을 하고 시집을 발간한 후에도 쉬지 않고 창작 수련에 매진한다. 조남익 시인이 지도하는 한밭도서관의 시 창작 모임에 열성적으로 참여한다. 학습자들은 대부분 현업에서 은퇴한 노년층이지만, 문학 창작에 대한 열정만은 비교할 수 없을 정도로 가열하다.

이사라 시인은 좋은 작품을 빚고 싶은 소망으로 신열(身熱)을 앓기도 한다. 「감기 끝내기」에서 〈햇빛의 난사 같은 오한, 바늘 끝〉 〈끊어진 전선처럼 널려진 머리카락〉을 감수하고 시를 빚는다. 특히 〈몸은 고열의 늪에 떠 있는데〉도 시를 쓰면서 〈큐브 돌리듯 맞추어 놓은 단어들/ 통증이 완화되었다.〉며 시 창작의 보람을 드러낸다. 이렇게 빚어낸 천금 같은 작품들을 감상하는 내내 행복하였음을 밝히며, 이사라 시인의 2시집 작품 감상의 여로를 접는다.

◇ 이택순 시인

맑은 영혼이 부르는 소망의 노래

- 이택순 시인의 1시집 발간을 축하하며

이택순 시인은 소녀처럼 맑은 시심을 지닌 분이다. 은발(銀髮)이 아름다운 시인의 눈빛은 투명하다. 조용하게 미소를 짓는 모습이 어찌나 천진무구하던지, 세상의 희노애락(喜怒哀樂)과 무관하신 분 같다. 오랫동안 수도를 하여 삶의 이치를 깨달은 모습이라고나 할까, 평안 속에서 정관(靜觀)하며 사시는 분 같다.

그러던 중에, 수필 작품을 통하여 시인의 삶을 잠시 들여다보게 되고, 시집을 발간하기 위하여 준비한 작품을 읽으면서 서정의 무늬를 감상하게 되었다. '아, 이 분도 우리 민족사의 굽이굽이를 살아오신 분이구나. 힘들고 거친 세상을 어렵게 극복하신 분이구나.' 이런 생각을 하면서, 신앙의 힘이 매우 소중함을 되새겼다.

빛은 세상을 밝히고
바람은 대지를 호흡시키지만
손으로 잡을 수도
두 눈으로 볼 수도 없어라.

만물을 창조하신 후
당신 닮은 사람을 만드시고
그 사람을 죽도록 사랑하시어
생명까지 내놓으신 분.

나는 그 분을 안다.
좌절의 늪에서 방황할 때
힘과 용기를 주시는 당신이 계셔서
내 영혼 든든하여라.

—「나는 그 분을 안다」 전문

이택순 시인은 자신의 영혼을 구원하실 〈그 분〉을 어렸을 때에 만난다. 일제시대인 1936년에 충청남도 예산에서 태어나 어린 시절을 보내는데, 가족의 종교를 따라 가톨릭 신앙에 입문하여 평생을 의탁한다. 생활이 평온할 때는 종교의 힘을 잘 모르지만, 〈좌절의 늪에서 방황〉하게 되면 절대적 신앙에 가깝게 되는 듯하다.

그는 청소년기에 민족의 비극인 6.25를 만난다. 부모님을 따라 고향 예산에서 충남 공주에 있는 깊은 산골 유구로 피난을 떠난다. 그곳은 정감록에도 기록되어 있는 길지(吉地) 중의 길지인데, 선대부터 준비한 마곡사 가까운 산촌이다. 그래서였을까, 아버지의 목숨이 경각에 달리는 체험을 하게 되지만, 온 가족이 무사하게 6.25의 비극을 넘긴다. 그렇지만, 전쟁을 통한 내면의 상처는 오래 기억되어, 삶과 죽음에 대하여 깊이 있는 사색에 잠기기도 한다. 그때부터였을까, 10대의 소녀는 굳건한 종교적 신념을 가슴에 새기게 되고, 후일 수녀로 입문하는 동기가 된다.

그러나 신체적 건강이 허락하지 못하여 그토록 소망하던 수녀의 길을 걷지 못하고, 평신도(平信徒) 신분으로 수도자와 같은 엄격한 생활로 일관한다. 이러한 생활을 평생 지속하였으니, 신앙의 높은 경지를 실감하게 한다.

짓궂은 바람에 갈대처럼 흔들리다가
속세 유혹 뿌리치고

당신 부르심에 빛과 소금이 되기 위해
오직 사랑 그 약속 하나 믿고

당신만을 바라보며
당신만을 의지하며

하루하루 삶을 봉헌하오니
몸과 마음이 당신을 향하게 하소서.

그날에, 모든 약속 꽃 피게 하시고
수정 같이 맑은 열매 허락하소서.

—「한 송이 백합」 전문

칠십을 넘기면서까지, 올곧은 신앙생활을 하는 것이 쉽지만은 않았을 터, 그래서 시인은 〈짓궂은 바람〉과 〈속세 유혹〉을 뿌리치고 〈당신〉만을 바라보고 의지한다. 자신도 모르는 사이에, 흔들리는 자신을 다부지게 추스르며, 오로지 신앙생활에 집중한다. 이렇게 하루하루의 삶을 온전하게 봉헌하면서 풍성한 열매를 소망한다.

살면서 가끔씩 갈대처럼 흔들리는 마음을 잡아 주신 분들은 가족이다. 특히 어머니에 대한 추억으로 인해, 시인은 여린 감성에 불을 밝히고 작품을 빚는다. 〈당신 인생은 희미한 안개 속에 날리고/ 평생을 자식 위해 고생하신 어머니〉를 그리워한다. 〈젖내음 묻어나는 따뜻한 엄마의 품속〉에서 행복하게 살던 때를 추억한다. 〈이제는 알겠네, 곱던 엄마 얼굴에/ 세월이 그리고 간 버섯 꽃과 주름〉을 보며 가시고기의 무한한 사랑을 연상하기도 한다.

시인은 외할머니와 아버지를 그리워하면서 오열하기도 한다. 〈말없이 건네주시던/ 사랑 넘친 눈빛 속에서/ 당신의 따뜻한 체온을 느끼던/ 지난 날〉을 되새기며 아버지의 제사를 지낸다. 이러한 그리움이 서로의 가슴에 이심전심(以心傳心)이 되어, 형제자매의 사랑은 더욱 도탑게 영글고, 이로 인해 8남매는 평생 동안 결 고운 우애를 가꾸며 산다.

민들레 꽃씨 따라
곳곳에 둥지 틀고

해바라기 닮아서
서로를 바라보네.

어느새 흰머리 되어
어린 모습 감추네.

—「팔남매」 일부

고희(古稀)를 넘기면서부터, 그는 살아오면서 체험하였던 여러 상황, 그리고 신앙생활의 이모저모를 글로 표현하고자 한다. 용기를 내어, 대학교에서 운영하는 평생교육원에 등록한 후 문학 창작 강의를 수강하기도 하고, 뜻이 맞는 문인들과 마음을 주고받으며 작품을 빚는다. 작품이 쌓이면서, 주위의 권고에 따라 등단(登壇)을 하고 시집을 발간하기에 이른다. 창작한 작품을 혼자 간직하는 것도 소중하겠지만, 더 많은 독자들과 만나기를 소망하는 소이연(所以然)에서다.

시를 빚어 세상에 내어 놓는 행위는 카타르시스와 닿아 있다. 내면에 쌓여 있는 서정의 편린들을 작품에 옮겨 놓음으로써 '버림의 쾌감'을 느끼기 때문이다. 희수(喜壽)를 바라보는 이택순 시인이 작품을 모아 시집으로 엮어 내는 것도 이와 무관하지 않다. 〈세속 욕심한이 없어/ 헛된 시간 아쉬워라./ 황혼에 취한 빈 손/ 속 비운 고목을/ 맑은 바람이 달래주네.〉라는 작품처럼 세상의 잡다한 일상에서 초연(超然)하기 위해 작품들을 시집보내는 것이기도 하다.

이와 같이 마음을 비우는 과정에는 노년의 건강도 함수관계가 있어 보인다. 암 진단을 받고 수술에 들어가면서 '부동산 등기권' '통장' 등을 형제들에게 맡기고, 마지막 유언까지 남길 정도로 절실하였던 듯하다. 죽음을 실감하면서, 지난 세월을 되돌아 반성하는 것은 당연한 일이며, 이로 인하여 더욱 순수한 성정(性情)에 이르게 마련이다. 이 과정을 통하여 세상에 대한 작은 욕심까지 버려야겠다는 깨달음에 이르고, 이러한 과정에서 비롯된 내면을 작품으로 옮긴다.

탐욕과 오만을 바람에 날리고
비운 마음 겸손과 온유함으로
투명한 유리알처럼
내 마음 둥글고 맑게 하소서.

— 「기도하는 마음」 일부

이택순 시인은 이른 아침에 묵주를 들고 성당에 가는 길에서 다정한 이웃들과 미소를 지으며, 무언의 인사를 나누는 분이다. 특히 〈오늘이 마지막인 듯〉 살고 싶다는 그의 기도문은 옷깃을 여밀 정도로 경건성을 동반한다. 이러한 신앙의 높이에서, 올곧은 서정으로 빚어내는 작품들이어서, 그의 작품은 폭 넓은 공감대를 형성하고 있다.

이택순 시인은 앞으로도 이와 같은 작품을 지속적으로 창작하여 감동의 메아리를 수많은 독자들과 나눌 것 같다. 그런 믿음과 기대로 시집 발간을 축하한다.

〈시집 『나는 그 분을 안다』 서문 2010.〉

◇ 윤석희 시인

서정으로 빚은 사도(師道)와 사랑

- 윤석희 시인의 1시집 작품세계

1. 들어가며

윤석희(尹錫熺) 시인은 1951년 충남 논산에서 출생한다. 공주교육대학을 졸업하고 초등교육에 헌신하는 교사가 되어, 대전과 충남 일원의 학교에서 봉직한다. 어린이들의 문학성을 찾아 주기 위해 문예지도를 하기도 했고, 음악성을 함양하기 위해 성악을 지도하는 등, 어린이 교육에 최선을 다하여 칭송받는 교사로 자리한다.

초등 교육에 전심전력하여 어린이들을 지도하면서, 스스로 문학 창작의 꿈을 실현하고자 시인의 길에 나선다. 습작한 작품을 《교단문학》의 신인상에 응모하여 당선함으로써 등단 과정을 거친 시인으로 거듭난다. 또한 2001년까지 창작한 작품을 모아 한 권의 시집으로 발간하기에 이른다.

윤석희 시인에게 있어 시집의 발간은 20세기를 마감하고, 새로이 21세기를 맞아 역동적으로 출범한다는 특별한 의미를 지닌다. 어제와 오늘이 특별히 다르지 않듯이, 20세기와 21세기가 특별히 다르지는 않겠지만, 시인의 내면에 물결치는 의미는 범인(凡人)이 가늠할 수 없을 정도로 크고 예민한 것이다. 말하자면 시인에게 있어서는 새로운 삶을 개척한다는 특별한 의미를 갖게 된다.

윤석희 시인은 서정이 넘치는 사람이다. 생활 속의 작은 일에서부터, 교육과 철학에 대한 사상적 배경까지 시로 창작해 내고 있다. 삶의 모든 면이 작품으로 거듭나는데, 아름답고 고운 서정으로 승화시킨다. 몇몇 작품을 중심으로 그가 추구하는 시심의 언저리를 간략하게 기행(紀行)하고자 한다.

2. 윤석희의 시 세계

2.1 교육자로서의 양심과 사명감

윤석희 시인은 초등학교에 봉직하기 때문에 교육에 대한 단상, 스승의 길, 제자 사랑에 대해 남 달리 예민하게 반응한다. 스스로에 대한 다짐을 되새기는 작품에서 특별한 울림을 생성한다.

> 해마다 새롭게 만나는
> 스승의 날에
> 지난해의 오늘도 함께 봅니다.
>
> 하늘 가까이 이르고자
> 사랑의 씨, 다짐했거늘
> 못다 지킨 언약의 부끄러움에
> 고개를 떨군 오늘입니다.
>
> 하늘에서 내려 주신

사도(師道)의 소명
받아들고 걸어가는 길

지천으로 피어나는 꽃송이
향기를 가꾸며
그렇게 살기를 소망합니다.

— 「스승의 날에」 전문

'스승의 날'은 충남 논산에 있는 한 강경여고(현재 강경고교)에서 스승의 은혜에 감사하고자 준비한 행사가 후일 전국적으로 전파되어 기념일로 제정되었다고 전해진다. 스승의 은혜에 감사하고, 스승과 제자가 하나로 되어, 참교육을 실현하고자 하는 계기가 되는 뜻 깊은 날이기도 하다.

윤석희 시인은 해마다 맞이하는 '스승의 날'에 자신의 과거와 현재를 점검한다. 자신이 선택한 스승의 길을 '하늘' 가까이 이르고자 하는 길로 인식하는 그는 교직을 천직으로 믿는다. 그리하여 교직을 지고지선(至高至善)의 의미로 자리매김하고, 스스로 어린이들을 인도하는 '사랑의 씨'가 되고자 다짐한다. 이와 함께 '스승의 날'에 자신을 뒤돌아보며 '부끄러움'에 고개를 떨군다. 이것이 바로 윤석희 시인의 진면목이다.

어린이에 대한 사랑과 치열한 교육정신이 빚어낸 성찰을 담고 있는 이 작품은 특별한 의미가 있다. 벼는 익을수록 고개를 숙이듯이 스스로 반성하고 부끄러워할 줄 아는 사람, 그런 사람이 진정한 교육자라 할 것이다.

그러면서도 시인은 교직에 대한 사랑과 신념이 투철하다. 그는 '사도(師道)'를 하늘이 내려주신 소명으로 수용하고, 그 길에 최선을 다하는 시심을 보인다. 자신이 가르치는 어린이들을 그는 지천으로 피어나는 '꽃송이'로 보고, 그 꽃의 향기를 가꾸는 '원정(園丁)'으로서의 사명감으로 일관하고자 한다. 그런 시심이 녹아 있는 작품이다.

윤석의 시인은 「사도(師道), 그 길」에서 〈내가 고른 길/ 한번의 후회도 없었어〉라며 보람을 찾는다. 또한 「선생님」에서는 자신이 존경하는 선생님을 따르고자 하며, 〈뒤를 따를 제자들에게/ 나의 약한 모습이/ 그 분의 모습처럼 남겨지도록/ 못다 배운 모습〉을 배우고자 다짐하기도 한다. 「여름 남 아이들」에서는 〈아이들의 냄새는/ 참 향기롭다〉면서 천성 교육자임을 발산한다. 그는 교육자로서의 마음을 직접적으로 빚어내기도 하지만 비유·상징적으로 암시하기도 한다.

삶 그 뒤안길은
그리운 별밭
수많은 사유의 이랑마다
무한량의 그리움

혼란의 비와 바람 그늘
하 컸어도
평화의 돛배 이르른
고요의 바다

그로 인해 오로지 사랑

그로 인해 오로지 연민

다시 돌아보아질
여유와 은혜
오늘 이 길
더욱 아름다운 별밭

—「돌아보는 길」 전문

윤석희 시인은 삶을 돌아보며, 그 뒤안길에서 '무한량의 그리움'을 찾아낸다. 뒤안길의 와중에 '혼란'이 없었을 리 없지만, 시인은 그 혼란을 극복하고, '고요의 바다'에 이르러 평화를 찾는다. 그런 경지에서 바라본 삶은 오로지 '사랑'이며, 그 사랑으로 인해 형성되는 '연민'이 자리한다.

사랑과 연민을 바탕할 때, 사람은 여유로움을 찾게 되며, 나와 남을 동일시하여 은혜를 베풀 수 있게 된다. 윤석희 시인이 도달한 이러한 경지도 그와 같으며, 시인은 자신이 가는 길에서 〈더욱 아름다운 별밭〉을 찾아낸다. 이와 같은 아름다운 '별밭'은 '스승의 길'에서 찾을 수도 있으며, '부모에 대한 효도'를 통해서도 찾을 수 있고, 신심을 갖고 있는 종교인의 자세에서도 찾을 수 있을 것으로 보여, 비유와 상징이 뛰어난 작품이다.

그는 「분노의 숨결에서」란 작품을 통해 분노가 일어날 때 〈그냥 눈을 감고/ 숨결을 고를 일〉이라고 제시한다. 그러면 솟구치는 분노를 누르게 되고 사랑의 시선을 갖게 된다는 것이다. 또한 하나님께 드리는 기도의 시 「새벽의 염원」에서는 〈당신의 자리/ 빛내고픈 하루/ 사랑의 샘으로/ 살기를 원〉하는 삶으로 거듭나고자 한다. 그리하여 그는 〈당신께 열매가 되는/ 과육을 만드는 나무〉로 존재하고자 한다. 이런 몇 편의 작품을 통하여 윤석희 시인이 견지하고 있는 '스승상'을 확인하게 되는데, 그는 교육자로서의 사명감을 인식하고, 가르치는 일에 지고지선의 가치를 부여한다.

그러면서 그는 '스승'의 길과 같은 순수한 삶을 영위하고자 한다.

그는 늘 나와 함께 있다

내 의식의 방안에
한 가득 살고 있는
마가렛 같은 사람

생각만 해도
눈이 부셔 가슴 설레고
복이 되어
웃음으로 빛나는 사람

한 잔의 차로도
서로의 가슴은 넘치고
살랑이는 파도를
함께 탈 수 있는 사람

나도 그에게
이런 사람이고 싶다

―「마카렛꽃을 보며」 전문

이 작품에서처럼 시인은 '하얀 사람'을 통해 순수하게 살고자 한다. '웃음으로 빛나는 사람'을 지향하고, 〈한 잔의 차로도/ 서로의 가슴은 넘치고/ 살랑이는 파도를/ 함께 탈 수 있는 사람〉을 만나고자 하며, 동시에 시인은 그렇게 기능하고자 한다.

그는 가슴에 마가렛꽃을 가꾼다. 가슴에 있는 꽃을 생각만 해도 눈이 부시고 가슴이 설렌다. 그래서 웃음으로 생활하며, 다른 사람들도 마가렛꽃처럼 하얀 순수를 간직했으면 소망한다. 이런 소망은 자신 또한 타인에게 그런 역할을 다하고자 한다. 〈나도 그에게/ 이런 사람이고 싶다〉는 것은 윤석희 시인의 분명한 소망이다.

2.2 가족에 대한 사랑과 그리움

윤석희 시인은 생활 속의 모든 사물과 현상에 예민하게 반응한다. 천성적으로 곱고 여린 감성을 갖고 태어났다고 할만큼 작고 큰 일들에 시적 프리즘이 작용한다. 일찍 돌아가신 어머니에 대한 그리움, 홀로 남아 외로움을 달래는 아버지에 대한 연민, 그리고 형제와 가족에 대한 사랑이 작품으로 투영된다. 때로는 절절하게 물결치기도 하고, 때로는 잔잔하게 가라앉을 줄도 안다. 이렇듯 모든 사물과 현상을 작품으로 되살린다.

깜짝 놀랐어요
꼭
어머니, 당신이었어요
뒷 모습, 걸음걸이
느낌까지도

두근두근
가까워질수록
'아니야'
말하고 있었어요

옆모습을 보고
울 뻔했어요
아!
하늘길 가신 내 어머니

— 「그리움」 전문

이 작품은 아주 간결한 에피소드를 통하여 돌아가신 어머니에 대한 그리움을 그린다. 어머니를 그리워한다고 특별하게 하는 말도 없고, 어머니에 대한 사랑과 그리움이 주체할 수 없을 정도로 넘치는 것도 아니다. 그럼에도 불구하고 이 작품을 읽으면, 콧잔등이 시큰하게 되고, 다시 읽으면 눈가에 이슬이 맺히게 되고, 삼독(三讀)하면 가슴이 무너지는 울림을 맛보게 된다. 어머니를 여읜 사람이 읽으면 말할 것도 없겠지만, 부모가 구존(俱存)한 사람도 유사한 감정에 휩싸이게 될 것이다.

내용을 간추리면 이렇다. 시인이 길을 간다. 앞에서 걸어가는 여인의 뒷모습과 걸음걸이가 어머니와 같다. 걸음을 재촉하여 가까이 갈수록 어머니가 아니라는 것을 알아챈다. 그 여인을 지나치면서 옆모습을 보게 되고, 그 옆모습에서 떠오르는 어머니 생각에 시인이 울 뻔했다는 것이다. 그래서 시인은 〈아!/ 하늘길 가신 내 어머니〉를 외치게 된다.

우연하게 마주친 상황을 간결하게 제시했을 뿐이지만, 많은 이야기를 내재함으로써 감동을 생성한다. 시는 많은 이야기에 의하여 감동을 생성하는 것이 아니라, 간결하고 명쾌한 형상화를 통해서도 특별한 감동을 환기한다.

윤석희 시인은 「모정(母情)」에서 〈갈대숲을 지나는 바람에도/ 어머니의 숨결로 떨리는/ 가엾은 짐생〉으로 자신을 확인한다. 그리하여 〈갈대꽃 같이 부드런 숨결/ 무리 속에 더더욱 빛나던/ 곱디고운 당신의 삶〉을 추모한다. 돌아가신 어머니에 대한 사랑은 지나가는 여인을 보면서도 어머니의 상이 겹쳐질 정도로 심각하다. 또한 갈대숲을 지나는 바람에도 가슴이 떨리는 시인의 여린 감성을 본다. 이런 감성들이 윤석희 작품의 근간(根幹)을 이룬다.

돌아가신 어머니의 얼굴이 감나무에 오버랩된다고 하여 감나무를 베어내기까지 한다. 그러나 세월이 흐르면서 어머니를 떠올릴 수 있는 매체인 '감나무'를 베어낸 것을 후회하기도 한다. 〈새살 돋듯 떠오르는 기억을 더듬느라/ 남겨진 우리의 촉각은 날이 서 있다〉고 되새긴다.

"클 사람 다 크고
갈 사람 다 갔구먼.
너희 어미까지 갔으니
이제는 어이하나."

하늘을 보시며
슬며시 펴시는 손

"큰 애야,
이것은 네게 주마.
작은애야,
저것은 네게 주마."

삶의 주름 나누시는
아, 아버지

—「아버지」 전문

돌아가신 어머니에 대한 그리움을 노래했던 시인은 홀로 남은 아버지에 대한 관심을 시로 옮겨 놓는다. 너무나 간결하고 분명하기 때문에 설명은 사족(蛇足)이 될 것 같아 생략한다. 그러나 〈하늘을 보시며/ 슬며시 펴시는 손〉을 통해 유산 분배를 형상화한 것은 참으로 뛰어난 발상이다. 같은 의미에서 반복한 〈삶의 주름을 나누시는/ 아, 아버지〉에 이르면 아름답고 시적인 발상에 감탄하게 된다.

어머니가 돌아가실 때에는 생존해 계시던 아버지도 별세하여, 시인은 그 분의 묘소를 찾게 된다. 「방 들여 놓고」는 〈아버님 또/ 그분의 아버님 누우신/ 산등성이 양지쪽〉에 자신의 무덤 자리를 바라보는 시인의 심리적 추이를 그린다. 또한 「오빠의 방」에서는 '각고의 땀'으로 일군 오빠의 성공을 예시하며, 오빠에 대한 그리움을 그린다. 「삼촌」에서는 〈달걀귀신 그보다도/ 무서운 삼촌〉을 그리기도 하며, 「형님」에서는 종가댁 동서에 대한 연민과 함께 〈넘어갈 듯/ 무너질 듯/ 견딘 소나무 하나〉라고 찬양하기도 하고, 「종아리 백 대」를 통하여 동생에 대한 추억을 노래하기도 한다.

「반지」를 통해 부부간의 영원한 정을 확인하기도 하는데, 〈동그라미 안에/ 너를 들이고// 동그라미 안에/ 나도 들고// 동그라미 안에서/ 시작하는 삶// 우린 하나/ 영원히 하나〉라고 노래한다. 시인은 반지의 원형에 사랑의 의미를 부여하는데, '우린 하나'에 주제가 집약되어 있다. 또한 「결혼식장에서」는 아들에 대한 사랑을 노래한다. 아들의 결혼을 지켜보며 시인은 〈사랑의 거울로 서로를 보며/ 건실한 명분일랑/ 문패로 걸고/ 아름다운 꽃밭 하나/ 가꾸거라〉 당부하는 모성을 보인다.

윤석희 시인에게 있어 그리움과 사랑의 대상이 가족에 한정되는 것은 아니다.

> 밤바람이 창문 흔들더니
> 길가에 풋살구 떨어졌다
>
> 풋살구를 보면서
> 어릴 적 생각을 가슴이 출렁인다
>
> 풋살구 먹고파 기다리던
> 소녀 주려고
> 살구나무 흔들던 어린 혹기사
>
> 그날 그들은 바람이었다

— 「풋살구」 전문

시인은 밤바람이 심하게 불은 다음날 길가에 떨어진 풋살구를 본다. 그 풋살구에 과거의 추억이 겹쳐지고, 그 추억으로 인해 시인의 가슴은 울렁(출렁)거린다. 풋살구를 먹고 싶어서 살구나무만 쳐다보며 기다리는 '소녀'에게 주려고 '어린 흑기사'는 살구나무를 흔들어 살구를 따준다. 이와 같이 어린 시절을 제재로 한 이 작품의 백미(白眉)는 마지막 연의 〈그날 그들은 바람이었다〉는 표현이지만, 이에 대한 해설은 생략한다. 그 '바람'의 의미를 독자 스스로 연상하고, 자신의 유년기 추억을 더듬으며 즐길 것을 배려하고자 함이다.

이렇듯이 시인은 사랑하는 사람들에 대한 사랑과 그리움을 문학작품으로 아름답게 승화시킨다. 작품 속에 아름답고 순수한 사랑이 용해되어 있고, 과거에 대한 추억이 자리잡고 있다.

2.3 서정이 빚은 철학과 그리움

윤석희 시인은 사상과 관념, 그리고 철학까지도 서정으로 용해하고, 아름다운 서정으로 다듬고 포장하여 생경하거나 딱딱하지 않도록 배려한다. 그로 인해 그의 작품은 아름다운 서정으로 드러나지만, 읽으면 읽을수록 재음미하게 하는 마력이 있다.

삶은 바람인 게야

주변의 기압 따라
밀고 밀리며
섞고 또 섞이는

의지와는 상관없이
살아지는 삶
불어 가는 바람

삶은 바람인 게야

—「삶은 바람인 게야」 전문

단형의 작품에 삶의 총합을 투영할 수는 없지만, 삶에서 찾은 사상과 철학의 부분적 투영은 가능하다. 이 작품은 이러한 과정을 통해 빛을 발한다. 수미상관으로 〈삶은 바람인 게야〉라고 단정하고, 그렇게 보는 이유를 2연과 3연에서 제시한다. 설명이나 논리적 표백을 지양하고, 구체적인 형상화를 통해 보인다.

삶은 '주변의 기압'을 따라서 밀로 밀리는 것, 섞고 섞이는 것이라고 시인은 말한다. 인간에게 있어, 자유 의지로 세상을 살아가는 것이 원초적 본능이겠지만, 실제 생활에서 그렇지 못한 것을 시인은 비판한다. 자신의 의지와는 상관없이 '불어 가는 바람'을 따라 '살아지는 삶'을 반성한다. 그런 '삶'이 '바람'과 같다는 은유적 경지에 이른다.

그러나 윤석희 시인의 작품에서 빛나는 영역은 단연 서정적 그리움이다. 교육자로서 지고지선의 가치를 추구하는 그리움도 나름대로 감동을 잉태하는 그리움이고, 가족 구성원간에 나누는 사랑도 시인에게 있어서는 소중한 사랑이다. 이렇듯이 그가 노래하고 있는 것은 샘솟듯 자연스럽게 솟아나는 그리움이다. 이러한 그리움은 특정한 대상을 한정하지 않을 때 다의성을 획득한다.

내가 사랑하는 당신은
저녁 산에 쏟아져 내리는
붉은 노을만도 아니야

구름 사이 가슴 넘치도록
피어나는 별빛이야

내가 사랑하는 당신은
바람 한 점 없이
고개 떨군 실버들만도 아니야

바라보다 돌아서도
기쁨을 주는 피리소리야

— 「내가 사랑하는 당신은」 전문

'내가 사랑하는 당신'에 대한 유추는 다의성으로 인해 하나의 상으로 확정짓기가 힘들다. 따라서 이 그리움은 불특정 인물에 대한 시인의 아름다운 서정이라고 해도 된다. '내가 사랑하는 대상'은 '붉은 노을'만도 아니라는 어법은 〈저녁 산에 쏟아져 내리는/ 붉은 노을〉도 사랑하는 대상에 속하지만, 그와 함께 〈가슴 넘치도록/ 피어나는 별빛〉일 수가 있다. 마찬가지로 '내가 사랑하는 대상'은 〈바람 한 점 없이. 고개 떨군 실버들〉이면서, 〈바라보다 돌아서도/ 기쁨을 주는 피리소리〉일 수도 있는 것이다.

'붉은 노을'이 쏟아져 내리고, 이어서 아름답게 별빛이 비치는 정경을 시인은 사랑한다. 또한 하늘하늘 움직이는 실버들과 그 실버들로 만들었을 피리 소리를 듣고자 한다. 이러한 것들이 바로 윤석희 시인의 내면에 녹아 있는 서정성의 보조관념이다. 물론 이런 자연물을 통해 삶의 여러 현상을 유추하게도 하지만, 그것은 독자들의 몫으로 남는다. 자연을 통해 철학적 의미를 부여하는 것, 이것이 시인에게 주어진 임무이며 책임이고, 그가 찾아내야 할 가치로운 작업이다.

> 바닷가 모래 조각
> 썰물이 매만져 빚은
> 땀의 결정들
>
> 우리가 이고 가는
> 오늘의 삶도
> 모래 조각 저처럼
> 썰물이 빚은 것일까
>
> ―「썰물」 전문

시인은 바닷가를 거닐다가 작은 '모래'를 살피게 된다. 누구나 바닷가를 거닐게 되면 모래를 바라보게 마련이지만, 시인은 좀 더 예민하게 반응한다. 모래를 〈썰물이 매만져 빚은/ 땀의 결정〉이라는 은유적 의미를 부가하는 것, 그것이 시인의 남다른 시각이다. 이와 함께 시인은 '오늘'을 살아가는 '우리'의 삶을 '모래'에 투영한다. 이로 말미암아 인생도 모래와 같은 존재라는 철학적 화두(話頭)에 이른다.

이것이 바로 윤석희의 시가 갖고 있는 장점이며, 그만이 빚어낼 수 있는 독창성이다. 이런 형상화 과정을 거쳐, 서정에 용해된 수많은 삶과 철학이 새로운 생명을 부여받는다. 「한겨령에서」는 한계령을 여행하면서 〈인연의 끈 꼬옥 매어/ 수액의 샘물을 나누며/ 서로 손잡아 이룬/ 화목의 깃발〉을 찾아내고, 꽃꽂이를 제재로 한 「꽃으로 여는 삶」에서는 〈향기 되어/ 바람 되어/ 설레임 되어 담기는/ 새날의 눈뜸〉을 찾아낸다.

이렇듯이 시인은 삶의 과정에서 마주치는 다양한 제재를 통해 자신의 내면을 투영하는데, 그 바탕에는 '그리움'이 자리한다.

3. 나서며

윤석희 시인이 창작한 작품을 대표적 갈래로 분류·분석하여 정리한다. 그렇지만 시인은 열린 상상력에 의해 작품을 창작하기 때문에 늘 새로움을 생성하게 마련이다. 따라서 그가 보여주는 문학 작품은 무한한 가능성을 기초로 한다.

윤석희 시인은 과거에 대한 추억에서도 아름다운 서정을 빚어내고, 현실의 다양한 제재를 통해서도 사상·철학·사랑 등을 노래한다. 이러한 형상화에는 그의 곱고 여린 내면이 투영되고 있으며, 그 바탕에 깔린 그리움과 서정이 특별하게 기능한다. 표면상 실체가 드러나든지, 감추어져 '숨은 그림 찾기'를 하든지, 그의 문학 작품에는 그리움이 바탕한다.

선홍빛 들판
꿈마저 마음마저

꽃밭 가득 화려한 시절

잠만 자고
날만 가면
공주가 되는 줄 알았다

자운영 꽃밭에서
익어간 꿈은
자운영 꽃을 따라
떠나 버렸다

꽃이 피면
꿈도 다시 올 것만 같은데
만날 수 없는 그리움

—「자운영 꽃 그리움」 전문

추억 속의 자운영 꽃밭에서 소녀는 공주가 되는 꿈을 꾼다. 그러나 세월이 흐르면서 자운영 꽃밭도 없어지고, 소녀의 꿈도 자운영처럼 떠난다. 자운영 꽃이 다시 피면 소녀의 꿈도 다시 올 것만 같은데, 현실적으로 이루어질 수 없기에 그리움만 남는다. 시인의 감성에 자리한 이러한 제재는 시인의 내면을 투영하는 거울과 같다. 시인이 견지하는 그리움, 그가 지향하는 서정이 담긴 작품들에서 예술적 감동이 배태(胚胎)되고, 이로 인해 독자들은 남다른 감동의 메아리를 경험한다.

이러한 경험을 바탕으로 그의 문학 작품이 건강하게 꽃피우리라 믿음을 갖게 된다. 그는 〈사념과 손잡은 시심의 언저리/ 언어의 밭이랑엔/ 이슬과 바람〉이 놀게 하리라 다짐한다. 〈사랑으로 일렁이는 내면의 소리/ 인내와 절제 안에서/ 떨기꽃〉으로 피어나게 하리라 다짐한다. 〈꽃과 같은 시심/ 나의 봄날/ 아름다운 시심〉(「봄」의 일부)을 가꾸며 문학적 '봄'을 보내고자 한다. 이처럼 '봄'을 가꾸는 마음을 근거로, 윤석희 시인이 일구어 낼 문학적 성과도 유추하게 된다.

윤석희 시인이 앞으로도 좋은 작품을 창작하리라는 믿음, 구성과 표현에 있어서의 작은 흠집은 스스로 극복해야 한다는 고언(苦言), 그리고 진실의 투영에 전심전념하는 시인으로 남을 것을 당부하고 소망하면서 맺는다.

◇ 김성자 시인

부정과 갈등을 극복한 시심

- 김성자 시인의 1시집 작품세계

1. 김성자 시인 엿보기

김성자 시인은 부산에서 출생한다. 부산여자고등학교를 졸업하고, 부산여자대학교 국어교육과를 졸업하여 중등학교 국어 교사로 봉직한다. 그러나 결혼 생활과 기독교 신앙생활에 충실하기 위하여 교직을 떠나게 된다.

문학 창작은 1995년 《아동문예》에 동시가 당선되어 등단하고, 1999년 《오늘의문학》에 시가 당선되어 시인으로 거듭난다. 그리하여 대전아동문학회, 문학사랑협의회(오늘의문학회) 등의 문학 단체에 참여하여 창작의 밭을 일구게 된다.

시인의 예리한 감성은 가정생활 및 사회생활과 관련하여 많은 갈등을 야기하기도 한다. 생활의 작은 갈등에서부터 시작하여 신앙 전반에 이르기까지 다양한 갈등이 내재하게 마련이며, 이러한 갈등을 극복하고서야 새롭게 거듭난다. 김성자 시인은 이러한 삶의 과정을 거치며, 시 창작에 힘써 2000년에 신앙시집 『눈물은 꽃이 되어』를 발간하기에 이른다.

이 시집의 서문을 통하여 그의 작품 세계에 대한 몇 가지 단서를 포착하게 된다. ① 〈시작(詩作)은 동시에서부터 출발하여, 일반시로 옮겨갔다가, 마지막으로 신앙시에서 결실〉을 맺게 되었다는 점. ② 자신의 〈시(詩)들은 눈물의 텃밭에서 자라나 회개와 감사와 찬양의 눈물을 받아먹고 꽃처럼 피어난 새 생명들〉이라는 점. ③ 그는 그의 시집이 〈거친 광야에서 방황하며 가슴 아파하는 이들에게 가까이 다가가 건네줄 수 있는 위로와 소망〉이 되기를 기대한다는 점. 이런 마음을 담은 그의 시집 『눈물은 꽃이 되어』는 신앙인의 내면이 오롯하게 배어 있다.

눈물은 꽃이 되어
기억 골짜기 이편저편
훑으며 씻어 내립니다
한스럽게 굳었던 돌짝들이 녹아지고
구멍이 나고 깨뜨려져
바람에 날아가는 가루가 되었습니다

고통은 면류관입니다
고통이 나를 선택했고
나는 그를 통하여
십자가 위의 그분을 바라봅니다
그분을 찾고 만나고
매일 더 가까워집니다

친히 고난 당하신 그분의 위로가

나의 기쁨이 됩니다
그러기에 고통의 눈물은 꽃이며
주님 앞에서의 귀한 면류관입니다

—「눈물은 꽃이 되어」 전문

3연으로 된 이 작품의 핵심은 1연으로 보인다. 시인은 '기억의 골짜기'를 씻으며 눈물을 흘리게 되고, 그 눈물에 굳었던 돌짝들마저 녹아 내린다. 여기에서의 '돌짝'은 신앙과 상대적 사물을 지칭할 수도 있고, 세속의 기준으로 인해 신앙을 멀리했던 내면의 상징으로도 보인다. 그러한 '돌짝'이 녹아 내리고, 또한 깨뜨려져 가루가 되었다는 것은 순정한 눈물에 의한 신앙의 승리를 노래한 것으로 보인다.

2연의 핵심은 '고통'이 바로 '면류관'이라는 은유적 발상이다. 세속의 고통을 신앙에 의해 극복한 뒤에 얻은 승리가 곧 신앙의 면류관이고, 이러한 과정을 통해 십자가를 지고 만인의 죄를 대속하신 예수를 만나게 되었다는 것이다. 즉 고통을 극복하는 요인으로 회개가 동원되고, 회개를 통해 예수를 만나게 되며, 고통이 크면 클수록 예수께 더 가까이 다가선다는 역설적 상황을 표현한다.

3연은 2연의 은유적 발상을 한 단계 발전시킨 형상화로 보인다. 고통을 겪은 시인은 그 고통을 감내할 '예수의 사랑'을 체험하게 되고, 이 분의 위로가 바로 기쁨으로 전이된다. 따라서 고통(苦痛)은 위로(慰勞)를 동반하며, 위로(慰勞)는 기쁨으로 승화되고, 그로 인하여 시인은 신앙의 승리자가 되기에 이른다. 그러기에 처음의 고통은 바로 승리의 면류관에 이르는 요인이라는 점을 분명하게 밝힌다.

시인의 내면은 시로 구체화된다. 그러기에 시는 시인 내면의 그림이라 할 수 있다. 따라서 작품을 정독하게 되면 시인의 진솔한 내면을 만나게 된다. 김성자 시인의 작품을 정독하는 것도 그의 추상적 내면을 부분적으로나마 확인하고자 함이다. 그가 갖고 있는 내면의 고통, 그리고 그 고통을 극복하는 과정, 그리하여 일구어낸 신앙의 승리 등에 대하여 확인하고자 함이다.

2. 김성자 시의 구조적 특성

김성자 시인을 수년 전에 대면할 때, 조용한 미소를 잃지 않는 온화한 성품으로 보았다. 그리고 다시 만나서도 그러한 인식은 변함이 없었다. 특히 그가 신앙과 관련된 문학 활동만 하겠다는 말을 할 때, 목사님의 사모라서 그러려니 하였다. 그와 동시에 신앙심 깊은 시집을 발간하여, 그의 인상은 고착되어 가던 중이었다.

그러다가 최근 그의 작품들을 통독하고 정독하면서, 온화한 미소 뒤에 엄청난 갈등과 아픔을 찾아보고, 놀라움을 금할 수 없었다. 그 아픔은 본인의 순수가 상처받아 생기기도 하고, 가정생활 속에서 튀어나오기도 하고, 사회생활을 통해 생성되기도 하였다.

그러나 그는 이러한 아픔과 갈등 속에 침잠(沈潛)되지 않고 늘 신앙 속에서 소망의 불꽃을 피우고 있었다. 그러기에 그는 아픔과 갈등을 극복하고 새롭게 거듭날 수 있었던 것이다. 그의 시들은 대부분 이러한 과정에서 창작되어진 듯하다. 말하자면 내면의 갈등이 시를 창작하는 동인(動因)으로 기능하고, 이에 그의 미적 감수성이 작품을 작품답게 완성시킨다.

이러한 구조를 간명하게 보여 주는 작품이 「부활의 뿌리」라 하겠다.

겨우내 삭막한 가슴으로
언 하늘 바라보며
가냘픈 고동 소리 매만졌다.

퇴색되었던 형상
죽음을 걸러 내고
빛을 끌어 모은다.

어느새 발목엔
따뜻한 물이 흐르고
언 하늘 풀어지면
고동 소리는 나래 치는데,

하이얀 침묵 속에
생명의 뿌리가
꿈틀, 땅을 딛고 일어선다.

—「부활의 뿌리」

이 작품은 '기승전결(起承轉結)'의 치밀한 구성으로 짜여 있다. 형식에서도 그러하지만, 내용에서도 치밀한 구성을 찾을 수 있다.

1연의 핵심어는 '삭막한 가슴'으로 '언 하늘'과 조응한다. 2연의 핵심어는 '죽음'과 '빛'의 상대적 시어를 동원하여 갈등과 아픔의 정서를 상징적으로 환기시킨다. 3연의 핵심어는 '따뜻한 물'로 '언 하늘'을 풀어내는 요소로 작용한다. 이는 부정적 심상에서 긍정적 심상으로 이동하는 단계인 '전(轉)'의 해당한다. 4연의 핵심어는 '생명의 뿌리'로 시인의 원초적 내면이 지향하는 간절한 소망을 담아낸다.

그의 작품은 갈등의 제시, 갈등의 해소, 새로운 소망으로 이어지는 구조를 가진 작품이 대부분이다. 작품 「운명」도 유사한 구조로 되어 있다.

1연의 〈너무 많은 분향이기에/ 도저히 떼 내어버릴 수가 없다/ 모진 말로 후벼파고 뚫린 가슴/ 그래도 두 팔로 에워싸며 살아왔다〉에서 언어에 의한 모독과 피해의식을 드러낸다. 2연에서는 〈짧지만/ 몹시 찬 겨울/ 서리 낀 바람이 구멍 속을 울리면/ 운명 같은 아픔이 묻어 나오고 한켠/ 멍든 눈물 베어버린 세월〉을 통해 피해와 갈등을 확산시킨다.

그러나 3연에서 〈이제 몇 가닥 봄바람 불어오면/ 흐뭇한 마음으로 잊을 수 있을까/ 우리 사이의 운명은 뿌리로 남아/ 지붕 하나 아래에서 길게 자라고 있는데〉라고 노래하여 갈등을 해소할 요소로 '봄바람'이 등장한다. 이어 4연에서는 〈우린 언제/ 그 어느 날의 햇살 속에서/ 곱디고운 모래로/ 멍이 개일까〉라고 간절한 소망을 노래한다.

이와 같이 김성자 시인의 작품에는 '기승전결'의 4단 구성이나, '기서결'의 3단 구성이 중심을 이룬다. 가끔 5연 이상의 작품도 산견되지만, 이는 중간 단계의 반복으로 보아도 큰 무리가 없을 것이다.

3. 부정적 실체와 갈등적 요소

김성자 시인이 「부활의 뿌리」에서 '삭막한 가슴' '언 하늘'이라고 인식하고 있는 부정적 실체는 무엇인가? 또한 그가 '죽음'과 '빛'으로 인식하는 갈등의 실체는 무엇인가? 그의 작품을 감상하며 찾아보기로 한다.

뚫을 수 없는 벽
마주하면
용트림하는 울음
훨씬 높아서 두 손 뻗어도
닿을 수가 없는 옹벽

보호해 주지 않는 보호자는
철창 속에다 가둬 놓고
저만의 욕심을 펴 올린다

소유물이 되어도 재롱 떨지 않는 인형은
배앓이하며 애기 하나 낳고
여린 살 갉아먹는 문둥이가 된다

눈물 줄기
젖가슴을 타고 내려오면
달 따먹고 문드러진 살 만지며
어둡고 긴 터널 같은 잠 속으로 빠진다

—「옹벽 속에서」 전문

시인은 절망적 상황을 체험한다. 이 작품은 가정생활의 고단함에 의해 형상화한 듯하며, '보호해 주지 않는 보호자'는 아마도 남편을 지칭하는 듯하다. '철창' 역시 고립된 가정의 비유로 보이며, 시인의 이러한 내면은 자신의 삶을 '문둥이'에 비유하기도 한다. 이는 절망적 정서의 표출로 보이며, 시인의 예리한 감수성에 기인한다.

남편과 아이들을 생각하며, 그들의 '소유물'이 되어 보지만, 시인은 '재롱떨지 않는 인형'이기 때문에 하나로 융합하기가 힘들다. 이와 같은 갈등으로 그의 내면은 황폐해져 가고, 그 상황은 '달 따먹고 문드러진 살'을 만지는 '문둥이'의 상황으로 급전하게 된다.

이와 같이 절망의 나락에 빠진 시인은 '옹벽'에서 벗어나고자 한다. 그런 비상의지가 드러난 작품이 「자유」로 빚어진다. 〈새 한 마리 되고 싶다// 시간이 풀어 주고./ 사람이 풀어 주고/ 공간이 풀어 주는/ 빈 하늘 날고 싶다〉에서 시인은 새가 되어 옹벽의 굴레를 벗어나고자 한다. 시간과 사람, 그리고 공간을 벗어나 완벽한 자유를 얻고자 한다. 그러나 현실은 〈세찬 날개 파다닥거리며/ 흘러가는 저 물새 떼 속에/ 일렁이며, 일렁이며 흘러가는/ 자유의 몸짓〉을 소망으로만 남는다. 이와 같이 이루어질 수 없는 현실이어서 더욱 간절한 소망으로 남는다.

> 살 몇 점 떼어내어도
> 피 한 방울 흘리지 않고
> 굳어버리는 주검
>
> 팔을 늘려도 만져지지 않고
> 가슴팍을 훑아도 헛바늘만 돋는
> 마른 젖줄
>
> — 「가뭄」 일부

만질 수 없는 너로 인해
만져지지 않는 나
옅은 그림자 등뒤에 두고
시도한 탈출

—「시도」 일부

시인은 「가뭄」에서 볼 수 있는 것처럼 절망적 상황에 휩싸인다. 〈갈라진 등짝이/ 핏기 하나 없이/ 마지막 숨〉을 몰아쉬는 상황, 그리하여 시인은 자신을 '굳어버리는 주검' '마른 젖줄' '미이라'로 비유·연상한다. 그러면서도 시인 자신은 〈파도 이는 강물을/ 전설처럼 그리는/ 핏발 선 8월〉이 되어 간절한 소망을 잊지 않는다.

그런 소망으로 인해 시인은 '탈출'을 시도한다. 〈온 수풀 휩쓸고 가는 바람이/ 살고 있는 산 아래/ 사나운 빗소리/ 파도 같은 소리가/ 밤새 어둠〉을 몰고 다니는 상황에서 벗어나기 위해 내면적 탈출을 시도한다. 〈커져 버린 자아를 탐색하며/ 혼자 살 수 있는 몇 날의/ 기쁨〉을 찾아 옹벽 속에서 벗어나고자 한다.

이러한 의식은 「바람은 날고 싶어한다」에서 구체화된다. 〈몇 굽이를 돌아서 왔나/ 바람 무늬만 그리다가/ 닳아버린 세월// 뿌리 없어/ 가득 흔들린 통증들은/ 물 묻은 솜처럼/ 세상을 적신다〉에서 삶에 지친 육신과 정신의 황폐함을 드러낸다. 그러나 〈바람은 또 다시 / 날고 싶어한다〉라고 소망을 잃지 않는 강인함을 보이기도 한다.

이와 같은 확인을 거쳐 다음의 정리에 도달하게 된다. 즉 「부활의 뿌리」에서 보였던 '삭막한 가슴' '언 하늘' '죽음' 등의 부정적 내면은 '옹벽' 속에 갇힌 자아 인식에서 비롯된 것이며, '탈출'을 통해 '빛'의 세계로 나아가고자 한다.

4. 갈등 극복과 소망의 빛

김성자 시인이 「부활의 뿌리」에서 '언 하늘'을 녹이고 '따뜻한 물'이 되게 하는 것, 갈등 극복의 요인은 무엇인가? 또한 그가 '생명의 뿌리'를 통해 간절하게 소망하는 실체는 무엇인가? 이에 대하여 간략하게 확인하기로 한다.

창 위로 솔잎이 흔들리고
창 밖 고요가 물결처럼 밀려드는
투명한 나라

멀리 뾰족탑 종각에선
소리 없는 울림 쏟아져 내리고
그 아래 집들은 여러 모양의 꿈을 꾼다.

하늘 가르던 새 한 마리
찻잔 속에 깃을 적시면
몽글몽글 뽀얀 김이 얼굴에 피어오르고
먼 하늘과의 접선이 코앞에 보인다.

문득
내가 가고픈 그 나라가
휴식처럼 가까워진다.

— 「탑」 전문

이 작품은 시인이 지향하는 세계를 그려낸다. 시인이 마음으로 그리는 가정의 구체적 실체이기도 하다. 시인이 사는 집의 뜰에는 소나무가 서 있다. 창문으로 소나무 밝은 달과 함께 솔가지가 어른거린다. 그 사이 솔바람이 투명하게 불어온다. 멀리 보이는 교회의 종각에서는 평화를 알리는 종소리가 들리는 듯하다. 그러한 정경을 바라보며 시인은 다양한 꿈을 꾼다.

사랑하는 사람과 마주 앉아서 차를 나눈다. 시인이 그렇게나 소망하던 새, 하늘을 가르던 새 한 마리가 찻잔 속에 깃을 적신다. 그러나 그 깃은 고단하고 무력한 날개가 아니라, '먼 하늘'과 접선하도록 도와주는 매체가 된다. 어쩌면 성령은 비둘기 같이 임한다고 한 성경 말씀을 그대로 보이는 듯하다. 그때 시인은 '가고픈 나라' 즉 하늘나라가 가까이 있음을 자각한다. 말하자면 현실의 생활이 바로 천국이라는 깨달음에 이른다.

이러한 인식의 전환은 '그리움'을 잉태하게 마련이다. 「그리움·2」에서 〈6월의 새벽/ 깨인 눈으로/ 누군가를 생각하고 싶다〉고 노래함에 이르러 시인의 절망적 정서는 어느 정도 극복된 것으로 보인다. 〈어두운 장막 속에 가려졌다가/ 눈뜨면 아득해지고/ 감으면 선명한 얼굴// 싸늘한 어깨에/ 등만 내 보이고/ 내 심장 가져가서 감추고 있는 얼굴〉로 비유되는 대상이지만, 시인은 〈6월의 새벽/ 내 곁에/ 누군가를 잡아두고 싶다〉고 노래한다.

이렇게 되기까지에는 다음과 같은 다부진 의지가 작용한 듯하다. 「홀로서기」에서 시인은 절망적 상황을 〈굳건했던 언약이 여름 한 차례/ 천둥 속에 녹아 버리고/ 가슴팍은 말라버린 샘이 되어/ 먹골을 타고 흐른다// 비밀스런 얘기 하나 안고/ 설레던 시간 속/ 폈던 자리를 접어서 가 버리면 그뿐인/ 감각 없는 빈 가슴〉으로 정리한다. 그러나 〈홀로 서야 하는가〉라는 자문자답에 이르게 되고, 〈생의 그림자 길게 끄을며/ 내 속의 나〉를 일으켜 세우기에 이른다. 이런 의지에 의해 그는 절망을 극복하게 된다.

절망은 자신의 의지와 사람과 사람의 관계에서 해결될 수도 있다. 그러나 신자들은 신앙심을 통하여 절망의 늪에서 빠져 나온다. 신앙의 주체가 온갖 만물을 주재한다는 믿음 아래, 자신의 절망마저 신의 섭리임을 깨닫게 되고, 그로 인해 사람의 일을 신께 귀의시킴으로써 절망을 극복한다.

> 큰 얼굴 하나
> 열린 하늘에서 내려온다
> 소망의 폭만큼 안겨드는 새벽
>
> —「부활의 새벽」 일부

> 우리는 하나의 점, 점으로 남아
> 다시 손을 잡자
> 마주 잡은 손가락 사이로
> 물이 흐르고
> 봄이 흐르고
>
> —「겨울의 끝」 일부

> 청사초롱 등불들이 하나씩
> 차가운 강변을 감싸안으면
> 왜, 마주치는 사람들이 모두

아름다워 보이는 걸까
오늘 이 저녁엔.

—「아름다운 저녁」 일부

「부활의 새벽」에서 시인은 '단 하나의 그리움'을 노래한다. '빛과 어두움'을 주재할 '큰 얼굴'을 통해 시인은 '부활의 씻김'을 받는다. 그로 인해 〈분주히 때 묻혔던 낮의 꺼풀이/ 말갛게 벗겨지고/ 하얀 살 돋아나는 시각〉을 체험한다. 특히 김성자 시인은 '하얀' 또는 '하이얀'이라는 시어를 통해 시각적 이미지를 다용하는데, 대부분 긍정적 이미지를 형성하고 있다.

이런 과정을 거쳐 그는 '겨울'의 절망적 상황에서 벗어나게 된다. 「겨울의 끝」에서 〈시린 눈발이 강 속으로 여물어지면/ 어둠은 비늘마다 별을 꽂고 우수수/ 바람 위를 날은다〉고 노래하여, 절망을 극복한 시심을 확인하게 된다. 겨울이 지나고 나면, 나무에 물이 흐르듯이 마주잡은 손가락 사이에도 사랑의 물이 흐른다. 봄에 물이 흘러 세상 만물이 소생하듯이 시인의 내면에도 소생의 기운이 넘쳐흐른다.

그리하여 시인은 「아름다운 저녁」에 이른다. 〈세월이 흐르고 흘러 이젠 뒤안길 뒤돌아보는/ 차분한 황혼 녘/ 눈이 부시다〉라고 지난날을 추억한다. 지난날의 아픔과 절망을 추억할 수 있다는 것은 이미 그런 상황들을 극복했다는 것이며, 현재에는 그런 아픔과 절망이 존재하지 않는다는 반증적 단서가 된다.

5. 이웃 사랑에 대한 시심

자신의 절망을 극복한 시인의 눈에는 이제 다른 사람들에 대한 사랑이 싹트게 되고, 그들의 생활과 신앙에도 관심을 기울인다.

> 꺼지지 않는 불씨로
> 횃불을 피워 올리는 이들
> 그들은
> 아침으로 가는 밤의 문턱에서
> 설레는 가슴으로
> 태양으로 달아오를 내일을 기다리며
> 하이얀 별빛 속에 서 있다.

— 「별빛 속에 서 있는 사람들」

> 헐벗은 가슴들 모인
> 역전 길바닥에서
> 서로서로 시린 등 신문지로 감싸주며
>
> 정을 모으는
> 속 시린 사람들

— 「역전 사람들」

> 받은 것이 있는 나를
> 줄 게 없다는 황폐한 땅 위에
> 물뿌리개로 단비를 뿌린다

— 「타인을 위한 노래」

「별빛 속에 서 있는 사람들」은 대전광역시 중구에 소재한 보문산 기슭에 사는 사람들, 생활이 어려워 산기슭에 집을 짓고 〈겨우내 찬 바람 비집고 비추이던/ 밤하늘의 별들도/ 낡은 옷〉으로 살아가는 사람들에 대한 관심과 사랑의 표현이다. 이 작품은 자아에 집착하여 절망하던 시인의 거듭남을 비유적으로 노래한 소중한 작품이다.

이러한 관심은 「역전 사람들」에서도 드러난다. 그들 역시 〈쉬 스러져 가는/ 겨울 햇살 속에서도/ 꽃을 피우려는 사람들〉이며, 〈휘몰아치는 찬바람 속에서도/ 손잡는/ 따스한 체온과 체온〉을 나누는 사람들이다. 이 작품 역시 가족의 외면 속에 절망의 나락으로 침잠하던 자신을 견주어 깨달음에 이르는데, 시인의 시선이 자아에 머물지 않고 밖으로 확산되었다는 점에 특별한 의미가 있다.

그리하여 시인은 「타인을 위한 노래」에서 〈바싹 마른 항아리의 입술을 벌려서/ 쏟아보고 싶다〉는 뜻을 밝힌다. 자신의 능력이 '바싹 마른 항아리'에 해당한다는 전제 아래, 타인을 위해 사랑을 나누려는 시심이 눈물겨운 바 있다. 그리하여 〈메마른 눈망울아/ 내게 와서 안겨라/ 네 속에 마르지 않는 바다로 채워지고 싶다〉고 노래하여 개인적 절망에서 타인에 대한 사랑으로 변화했음을 확인시킨다.

이제 시인은 「그리운 이웃」에서 노래하는 것처럼 건강한 가슴으로 생활하리라 본다. 〈너의 생각과 감정도 소중하다고/ 온 세상에서 너는/ 단 하나뿐인 고귀한 존재라고/ 격려해 주는 사람은/ 따사롭고 든든한 울타리/ 가장 그리운 이웃〉임을 깨달았으니, 시인 스스로 '따사롭고 든든한 울타리'가 되리라 본다. 그리하여 타인들에게 '가장 그리운 이웃'으로 남으리라 본다.

그러면서 시인은 「꿈의 노래」에서처럼 아름다운 시심으로 〈고개 들면 보이는/ 빛처럼/ 소망 하나〉를 가꿀 것이다. 〈바람 불어도/ 흔들리지 않고/ 긴 세월 홀로 삭이며/ 별들〉을 키운 시인은 〈바람 불어도/ 흔들리지 않는/ 투명한 어둠을/ 노래〉할 것이다.

그런 믿음으로 간략하게 평설(評說)을 마친다.

〈김성자 시인 : 목사 사모〉

◇ 송윤영 시인

사랑과 기도, 그리고 빛나는 서정

- 송윤영 시인의 1시집 작품세계

1. 송윤영 시인 찾아보기

봉황은 오동나무가 아니면 앉지를 않고 오동나무 열매가 아니면 굶어 죽을지라도 먹지 않는다는 말이 있다. 그러나, 실제로 봉황이 오동나무에 앉아 그 열매를 먹고 살았으리라고 생각하는 사람은 없을 것이다. 오동나무로 악기나 고급 가구를 만들다 보니, 자연스럽게 품격을 높이게 되었으리라.

자신이 임하는 장소와 하는 일에 있어, 각자 자신을 지키거나 품격을 잃지 말라는 상징적 경계임을 우리들은 대부분 알고 있다. 사람도 마찬가지여서, 착하고 바른 사람이 있는가 하면, 그렇지 못한 사람도 있게 마련이다.

송윤영 시인을 대하다보면, 벽오동나무의 이슬을 먹고 산다는 상징적인 새의 모습이 연상된다. 현실에 발을 딛고 살아가지만, 스스로 경계함이 맑고 깨끗하기 때문이다. 그는 문학전문잡지 《문예사조》 《백수문학》의 신인상을 받아 등단한다. 이후 문인협회에 참여하고, 몇몇 시인과 교유(交遊)하면서 문학적 폭과 깊이를 심화시켰다. 현재 대전문인협회, 백수문학회 회원으로 활동하면서, 시 창작에 전념하고 있다.

> 거리에 세워진 많은 십자가
> 내 마음에 세워놓은 많은 십자가
>
> 뜻을 잃고
> 할 일을 잃고
> 자리만 차지하고 있어
>
> 예수님은 그것이 애처로워
> 다시 한 번
> 십자가에 달리시러 오신다
> 다시 한 번
> 십자가에 붉은 피를 흘리시러
> 힘들게 오신다
>
> ㅡ「십자가만 세워 놓고서」 전문

거리를 지나며 시인은 수많은 십자가를 목격했을 것이다. 기독교 신자 입장에서 보면, 온 세상을 십자가 정원으로 만들고 싶기도 할 터이다. 그렇지만, 십자가들로 상징되는 교회들이 〈인간의 구제〉라는 본분을 다하지 못하고 있다는 생각에 이르러, 시인은 절망하게 된다.

특히 어둔 밤에 보는 십자가는 별보다 더 찬연하게 빛난다. 그 십자가를 보면서 시인은 상대적으로 어둔 곳을 떠올린다. 어려운 이웃들, 끼니를 거르는 사람들, 혼자 외롭게 살고 있는 사람들, 소년소녀 가장들, 세상에는 어려운 사람들이 철철 넘쳐나는데, 교회는 십자가를 밝히고 체구를 부풀리는데 더 골몰한다. 그래서 시인은 절망하게 되고, 예수님이 〈십자가에 붉은 피를 흘리시러〉 다시 오시기(재림하시기)를 소망한다.

송윤영은 등단을 하고, 작품 창작을 하면서, 더욱 신실하게 살기를 기도한다. 〈하늘을 나는 새와 나는 장단 맞추어 노래 부르고/ 맛있는 음식을 예수님께 대접해 드리며. 고단한 시간을 보내신/ 주님의 등을 안마해 드리고 싶어요.〉(「이런 정원을 갖고 싶어요」 일부)라고 기도한다. 이 작품에서 시인이 대접하고 등을 안마해 주고 싶다는 '예수님'은 이 세상에 계시지 않는다. 그래서 그는 '예수님의 사랑스런 자녀들'인 세상 사람들에 대한 자신의 희생과 봉사를 밝힌 것으로 보인다.

2. 꽃들의 서정을 찾아서

송윤영 시인은 꽃을 볼 때, 그 꽃의 속성에 머무는 것이 아니라, 자신의 개성적 프리즘을 통하여 새롭게 인식한다. 때로는 스스로 그 꽃이 되어 서정의 극치를 형성하기도 한다. 「흑장미」가 되어서 〈오늘도 나는 애절히/ 무디어진 비수를 간다〉고 노래하기도 한다. 「씀바귀」가 되어서 자기를 찾는 대상에게 〈오실 때는 호미를 가지고 오세요./ 슬겅슬겅 제 위의 모진 흙을 들어내고/ 부드럽게 저를 캐 가세요〉라고 희생적 시심을 보인다.

그러나 시인이 직접 뛰어들지 않고 대상에 대한 객관적 시각을 보이기도 하는데, 「자목련」에서 그는 〈조용히 돌아서서/ 붉은 치마 수줍게 펴는 여인이여〉라고 영탄조로 노래하기도 한다. 「냉이」에서는 〈꽃을 시샘하는/ 바람에도/ 봄 햇살 꿈꾸며/ 손 꼽아 보는/ 에메랄드 빛 사랑아〉라고 영탄의 대상을 다양하게 보이기도 한다.

그렇지만, 스스로 꽃이 되어 자신의 내면을 접합시킬 때 감동의 물결이 커지는 것 같다.

당신 눈에 띄고파
타오르는 태양 아래
붉은 불꽃이 되었어요

당신 곁에 있고파
온몸이 짓이겨지는 아픔으로
손톱에 꽃물이 되었어요

저 산 위에 떠오른
반들을 바라보듯
이제는 당신 손톱 위에
붉은 반달이 되겠어요

— 「봉숭아 꽃물」 전문

김상옥 시인의 시조 「봉선화」는 3연시조인데, 그 중에서 마지막 수는 〈양지에 마주 앉아 실로 찬찬 매어주던/ 하얀 손 가락 가락이 연붉은 그 손톱을/ 지금은 꿈 속에 본 듯 힘줄만이 서누나〉로 되어 있다. 시인은 김상옥 시인이 노래한 것과 같이 손톱에 물을 들이는 재료인 봉숭아 꽃물이 되어서 아름다운 시심을 펼친다.

사랑하는 '당신'의 곁에 있고 싶어서 그는 붉은 꽃이 되었고, 그에게로 다가서기 위해 짓이겨지는 아픔까지 감내한다. 그리하여 '당신'의 손톱에 밝은 반달로 남겠다는 절절한 소망을 노래한다. 그래서 이 작품은 자신의 사랑과 희생을 형상화하는데 성공하고 있다. 이 아픔은 「덩굴장미」의 결미에 있는 <꽃비처럼 떨어져 내려/ 빗물에 씻겨 흐르던 아픔>과도 같다. 이는 송윤영 시인의 문학적 지향에 대한 바라보기에 해당된다.

3. 가족에 대한 사랑을 찾아서

생명체는 종족 번식을 위한 본능을 갖고 있다. 그래서 후손에 대한 사랑은 가히 무조건적이다. 사람 역시 생명체이기에 종족 번식에 대한 본능에 의하여 자손을 생산하고 사랑으로 양육한다. 그러나 사람은 자식뿐만 아니라, 자신을 존재하게 한 부모와 조부모, 그리고 형제와 이웃들을 사랑하여 여타의 동물들과 차별화된다.

고사(故事)의 '반포지교'에 의하면, 젊은 까마귀가 늙은 어미에게 먹이를 물어다 주었다고 하여, 사람들에게 까마귀의 효성을 본받으라고 하는 대목이 나오지만, 그것은 불효자식들에 대한 경계일 뿐, 현실에서 일어날 가능성은 거의 없다고 한다. 이에 비해, 사람은 본능에 따라 후손을 사랑하기도 하지만, 윤리와 도덕에 의하여 부모님을 위하기도 하고, 형제와 이웃을 도우며 살 줄 안다. 이러한 마음이 작품 속에 용해되어 나타나기도 한다.

송윤영 시인의 작품에는 할머니, 아버지, 어머니, 형제, 자녀, 친구, 자신이 주인공으로 등장한다. 그 중에서 할머니와 어머니에 대한 작품이 더 절절한 서정을 담고 있다.

식어 가는
할머니의 몸을 어루만지며
어두운 이별 앞에
엎드려 울었다.

쓸쓸한 방
홀로 지키며
하루에도 몇 번이고
보고픔에 되뇌었을 이름들

손수 가꾼 사랑의 뜰에
한 장 마른 잎으로 떨어져
내 가슴속
그리움으로 서걱이는 소리

지나온 생의 여정 속에
쉽게 버릴 수 없는 세상의 미련을 안고
할머니는
그 먼 길을 어떻게 가셨을까.

— 「먼 길」 전문

할머니의 임종을 지켜보는 시인의 슬픔이 그대로 들어 있다. 이와 같은 애상적 정서는 「쑥국을 끓이며」에서도 그대로 반복된다.

〈양지쪽에 앉아 산을 바라보며/ 쑥을 다듬던 손/ 지나온 세월의 사연을 다듬던 할머니의 손이다./ 푸르스름한 쑥을 닮은 듯 뼈만 앙상한 손등 위에/ 솟았던 푸른 갈림길들/ 나는 할머니가 그 많은 길에서 / 얼마나 헤매고 애태우셨을지/ 다 알지 못한다.〉 이 부분에서 시인은 할머니의 삶이 손등의 혈관(푸른 갈림길)처럼 파란만장하였음을 실토한다. 그래서 할머니는 연민과 그리움의 대상으로 자리한다.

할머니에 대한 사랑만큼 어머니에 대한 사랑도 눈물겹다. 〈내 자유로운 몸이 되지 못해 오랜 말벗이 될 수 없어/ 집으로 돌아오는데/ 어머니는 병실에 홀로 남아/ 자식의 뒷모습만 바라본다.〉고 「어머니는 병원에 계셔」에서 안타까워한다. 이러한 경우는 대부분의 독자들도 경험했을 터, 병환 중인 부모님을 뒤로 하고 떠나올 때의 안타까움에 공감할 것이다.

4. 현실 극복과 비상의지를 찾아서

시를 통해 바라본 송윤영 시인의 현실은 좀 어둡고 답답한 면이 실루엣처럼 번져 있다. 강렬하게 제시하는 것은 아니지만, 작품의 행간에서 보여주는 그의 삶은 작은 행복을 추구하고 있다. 즉 현실의 어려움을 할머니, 어머니, 그리고 친구들을 그리워하면서 극복하는 것 같다.

때로는 아주 작은 사물들도 부러움의 대상이다. 「너희들은 참 좋겠다」에서 보면 〈철따라 솟아나는 새싹들과/ 예쁜 꽃들 속에서/ 늘 떠나지 않는 텃새들과/ 같이 사는 너희들은 좋겠다.〉고 부러워한다. 〈봄이면 밟던 고사리 밭에 누워/ 죽음을 맛보는 낙엽조차/ 내리는 흰눈에 묻힐 수 있어서/ 너희들은 참 좋겠다.〉고 노래한다. 이러한 형상화는 시인의 현실이 매우 고단하다는 것을 의미하며, 때로는 작은 절망을 안고 살아가는 것을 입증하는 것이다.

그래서 시인은 고단한 현실을 벗어나 나비나 새처럼 날고 싶어 한다. 그러한 내면을 작품에 담아낸다.

> 때 이른 잠자리 한 마리
> 어지럽게 삶의 주단 위에 맴을 돈다.
>
> 지상을 날기 위해
> 물 속 진흙 밭을 기며
> 부지런히 꿈꾸어 온 비행
> 수없이 허물을 벗기 위해 몸부림치며 울던
> 어두움의 길에서
> 이제는 훈장 같은 은빛 날개 퍼덕이며
> 솟아 나와
> 젊음이 펄떡거리는
> 아스팔트 위를 날아오른다.
>
> —「비행」 전문

잠자리가 날아오르는 모습을 보면서, 시인은 한없이 날고 싶어 한다. 현실의 고단함을 씻고 잠자리처럼 하늘로 비상하고자 한다. 잠자리가 하늘을 날기 위해 수고한 세월은 비상을 위한 투자라 하겠다. 시인 역시 현실의 고단함은 그 자체로 머무는 것이 아니라, 화려한 비상을 위한 준비단계인 것이다.

그래서 시인은 「나방의 고뇌」에서도 〈외로움은 너를 키워주는 영양분이야〉라고 위안의 말을 건넨다. 「목련나무」에서는 〈나무는 혼자 된 것이 서러워/ 자신의 몸에 그리움의 싹을 틔우고/ 시간이 흐르면/ 나무에게 다시 올 얼굴 큰 요정들을 기다리며/ 푸르게 푸르게/ 잎들을 키워 나갔다.〉고 노래한다. 이 나무들처럼 '무엇인가' '언제인가' 이루어질 가능성이 있다. 이런 상황에서 '그리움의 싹'을 가꾸는 시인이 바로 송윤영이다.

5. 사랑은 기다림인가

시인의 가슴에는 남모르는 「외로움 하나」가 자리를 틀고 있다. 어쩌면 '외로움(고독)'이란 모든 시인의 필수항목으로 보이기도 하는데, 절절한 외로움 끝에서 멋지고 훌륭한 작품이 탄생한다. 그래서 시인을 비롯한 예술가들의 고독을 '절대고독'이라고도 하며, 이러한 고독에서 작품 창작은 빛나게 마련이다.

그는 〈세상을 떠돌다// 넓고 먼지 많은 땅에서도/ 때 묻지 않은 깨끗함〉을 만나 외로움을 극복하려고 한다. 그 외로움이 길가에서 기다리다가 시인을 만나, 시인의 가슴에 똬리를 틀게 되고, 그래서 〈가슴속에 담아 둔/ 하고 싶은 많은 말들〉을 작품으로 빚어낸다.

세상에 죄가 되지 않는다면
어떤 사랑 하나 하고 싶다

초록색 잎새에

수줍은 꽃잎처럼
그렇게 기대어
마음 어루듯이

이제는 어떤 사랑 하나
이제는, 받아들이고 싶다

—「어떤 사랑 하나」 전문

시인이 외로움을 극복하기 위해 추구하는 '어떤 사랑 하나'의 본질에 접근하는 것은 어렵다. 시의 언어가 지시적 의미 외에 함축성을 띠기 때문이다. 또한 시인은 명명백백하게 밝히지 않고, 슬며시 부분을 보여주기 때문이기도 하다.

이는 「사랑 받기 위해」에서 확인된다. 〈내 심연 속에/ 물고기 한 마리 들어와// 청솔 나무 드리워진 수면 위에/ 지치고 야윈 몸을 누인다.〉고 말한다. 즉 시인의 가슴은 힘들고 약한 존재들에 대한 기독교적 사랑으로 가득하다. 〈보호받고 싶은 눈빛으로/ 살며시 유영〉을 하는 그 대상을 시인은 모성애를 발휘하여 보호하고 싶은 것 같다.

송윤영 시인의 작품세계를 〈심연 속의 물고기〉처럼 유영하면서 살펴보았다. 참으로 많은 이야기와 사랑이 그의 내면에 남아 있음을 확인한 여로(旅路)였다. 때로는 빛의 산란과 같이 아름다운 세상을 노래하기도 하였으며, 때로는 그늘에 갇힌 대상들에 대한 연민을 그려내기도 하여, 끝없이 퍼지는 공감대의 메아리를 경험한 독서였다.

그가 지금까지 찍어온 발자국도 소중한 것이지만, 앞으로 찍어갈 발자국에 담길 내용이 더 소중하리라. 그 발자국에는 연민과 사랑으로 일관한 그의 시심처럼, 세월과 함께 더 승화된 사랑이 수 놓여질 것이라 확신한다. 이런 믿음과 기대로 송윤영 시인의 작품에 대한 여로를 접는다.

◇ 조문자 시인

간난신고(艱難辛苦)를 극복한 삶의 향기

- 조문자 시인의 1시집 작품세계

1. 조문자 시인은 누구인가

조문자 시인의 첫 시집『매화 앞에서』에 수록된 작품을 읽는다. 독서 중에 어떤 시가 아름다운가, 어떤 시가 가치로운가, 어떤 시가 사랑받는가, 오랫동안 찾고 있던 명제가 되살아났다. 이러한 명제는 문학의 여명기에서부터 현재에 이르기까지 수많은 시인들과 학자들이 궁구(窮究)해 왔지만, 시원하게 납득시키지 못한 것도 사실이다.

그의 시가 어떤 아름다움, 어떤 가치를 지니고 있는가는 독자들이 감상하고 평가할 몫이다. 그렇지만 그가 현실생활에 깊이 뿌리를 내린 바탕에, 상상력의 꽃으로 예술성을 획득하고 있다는 점은 분명하다. 이러한 점을 염두에 두고 감상한다면, 작품의 내적 진실에 이를 수 있을 것이며, 동시에 감동의 진폭(震幅)도 커질 것이다. 시집 제목이기도 한 작품 「매화 앞에서」는 시인 자신을 반영한 작품으로 보인다. 자연 현상을 통하여 삶의 진실을 투영하는데 성공하고 있다.

향(香)도 다 나누지 못한 채
꽃잎은 시나브로 날린다.

불어치는 꽃샘바람 때문에
하늘은 높고 맵지만

단단한 마음으로
마른 가지마다 켜 들은 꽃등.

언제인가 꽃은 지게 마련이고
알알 열매가 푸르리니.

—「매화 앞에서」 전문

매화나무를 가꾼다고 하자. 다른 꽃보다 일찍 매화나무에 꽃이 피고, 그 향기를 나누기도 전에 꽃잎이 바람에 흩어진다. 그러나 꽃이 진 꽃자리에 작은 열매가 숨어 있고, 그 매실은 알알이 푸르게 자랄 것이다. 그야말로 간결한 시형에 자연 현상의 신비를 담아내고 있다. 특히 〈꽃샘바람 때문에/ 하늘은 높고 맵지만// 단단한 마음으로 / 마른 가지마다 켜 들은 꽃등〉이라는 절창(絶唱)은 그가 이룬 문학적 성취라 하겠다.

이와 같은 시를 빚어내는 조문자 시인은 1946년 2월 13일(음력)에 전남 함평군 함평읍 만흥리에서 출생한다. 젖먹이였을 때 부친을 여의고, 가난한 농촌에서 성장한다. 성남초등학교와 함평여자중학교를 졸업하고 학업을 포기한 것도 당시의 가정 형편 때문인 듯하다. 25세에 결혼하여 남편을 따라 서울에 둥지를 튼다. 남편의 건축업이 서울과 대전에서 성공을 거두며 가난을 극복하지만, IMF 금융위기와 사업 확장의 짐을 견디지 못한 채 회사는 도산하게 되고, 이를 시름하던 남편도 62살에 작고한다.

이후 충청남도 논산시 성동면 삼산리 농촌마을에서 신앙생활과 시 창작에 전념한다. 2009년에 『문학사랑』 신인작품상을 수상하여 등단한다. 그의 세 자녀들은 모범적으로 성장하여 자기 몫의 사회생활을 영위하면서, 어머니의 삶과 문학을 지키는 울타리 역할에 충실하다. 그의 희로애락(喜怒哀樂)은 시로 승화되고, 고희(古稀)를 맞아 80여 편을 묶어 첫 시집을 발간하기에 이른다.

2. 조문자 시의 진실과 감동

조문자 시인은 보기 드문 효녀로 알려져 있다. 결혼한 뒤 1년간 신접살림을 차린 이후, 어머니가 93세로 작고할 때까지 평생을 모셨다. 4녀 중 막내였던 그는 고향에서 살 때나, 서울로 이사하여 남편의 건축업을 도울 때나, 대전으로 이사하여 사업을 할 때나, 또한 실패하여 어렵게 살아갈 때에도 어머니를 극진히 모셨다. 그래서 그가 빚은 작품 중에 어머니와 관련한 작품이 중심을 이룬다.

어머니에 대한 직접적인 정서도 애틋하다. 시인은 꽃을 보면서도 어머니를 연상하고, 계절이 바뀔 때도 어머니를 생각한다. 여러 사물을 통하여 드러나는 어머니에 대한 사랑과 그리움이 독자들에게 감동으로 다가선다. 특히 고향과 연계된 정서는 어머니로 귀착한다. 「호남선 5」 기차를 타고 가다 보면, 그는 〈잊고 살았던 고향이지만/ 평생 모시고 살았던/ 어머니의 하얀 머리칼이 보인다./ 다시 만나도 눈물 지을/ 우리 어머니, 그 주름살도 보인다.〉면서 한없는 그리움을 노래한다.

> 고향 산골 밭에 어머님이 계신다.
> 사람을 좋아하여 묘안을 내셨을까?
> 전에 없던 고사리들이
> 사방에 널려 있다.
> 혼자 있어 외로우니
> 친구를 부르는 길에
> 서운하지 않게 꺾어 가라고
> 고사리 밭을 만드셨을까?
> 생전에도 친구를 좋아하시더니
> 저승에서도 외로울 게라
> 양지 바른 곳에
> 혹 찾아오는 친구를 위해
> 허리 굽혀 하나씩 꺾어 가라고
> 갓난아기 주먹처럼 꼭 쥔 고사리 새순
> 해마다 봄바람에 실어 보내신다.
>
> ―「어머니 계신 곳에」 전문

시인이 어머니의 묘소를 찾는다. 고향 산골 밭에 모신 어머니 산소에 고사리가 많이 자란다. 그것은 어머니 묘소를 찾아온 사람들이 꺾어가라고 어머니가 보내신 선물이라 생각한다. 생전에 어머니는 친구를 좋아하셨다. 어머니 묘소에, 고사리를 꺾기 위해서라도 가족이나 친지들이 찾아오기를 기다리는 것으로 보았다. 〈갓난아기 주먹처럼 꼭 쥔 고사리 새순〉을 어머니가 봄바람에 실어 보내셨다고 노래한다.

어머니에 대한 작품은 「보리밭 두렁에서 1」「보리밭 두렁에서 2」「겨울 초저녁 1」「겨울 초저녁 2」「노성산성」「고요 속에 편안하신가요」 등에서도 절실한 서정을 생성한다. 이에 비해 갓난아기였을 때 작고하신 아버지에 대한 추억은 상상 속에서 드러난다. 「호남선 4」에서 그는 〈호남선 열차를 타면/ 어버지 옷자락 소리가 들린다./ 어릴 때 돌아가셔서/ 얼굴도 모르는 아버지 숨소리가 들린다.〉고 놀라운 연상력을 보인다.

가족에 대한 정서는 남편에게로 향한다. 삶의 희로애락(喜怒哀樂)을 공유하였던 동반자였기에 그의 작고는 헤아릴 수 없는 아픔과 외로움으로 남아 있다.

시나브로 내리는 비는
나를 가만히 놓아두지 않는다.
소녀처럼 마음이 부풀어
어딘가로 떠나고 싶다.

바람 없는 가을비에
나를 맡기며 동학사를 찾았다.
언제나 옆에 든든한 남편이 있어
길동무가 되었는데,
오늘은 그냥 튕겨져 나온 것처럼
멍하니 혼자였다.

산사에서 내리는 물은

애기하듯 흘렀다.
물살에 몸 던진 낙엽 서너 장
물 위에 떠서 아주 천천히
가을여행을 간다.

—「가을비 1」 전문

가을비가 내리는 어느 날에 시인이 동학사를 찾는다. 평소에는 〈옆에 든든한 남편이 있어/ 길동무가 되었는데〉 그 날은 〈그냥 튕겨져 나온 것처럼/ 멍하니 혼자였다.〉 시인은 외롭고 슬픈 정서에 젖어 있는데, 〈산사에서 내리는 물은/ 얘기하듯 흘렀다.〉 자신의 슬픔과 물 위에 떠가는 〈낙엽 서너 장〉의 관계망에서 애상적 정서를 환기한다.

이런 바탕에서 그의 외로움을 수용하게 된다. 작품 「언제나 혼자인 것을」에서 보면, 〈누군가 옆에 있다고 생각하는/ 착각 속에서〉 살고 있다고 고백한다. 〈외로운 날들 내 곁에 있어/ 누군가 지켜봐 준다.〉고 위안을 삼으며 살아간다. 그러나 그의 현실은 〈정녕 혼자〉라는 인식에 이르고, 이런 고독이 작품 창작의 동력(動力)으로 기능한다. 남편에 대한 사랑과 그리움, 그 정서와 함께 자녀들에 대한 성심도 작품에 투영된다.

봉선화 세 포기 심었네.
적적한 날이면 봉창을 열고
친구 삼으려고
창 밖에 심었네.
누가 더 자랄세라

키 재기하며 잘도 자라네.
꽃은 언제 필 것인지
잎줄기가 무성하네.
하얀 꽃잎에 진홍색 연지 찍고
꽃송이 피어오르네.
봉창을 열 때마다
고운 그 모양이
백일 지나던 아이처럼
귀엽고 여린 모양이어서
마음 다 빼앗긴 바보가 되네.

— 「봉선화 세 포기」 전문

이 작품은 뜰에 봉선화 세 포기를 심고 정성을 다하여 가꾸었다는 에피소드이다. 외롭고 쓸쓸한 날이면 창을 열고 친구 삼으려고 창 밖에 심었다는 것이다. 시인의 희망처럼 봉선화는 잘 자라서 꽃을 피운다. 그래서 창을 열고 바라볼 때마다 고운 그 모양이 자신의 아이들 같아서 시인은 마음을 빼앗긴다.

그러나 재독을 하면, 2녀 1남을 낳고 기른 어머니의 가슴이 보인다. 다시 정독을 하면 비유와 상징에 의해 이루어 놓은 조문자 시인의 아름다운 문학적 성취에 젖게 되고, 새롭게 밀려오는 감동의 회오리에 빠지게 된다. 이렇듯이 조문자 시인은 섬세한 감성으로 시를 빚는다. 때로는 직설 화법을 써서 이해의 폭을 넓히기도 하고, 비유를 통하여 새로운 감동을 생성하기도 하며, 상징을 통하여 작품성을 높이기도 한다.

3. 기도와 찬양으로 문을 열며

조문자 시인은 권사 직분을 맡아 신앙생활에 몰두한다. 그의 평생은 부침(浮沈)의 연속이었을 터이매, 그가 마음으로 아파할 때마다 신앙은 그를 일으켜 세웠을 것이다. 가진 것 없이 상경하여 생소한 사업을 시작하기 전, 그는 공장 노동자로 일하면서도 꿈을 잃지 않고 열심히 살았다 한다. 그의 소망대로 큰 성공에 이르지만, 욕심이 과하여 절망에 빠져 있을 때도 기독교 신앙은 구원의 손을 내밀었다. 신앙의 힘에 의하여 내적 고통과 경제적 어려움을 극복하기에 이른다.

"여호와는 나의 목자시니
부족함이 없으리로다."

안식 속에 살면서
말씀을 붙잡고
노래하면
달도 별도 내 노래를 듣지요.

그 속에 나를 띄우고
반짝거리는 별들에게
헤집고 들어가
옛 이야기 전하지요.

모두 아름다운 친구들
주님 안의 친구들.

— 「보이지 않는 분과 함께」 전문

그는 신앙심으로 삶의 신비를 작품으로 빚어낸다. 첫 시집을 낼 때까지는 과거의 추억과 서정을 중심으로 작품을 빚었지만, 앞으로 새로운 시집을 발간하기 위해서는 신앙시를 열심히 빚겠다는 다짐이다. 외로움과 갈등, 위기와 절망을 극복하여 감사와 찬양을 담아낸 시를 빚고자 한다. 기도와 찬양으로 세상을 문을 열겠다는 마음이 오롯하다.

이런 다짐으로 창작해 낼 아름다운 시를 기대하며, 조문자 시인의 첫 시집 『매화 앞에서』에 수록된 작품 감상을 마친다. 일부 작품을 중심으로 한 조명이어서 작품 전체에 흐르는 예술적 특성을 아우르지 못했음을 고백하며, 여타 작품에 깃들어 있는 시인의 속삭임은 독자들의 몫으로 남긴다.

◇ 신현자 시인

신앙에 용해된 감성과 지성

- 신현자 시인의 1시집 작품세계

1. 신현자의 문학적 바탕

신현자 시인은 1952년 경기도에서 태어났으나 주로 충청도에서 성장한다. 목사인 부친이 여러 곳의 교회에서 시무하였기 때문에, 경기도에서 초등학교를 졸업하고, 충남 공주에서 중고등학교 과정을 마친 후, 대전에서 대학을 졸업한다. 기독교 가정에서 태어나고 성장하여, 그의 삶과 문학의 바탕에는 기독정신이 녹아있다. 삶 자체가 신앙의 부분집합으로 인식될 정도로 기독교 정신이 자연스럽게 스며 있다.

초등학교 학생시절부터 글짓기를 잘 하여 여러 상을 받는다. 중등학교 문예반 활동을 하면서, 학교 대표로 참여하여 많은 상을 수상한다. 대학의 국문학과를 지망하였으나, 본인의 의지와는 달리 '보육'을 전공하게 되고, 유치원에서 원아들을 지도한다. 결혼과 함께 생활의 윤기를 더하기 위해 '색소폰' 연주를 연마하여 지도자의 위치에 오른다.

지천명(知天命)의 나이에 이르러 꿈으로 간직하던 문인의 길을 걷는다. 2007년에 『한울문학』의 신인상을 받아 등단하고, 2016년에 『문학사랑』에서 '한국인터넷문학상'을 받으며 창작의 지평을 넓힌다. 이를 계기로 2016년에 첫 시집 『당신은 누구신가요』를 발간한다. 이 시집의 첫 작품 「처음 알았습니다」를 읽으며 그의 곡진한 서정을 공유하게 되어, 시인과 같이 '먹먹한 가슴'으로 단숨에 한 권의 작품을 읽게 하는 마력(魔力)에 휩싸인다.

서러움이 별처럼 내린 양지쪽 언덕에
혼자 있기 쓸쓸하다,
어머님 함께 나란히 누우신 날,
꽃잎 흐르는 봄빛조차도 서러운
이 고운 봄날
살아 숨 쉬는 모든 게 오히려 슬픔인 것도
이제야 비로소 안 것 같습니다.

— 「처음 알았습니다」 일부

이 작품의 서두부터 감상하면, 시인의 부친이 먼저 소천하셨고, 그 다음에 모친이 작고하여 아버지 곁에 모신 후의 '슬픈 정서'가 오롯하다. 〈마른 잔디 위에 내리쬐는 봄볕이 그렇게 슬픈 줄을/ 이제 처음 알았습니다.〉 〈진달래 산당화 꽃잎이 그렇게 슬픈 꽃인 줄도/ 이제야 처음 알았습니다.〉 어머니의 부재로 인해 시인의 정서는 〈맑디맑은 푸른 봄 하늘빛〉도 〈가슴 흔들던 바람소리〉도 자신과 같이 슬픈 사물로 인식한다.

어머니를 아버지 곁에 모신 후, 〈꽃잎 흐르는 봄빛조차도 서러운/ 이 고운 봄날/ 살아 숨 쉬는 모든 게 오히려 슬픔인 것〉에서 절통(切

痛)한 정서를 공유한다. 어머니를 여읜 그는 다윗의 시 〈주여 나는 외롭고 괴롭사오니 내게 돌이키사 나를 긍휼히 여기소서. 내 마음의 근심이 많사오니 나를 곤란에서 끌어내소서.〉와 같은 기도로 슬픔을 극복했으리라 본다. 이로 인해 그는 일상으로 돌아와 아름답던 어린 날을 회상한다.

그리움이 된 장미 향기
보석이 된 꿈
기억의 가지마다 연둣빛 새싹
조각배 구름 되어 하늘에 뜬다.

전설인 듯, 꿈속의 이야기
바람결에 실려 온 아득한 향기
어릴 적 빛나던 꿈

봄날은 가고 세월은 아쉬워도
아직도 꿈꾸는 세상
살아있는 온갖 생명들의 낙원
장미향 가득한 나의 삶, 나의 소망.

장미 향기가 세상에 넘치면
그리움은 노래가 되고
조각배 구름 되어 하늘에 뜬다.

—「장미 향기」 전문

신현자 시인은 〈어릴 적 빛나던 꿈〉을 기억한다. 그 '꿈'은 장미꽃이 피는 5월과 6월쯤에 보석과 같이 빛난다. 아름답던 기억의 가지마다 연둣빛 새싹이 돋은 그 위로 하얀 구름이 조각배처럼 떠 흐른다. 오랜 기간 가슴에 묵혀온 이야기는 이제 '전설'이 된다. 봄날이 가고 세월이 흘러도 그 꿈은 기억 속에 남아 그의 삶이 되고 그의 소망이 된다. 꿈의 매개체로 등장하는 '장미 향기'는 그리움의 노래가 된다.

그의 작품을 감상하면 이와 같은 스토리가 독자의 가슴으로 전이된다. 때로는 세세하게 서술하거나 묘사를 하다가, 갑자기 음악의 스타카토처럼 토막으로 잘려서, 독자들은 조사(助辭)를 복원하면서 읽어야 한다. 낱말 맞추기를 통해 시인의 정서를 복원하는 재미도 신현자 시 감상의 묘미이다. 모든 것을 세세하게 기록하면 산문이고, 중요한 부분을 선택하여 비유와 상징의 옷을 입히면 시가 될 터, 이러한 기예(技藝)를 그는 다용(多用)하고 있다.

2. 정서적 에뜨랑제 경향

일묵(一默) 임영창 시인은 "정서적 차이는 있지만, 시인은 누구나 에뜨랑제(etranger) 기질이 있다."고 말한 바 있다. 시인의 여러 기질 중에 '떠돌이' '보헤미안' '집시' '이카루스' 등의 속성이 있어, 수렴적인 구심력(求心力)보다, 벗어나려는 원심력(遠心力)이 작품 속에 자주 등장하게 된다. 이러한 성향은 한 자리에 머물러 있지 않으려는 인간 본연의 자세일 터이고, 시인을 비롯한 예술인들은 이 성향이 좀 더 두드러지게 나타난다.

신현자 시인도 정서적 에뜨랑제의 속성을 형상화한다. 겉으로 드러나는 원심력을 노래하는 것보다 내면의 원심력을 작품에 담아낸다. 이러한 작품 창작 성향은 종교적 신앙 안에서 생활한 사람에게서 두드러진다. 자신을 돌아보고, 스스로 반성하며, 또한 신앙의 주체에게 자신의 부족함을 채워달라는 기도의 속성이기도 하다.

낯선 길,
추수할 것 없는 빈들
허허로운 시간의 그림자를 펼치다.

애틋하게 속삭이는
초저녁 바람
기억 찾아 떠나는 끝없는 능선(稜線)

능선 따라 이어진 세월의 설화(說話)
피어나는 해오름 안개
그리고 빈손,

한 가진들 아픔 없는 이룸 있었을까,
들여다보면
욕망 가득 상처 입은 가슴일 뿐.

새벽 안개비
한낮의 태양을 예지하듯
고단한 울음 지우며 술렁이는 그림자.

—「산길에서」 전문

시인이 낯선 길로 들어선다. 가을추수를 다하여 빈들에 〈시간의 그림자〉가 길게 펼쳐 있다. 이 작품에서는 〈시간의 그림자〉와 같은 고도의 은유가 빛난다. 〈기억 찾아 떠나는〉〈능선(稜線)〉에 이르러, 어려서부터 갈고 닦은 문학적 자질을 확인한다. 기억 속에 있는 능선일 터이지만, 시인은 이 능선이 '기억을 찾아' 끝없이 이어진다고 노래한다. 능선을 따라 〈세월의 설화(說話)〉가 이어진다는 발상도 신선하다. 이런 바탕에 〈한 가진들 아픔 없는 이룸 있었을까〉에 이르러 잠언적 수준에 경탄하게 된다. 이루어놓은 업적을 들여다보면서 〈욕망 가득 상처 입은 가슴〉을 만나게 되고, 이는 다시 〈고단한 울음 지우며 술렁이는 그림자〉로 시인의 내면을 밝힌다.

세상을 살다 보면 상처 입지 않은 사람 없을 것이다. 누구나 크고 작은 상처를 안고 살아가지만, 예민한 감성을 지닌 시인이나 예술가들은 좀 더 확장되어 나타난다. 이러한 '상처'를 극복하기 위해 신앙에 충실하기도 하고, 좋아하는 일에 집중하기도 하며, 기쁨으로 변환될 수 있는 예술행위를 찾아 행하기도 한다. 신현자 시인과 부군(남편)은 색소폰을 연주하면서 스스로 위로를 받는다.

> 한바탕 진하게 펼쳐진 무대
> 혼신을 다해 펼친 연출,
> 열정의 투명한 늪,
> 바람이 돼버린 시간, 에너지
>
> 타버린 추억의 잔해,
> 공감과 가슴앓이의 불씨 사르며

누군가의 마음속 상처가 된 후유증
무심한 한숨,

이유와 색깔이야 어떠하든
귀 기울여 수런대며 반짝이던 눈
어둠 속의 빈 객석
흩어진 화음
허전함에 싸한 코끝,

축제는 끝나고
연주도 멈춘 무대 위의 적막,
가슴에 흐르는 안타까운 선율.
늘 아쉬운 후회, 공허함
별빛조차 푸르던 그날의 하늘정원.

—「연주회 끝난 후」 전문

동료와 문하생들이 모여 연주회를 한 듯하다. 혼신을 다하여 펼치는 무대는 객석의 감동을 이끌어내기도 하지만, 연주자들 스스로 감동과 희열을 체험한다. 투명한 열정으로 온갖 에너지를 다 쏟아 붓고 난 후, 연주자들은 보람과 함께 〈타버린 추억의 잔해〉에 쓸쓸해하기도 했을 터, 그리하여 관객이 떠나고 남은 〈어둠 속의 빈 객석〉에 눈길이 가게 마련이다.

허공으로 〈흩어진 화음〉이 아직도 가슴에 남아 〈무심한 한숨〉을 내뿜기도 하고, 〈허전함〉에 코끝이 시큰하기도 할 터이다. 이렇게 연주회를 마치고 적막이 찾아오면, 아직도 시인의 가슴에는 〈안타까움의 선율〉이 남아 흐른다. 이렇듯이 시인은 음악을 통해 봉사하면서 보람을 찾는다. 신앙의 주체가 그에게 준 예술적 달란트를 통하여, 많은 사람들을 즐겁고 행복하게 하는 일은 소중한 일이다. 그는 앞으로도 이러한 연주활동에 전념하리라고 하니, 이 또한 기쁘고 보람된 일일 터이다.

3. 감성과 시어의 교집합

신현자 시인은 감성이 예민하고 풍성한 사람이다. 봄비를 맞으며 풀과 나무들이 자라듯, 서정의 폭을 넓히기 위해 시인이나 예술가들은 가끔 비를 맞으며 거리를 걷기도 한다. 낙엽이 날리는 거리를 보헤미안처럼 쏘다니기도 하고, 눈을 맞으며 독재에 항거하는 자세를 취하기도 한다. 한국문학의 여명기에는 이러한 모습들이 문인의 대유(代喩)적 이미지로 인식된 때도 있었다. 비록 현대의 예술가들은 이런 이탈이 줄어들고 있다고 하지만, 이들의 내면에 이와 같은 동경마저 사라진 것은 아닐 터이다.

감성이 풍성한 그는 어느 봄날, 꽃비를 맞으며 거리에 나선다. 바람결에 실려 오는 추억의 향기도 만나고, 비가 내리는 가운데 문득문득 보이는 파란하늘에 해맑은 미소를 날리기도 한다. 꽃비를 맞으며, 시인은 우산이 없어도 즐겁다고 한다. 〈아득한 날, 안개 자욱한 강둑에도/ 비 맞으며 걸어가는 또래 아이〉가 보인다. 추억을 즐기며 그는 〈기세등등하게 빛나던 상장, 트로피, 메달/ 모두가 꽃잎 되어〉 사소하게 보이는 경지에 이른다.

꽃비가 내리네요.
꽃비를 맞으며 강둑을 걷습니다.
마중 올 분도 우산도 없는 나그네로
추억의 향기 서글픔에 취하며
너무도 귀해, 그냥 맞아도 즐겁습니다.
꽃비 내리는 밤
깊고 충만하게 흐르는 강물 따라
꽃잎이 흘러갑니다.
꽃비 맞으며
작은아이가 안개 덮힌 강둑에 서 있습니다.

— 「꽃비 내리는 밤에」 일부

이 작품의 끝 연에서 시인은 추억 속의 〈작은 아이〉가 된다. 이 작은 아이는 어릴 때 본 '동무'의 모습이거나 자신의 모습으로도 보이는데, 어떤 경우라 할지라도 정서적 공감대는 동질적이다. 〈마중 올 분도 우산도 없는 나그네〉가 되어 시인은 〈추억의 향기〉에 취한다. 강물 따라 흘러가는 꽃비를 맞으며, 안개 덮힌 강둑을 거닐던 〈작은 아이〉의 모습을 찾아 추억에 젖는다.

이런 추억으로 인해 시인은 시를 빚고, 화가는 그림을 그리며, 무용가는 춤으로 표현한다. 그 표현이 자신만의 것으로 남는다 하더라도 그 행위 자체로 의미가 있다. 그래서 예술가들은 이해타산에 물들지 않고 수준 높은 예술의 경지를 추구할 수 있는 것이다. 특히 시인은 언어로 예술의 집을 짓는다. 표현의 매체가 언어인데, 때로는 언어로부터 자유로워지기를 소망하기도 한다.

심연의 소리,
너무도 절박한 절규
바위만큼이나 두껍고 깊은 어둠
고요함,
길고도 먼, 끝 모를 시간,
다가오는 벅찬 감동의 무게,

숨죽이고 아프게 바라보는 서로의 눈길
가슴 절절한 시어(詩語)
날개 편 언어들의 유희,
오히려
부끄럽고 어설픈 시구(詩句)
감추인 붉은 마음,

귓전에 스치는 검고 흰 소리의 난무
혼돈,
마침내 안개 속으로 숨어드는 푸른 언어
세상은 본래
무언의 바다였음으로.

— 「침묵」 전문

서두의 '심연'은 깊은 연못을 뜻하는 심연(深淵)일까, 마음의 연못이라는 은유법의 심연(心淵)일까, 마음으로 맺어진 사이를 뜻하는 심연(心緣)일까, 구체적으로 확정할 수 없는 다의성(多義性)을 내포한다. 다른 작품에서도 여러 번 등장하는 시어의 의미는 각각 다를 것이지만, 이 작품의 '심연'은 '침묵'과 연계하여 '깊은 연못'으로 이해

한다. 깊은 연못은 '침묵'의 이미지와 상관관계가 있어 보인다. 그리하여 표면에서 물결이 출렁거려도 깊은 곳에서는 잠잠할 터이매, 이를 가리키는 것으로 보인다.

표면적으로는 〈너무도 절박한 절규〉 〈바위만큼이나 두껍고 깊은 어둠〉 〈다가오는 벅찬 감동의 무게〉 〈가슴 절절한 시어〉 〈날개 핀 언어들의 유희〉 등이 그의 내면에 자리잡고 있지만, 시인은 자신이 추구하는바 〈안개 속으로 숨어드는 푸른 언어〉 〈무언의 바다〉를 지향한다. 즉 자잘한 희로애락에 젖어들기도 하겠지만, 흔들리지 않는 본심을 지키겠다는 의지의 형상화다.

4. 부모와 신앙의 주체

기독교에도 '부모에게 효도하라'는 계명이 있고, 불교에도 '부모은중경'이라는 가르침이 있듯이 누구에게나 '부모'와 신앙의 주체는 거의 동질 선상에 놓인다. 신현자 시인도 어머니와 아버지, 그리고 사랑하는 가족에 대한 작품을 여러 편 빚는다. 시집의 제목이기도 한 작품 「당신은 누구신가요」에서 '당신'은 육신의 '부모'일 수도 있고, 신앙의 주체일 수도 있다. 시인의 내면에는 분명한 이미지가 형성되어 있을 터이지만, 작품의 표면에는 드러나지 않는다. 이 작품은 현대 시인들이 추구하는 중의법(衆意法)에 의한 모호성을 활용한 듯하다.

〈고열에 들뜬 어둡고 힘든 시간/ 꽁꽁 언 자리/ 홀쩍이던 설운 밤〉 〈팔 아프고 어깨 결려 잠 못 이루던/ 꿈속에서/ 두드리고 어루만져 단잠 자게하신/ 당신〉은 '부모'에 가깝다. 한편 〈일기예보처럼 빠르고 정확한 충고로/ 용기 갖고 서게 하신/ 사랑보다 진한/ 세상에 없는 당신〉은 신앙의 주체로 보인다.

어느새 드문드문
나이만큼 거친 마디,
갈색반점 돋은 손등
어쩜 그렇게도 어머니와 닮았는지.

아버님 곁에 눕혀 드린 지
오늘이 꼭 두 달째 되는 날,
두 분 회포는 어찌 푸셨을까?

남기신 육남매
누구 하나 닮지 않은 사람 없는 우리
한결같은 닮은 꼴
그리운 두 분 모습.

거슬리는 갈색반점
지울까 생각다가
오히려 훈장인 듯 귀히 보며
당신 손인 양 소중하게 아낍니다.

—「갈색 반점」 전문

신현자 시인은 어머니와 자신의 동질성을 '갈색 반점'에서 찾아낸다. 나이가 들어 손등에 갈색으로 무늬가 돋는다. 그 무늬가 생전의 어머니 반점(검버섯)과 닮아 있다. 이와 같은 유사성을 찾아낸 시인은 〈아버님 곁에 눕혀 드린 지/ 오늘이 꼭 두 달째 되는 날/ 두 분 회포는 어찌 푸셨을까〉 소천하신 어머니를 그리워한다. 시인은 손등에 있는 '갈색 반점'을 성형외과에 가서 지울까 생각도 해보지만, 어머니가 그리울 때 보기 위해 소중하게 간직한다.

「떠나는 이에게」에서도 헤어지는 사람에 대한 정서가 오롯하다. 〈그렇게 가신다니요/ 얼굴이 안 보인 지가 벌써 며칠,/ 짐짓 그러리라 생각했습니다.〉 〈계시는 동안 불편했거나/ 서운한 일 있었다면 정말 미안합니다.〉 〈잘 한다고 했는데도/ 실은 헤아림이 모자라/ 떠나실 계기가 되었나 봅니다.〉 등에서 이별의 정서를 오롯하게 그려낸다. 그리하여 〈부디 이 곳의 부족함일랑 다 잊고/ 좋았던 일들만 오래오래 기억하시기〉를 소망한다. 신현자 시인은 대상(對象)이 특정(特定)되지 않은 사람과의 이별도 이렇게 순수한 정서로 승화시키는 힘을 보인다.

> 어쩌면 당신은 밤이슬인지 모릅니다.
> 어둠 속에 소리 없이 내리는 찬비
> 세상의 온갖 소음 잠재우는 하늘을 닮았네요.
>
> 어쩌면 당신은 아침 햇살인지 모르겠어요.
> 훤하게 밝아오는 새벽 창,
> 창틈에 새어드는 눈부신 햇살로 나를 깨우네요.
>
> 어쩌면 당신은 한낮의 바람일지도 모릅니다.
> 도로 옆 가로수, 가는 줄기 흔들어
> 싱그러움으로 오가는 마음 설레게 하네요.

어쩌면 당신은 내게 찾아온 천사일지 모릅니다.
한결같은 열정으로 살게 하며
내 힘으론 불가능한 일들을 감사로 이루게 하는,
당신은 분명 천사이십니다.

—「어쩌면 당신은」 전문

이 작품에서의 '당신' 역시 특정되지 않았다. 당신은 '밤이슬인지 모릅니다.' '아침 햇살인지 모르겠어요' '한낮의 바람일지도 모릅니다' '내게 찾아온 천사일지 모릅니다' 등에서 유추할 때 부모님 중의 한 분이거나, 사랑하는 사람으로 보인다. 신앙의 주체로 보이기도 하지만, 마지막 연의 〈내 힘으로 불가능한 일들을〉 감사하면서 이루게 하는 '당신'은 신(神)의 영역이 아니다. 어떻든 시인은 이 분을 통하여 마음이 설레기도 하고, 감사하는 마음으로 살아간다.

신현자 시인은 어머니에 대한 정서가 특별하다. 작품 「어버이날에」에서 〈주고 또 주고/ 불살라 모두 다 비워주고 나면/ 무엇이 남는가?〉 서두를 의문문으로 시작한다. 그리하여 〈최선을 다하는 아름다움〉 〈빈 손 쥐고 살아낸 운명 같은 세월〉 〈쓰리고 서러웠던 날들〉 〈지금도 등대된 그 눈물〉 〈가슴 울리는 서글픈 모정〉 등으로 어머니를 형상화한다. 〈오늘도 아픈 몸(으로) 한숨짓고 계실 어머님〉을 기리는 작품이 독자의 가슴까지 먹먹하게 한다.

5. 표현의 변화를 추구

신현자 시인은 표현의 다양성을 추구한다. 조사를 생략하여 여백의 미(美)를 추구하기도 하고, 시어를 생략하여 독자들의 상상력을 환기하기도 하며, 행과 연의 길이를 자연스럽게 배치하기도 한다. 또한 비유와 상징을 통하여 시의 수준을 높이기 위해 고심하는데, 때로는 생경할 정도의 비유와 상징을 선보인다. 비유 중에서도 직유와 의유 같은 기본적 기법을 쓰기보다는 고도의 은유를 활용하여, 때로는 난해성을 유발하기도 한다.

그는 이러한 시도가 다분히 의도적이라고 밝힌다. 시인마다 자신만의 표현법과 시 형식을 주장하고 창작하여, 여러 작품 중에서도 개성적 특질을 귀납(歸納)하여 그 시인을 유추할 수도 있다. 그만의 개성이 살아 있는 작품이라는 측면에서 긍정적이지만, 다양한 지성과 감성을 하나의 카테고리로 묶을 수 있다는 우려도 야기된다.

> 그날의 함성이
> 하늘과 땅을, 바다를 울려
> 독립의 꽃으로 피었습니다.
>
> 민족의 모세이길 자청한 당신의 열정,
> 충혈 뿌린 이 땅, 귀한 이 나라
> 역사 안에 녹아내린 선혈, 거룩한 뜻
> 아름다운 영혼이여.
>
> ―「3월 그날도 이렇게」 일부

이 작품의 주인공은 유관순 열사이다. 작품에 특정하지는 않았지만, 〈열여섯 어린처녀 앞세운/ 참았던 민중의 함성, 깃발〉에서 유추가 가능하다. 우리 민족은 〈너무나 순박해/ (타민족을) 도무지 탓할 줄 모르는〉 사람들이다. 그러나 〈혈육의 고통과 설움, 공동의 아픔〉이 3.1 만세운동에 불을 붙인다. 〈방방 곳곳 어질고 착한, 잠든 넋 흔들어 깨운/ 이 땅, 승리의 봉화, 함께 만든 태극기〉를 흔들며 민족 자존의 기치를 높인다. 그리하여 〈오늘, 푸른 저 하늘 아울러/ 경건히, 장한 뜻 새기며/ 반듯하고 자랑스러운 멋진 후손, 길이 빛날 선진의 민족이기〉를 염원한다.

신현자 시인의 시에 드러난 특징은 쉼표(,)의 다용이다. 때로는 쉼표의 남용으로까지 보이는 표현적 특징은 같은 품사의 중첩으로 그 뜻을 강조할 때 쓰인다. 관형어의 중첩으로 주어의 성격을 확장하기도 하고, 쉼표를 통해 조사를 생략하기도 하며, 동질적 어구를 반복하여 의미를 강조하기도 한다. 이러한 특징과 함께, 신현자 시인이 최근에 시도하는 시 형식의 변화도 눈길을 끈다. 서두와 말미는 자유시 형식을 갖추고, 가운데에 산문시 형식을 취한 작품이 여러 편이다.

> 봄이면 또 이렇게 피어나리라.
>
> 누구 하나 인정하고 바라보는 이 없는데, 따듯한 바람, 새싹과 함께 들판 가득한 고운 향기, 형형색색, 탐스럽고 화려하게 무리 진 꽃, 향연의 들판, 그 안, 수줍고 작은 가여운 미소, 눈물로 핀 송이, 질투로 아프게 피운 꽃잎, 누군가의 부드러운 손길, 따스함, 갈망, 꿈으로 피어 가을을 맞고, 마침내 서러운 겨울, 인내, 혹여, 길손의 눈길이라도 닿으면 천지에 온통 가슴 벅찬 환희, 자랑, 순박한 기쁨 가득하리라.

신의 뜻일까, 소리 없는 무대 연주.

—「들꽃」 전문

이는 사설시조의 형식과도 닿아 있다. 또한 판소리에 나타나는 '창'과 '아니리'의 변화와도 상통한다. 자신의 중심 정서를 앞과 뒤에 배치하고, 중간에는 '아니리' 형식의 스토리를 배치하는 양식이다. 이는 또 현대 가요의 '보컬'과 '랩'의 조화를 보는 듯하다. 〈봄이면 또 이렇게 피어나리라〉에서 소망과 다짐을 보이고, 말미에서 〈신의 뜻일까〉 의문문으로 강조한 후, 봄에 소리 없이 아름답게 이루어지는 것들을 〈소리 없는 무대 연주〉라고 맺는다. 이런 형식의 작품은 여러 편이다. 「노래하듯 세월을…」에서는 서두 3행, 산문, 결미 3행으로 되어 행복한 삶을 노래한다. 「그렇게 살 수 있을까」에서는 서두 2행, 산문, 결미 2행으로 〈정스럽고 따뜻한 마음〉을 동경한다.

물론 신현자 시인은 현대 자유시의 일반적 형식과 표현법을 활용하여 시를 빚는다. 여기에 만족하지 않고, 좀더 새로운 변화를 추구하는 자세가 시에 활력을 불어넣는다. 그는 앞으로도 끊임없이 새로운 변화를 모색하며, 자신의 정서를 독자들과 효과적으로 소통하고자 노력할 것이다. 이런 기대로 첫 시집의 감상을 마친다.

3부

전통서정의 숨결 찾기

◇ 이수일 시인

불교적 시심이 빚은 추억과 소망

- 이수일 시인의 3시집 작품세계

1.

이수일 시인은 1938년 대한민국 충청남도 부여군에서 태어났다. 고향의 이웃 도시 대전에서 성장하고, 서울로 유학하여 덕성여자대학교 문예창작학과를 졸업한 뒤, 중학교와 고등학교에서 교사로 봉직하였다.

이수일은 한국어로 시를 쓰는 시인이다. 특히 한국의 전통시인 시조를 창작하는 시인이다. 시조는 한국에서 매우 오래된 역사를 지니고 있다. 약 600년간 한국인의 정서를 대변하는 문학 장르이며, 이 시조에는 한국인의 정신이 숨쉬고 있다. 나라에 충성을 한다든가, 부모에게 효도를 한다든가, 사람이 지켜야 할 도리를 노래하는 등 유교적 도덕과 함께 개인적 서정을 담아낸다.

이수일 시인도 자신의 사상과 감정을 자연스럽게 시조로 표현한다. 시조는 음보율에 의한 정형성을 기본으로 한다. 즉 한국어 음절로 3~4음절을 하나의 음보 단위로 만들어 12음보에 충실한 구성으로 시를 짓는다. 때로는 이러한 구성을 2회 내지 3회 반복하여 시인의 내면을 자세하고 확실하게 표현한다.

그리움 한 자락
바람에 날린다.
옛 고향 뜨락을
하염없이 서성여도
그 하늘
잊을 수 없어
시름 앓는 가슴이여

외로운 끝자락을
저 멀리 無情 향해
마음으로 깔아놓고
반백이 넘은 세월
허무를
끌어안고서
詩情으로 달랜 오늘

—「그리움」 전문

첫수의 중심 제재는 '고향' '하늘'이고, 둘째 수의 중심 제재는 '무정' '시정'이다. 이는 시인의 내면에 존재하는 정서적 응결체로서 시의 성격을 가늠하게 한다.

고향을 떠나 살고 있는 시인은 고향을 그리워한다. 그 그리움을 자유자재로 왕래하는 '바람'에 의탁하여 달랜다. 그 바람이 고향을 찾아가서 시인의 향수를 전하기를 소망한다. 그러나 시인이 직접 가지 못하기 때문에 시인은 만족스럽지 못하고, 이로 인해 '시름'이 생성된다.

자기 의지에 따라 갈 수 있는 고향이라고 하지만, 고향에서 사는 것이 아니기 때문에, 고향은 언제나 그리운 대상으로 존재한다. 특히 시인은 삶의 끝이라 할 수 있는 '무정'의 경지를 지향하고 있어, 고향을 그리워하면서 반백이 되어 간다. 덧없는 세월에서 비롯된 허무를 시인은 아름다운 시를 창작함으로써 극복한다.

2.

이수일 시인의 고향은 충청남도 부여다. 부여는 한국의 옛 왕조인 '백제'의 수도였다. 왕이 살던 부소산성에는 백제의 유물이 많이 출토된다. '군창터'에서는 1000년이 더 지난 쌀알이 출토되고, 백제탑과 궁남지가 역사적 사실을 전한다. 왕의 무덤은 일본의 고고학자들에 의해 도굴당하여 그 내용이 전하지 않아 애석하다.

부여는 '금강'에 인접하여 농경문화가 발전하였고, 농산물의 풍족함에 의해 과거 백제의 왕도로 정해졌으며, 오늘날에도 농사가 중심 산업이다. 그래서 부여는 역사와 농업이 함께 자리 잡은 관광 명소이면서 농업 지역의 특성을 띤다.

시인은 어린 시절 농사를 짓던 '구룡벌'에 특별한 추억을 담고 있다. 그래서 그의 시에는 고향에 대한 사랑과 꿈이 자주 등장한다.

아스라이 먼 끝으로
푸르게 펼쳐 나간
구룡벌-
사랑과 푸른 꿈

언제나 곱게 피우네.

저 언덕에 들국화 하얗게 피고
기러기 나직이 날면
노란 벼이삭 바람 따라 파도치네.
옛 정인 다 어디 갔나,
그리움이 옷자락에 길게 매달린다.

모두 끌어안을 풍년가
드높이 들리는 듯하여라
구룡벌-
사랑과 푸른 꿈
언제나 곱게 피우네.

—「구룡벌의 꿈」 전문

시인에게 추억으로 남아 있는 '구룡벌'은 어린 시절에 보았던 추억처럼 아스라하게 멀리 펼쳐져 있다. 그 들에는 어린 시절에 나누던 인정과 사랑이 그대로 있는 것 같다. 또한 어린 시절의 푸른 꿈이 지금도 곱게 피어오르는 것 같다.

그 모습은 나지막한 언덕에 들국화가 하얗게 피고, 기러기들이 날아와서 강변에 내려앉는 풍광이다. 그 옆의 논에서는 노랗게 익은 벼이삭이 가을바람에 흔들거리며 익어간다. 언덕, 강변, 논 등의 자연은 그대로 존재하는데, 옛날 같이 살며 정을 나누던 사람들은 어디 갔는지 보이지 않아, 시인은 애절한 그리움에 젖는다.

어린 시절에 벼농사가 풍년이 들면, 농민들은 풍년가를 부르며 벼를 거둔다. 가난한 생활 속에서도 가을에 추수를 할 때만큼은 모두 행복해 했다. 고향의 들녘을 생각하면, 지금도 풍년가가 들리는 듯하다. 그래서 어린 시절의 사랑과 푸른 꿈이 아름답게 펼쳐진다. 그런 향수를 아름다운 시어로 노래하고 있다.

3.

이수일 시인은 시집 [벼랑에 핀 난초] [바람소리 찾아 나서는 길]을 발간하였다. 그리고 이번에 [하늘꽃]을 발간한다. 그는 '한국문인협회' '불교문인협회'의 회원으로 활동하고 있다. 그리고 '공주문인협회' 부회장을 역임하였고, '공주여성문학회' 회장을 역임하였다. 이처럼 시인이 살고 있는 지역 공주시에서 열심히 문학을 창작하고 있다.

그러면서 그는 국제도덕협회 '점전사'(기독교의 목사, 전도사 역할)로 불교적 신앙생활을 성실하게 하고 있다. 그래서 그의 작품에는 불교적 제재의 시들이 많고, 불교적 깨달음을 시로 노래한다. 그 중에서 연(蓮)꽃에 대한 관심이 크고, 작품 수에서도 단연 돋보인다.

백련이 피네
억년을 고와라 맑아라.
고요히 하늘 길 열어놓고
다듬고 헹구어 쌓아올린 염원이여
어둠을 헤치며
지극한 그리움으로
밝게 순수하게 피어오르네.

사랑하는 백련
만산에서 뛰어난
정토의 거룩한 아름다움이여
사바의 넓은 바다
중생의 바람 밭에 피어나면
홀연히 삼세의
한량없는 즐거움이네.

—「白蓮 2」 전문

시인은 하얗게 핀 백련(白蓮)을 노래한다. 아름다운 모습과 종교적 의미를 부여한다. 백련은 불교에서 신성시하는 꽃이다. 진흙에 뿌리를 내리고 있지만, 아름다운 꽃을 피어내기 때문에, 씻음으로서의 정결성을 상징한다.

백련은 오랜 기간에도 변하지 않는 자세를 지니고 있어 시인의 지향이 된다. 하늘로 올라가는 길을 열어놓은 매체로 인식된다. 하늘로 오르고 싶은 염원에 의해 더러워진 몸을 다듬고 헹구어 깨끗이 만든다. 즉 어둠에서 밝음으로 이끄는 힘으로 상징된다.

시인은 백련을 사랑한다. 모든 사물 중에서 가장 깨끗하고 거룩한 아름다움을 지닌 꽃이기 때문이다. 세상에서 살고 있는 많은 사람들에게 있어서도 역시 백련은 순수한 소망으로 기능한다. 시인은 이와 같이 종교적 신물(神物)을 사랑할 수 있는 것을 삼세의 즐거움으로 인식한다. 그런 마음 상태를 아름다운 시어로 노래한다.

4.

이수일 시인은 삶을 나그네에 비유한다. 이는 불교적 인생관에 의해 형성된 것 같은데, 세상의 영욕에 물들지 않은 순수한 마음이다. 현세에 대한 욕심은 재물을 쌓아두려고 하며, 심지어 다른 사람의 사물도 탐을 낸다. 그렇지만, 현세를 살아가는 지금의 삶이 '나그네'에 해당한다고 하면, 크게 욕심을 부릴 일도 아니다.

어떤 시인은 우리의 삶을 '소풍'온 것으로 노래하기도 하였다. 그래서 현세에서 욕심을 부리지 않고 순수할 수 있었다. 이처럼 이수일 시인은 욕심을 버리고 순수의 경지에서 허정(虛靜)을 꿈꾼다. 이런 마음은 아름다운 시를 탄생시킨다.

> 세상은
> 순수하고 아름답고
> 고운 꿈이 있다.
>
> 알 수 없는 것은
> 참으로
> 알 수 없는 것은
> 세상 그 무엇이 아니라,
>
> 모습 없고 향기 없는
> 나그네
> 마음 길이다.

— 「나그네」 전문

이수일 시인은 세상을 순수하고 아름답게 본다. 이는 자신의 내면이 그러하기 때문이다. 시인에게 있어, 살면서 참으로 알 수 없는 것은 이 세상에 있는 사물이 아니라, 하늘을 향해 나아갈 수 있는 마음길, 즉 천국의 문으로 향한 길이다.

이 길만 찾으면, 사람들은 슬픔이나 괴로움 없이 모두 행복할 수가 있을 것이다. 그래서 이 길을 찾기 위해 종교를 갖게 되고, 그 신앙에 의해 거듭나기를 소망한다. 이수일 시인이 이러한 소망을 간직하는 한, 그는 그 길에 이를 것이다. 그 과정에서 순수하고 아름다운 시를 지속적으로 창작할 것이다. 이런 믿음과 기대로 평설을 맺는다.

〈이수일, 이무선 시인 - 두 이름으로 작품 발표〉

◇ translated by Lee, Myung Un(Chongpa)

The love and truth searched after by a seeker's poetic soul

- The survey of Mrs. Yi, Mu Sun's poetic border

1.

Mrs. Yi, Mu Sun is a poetess who writes 'Si-jo', the brief poetic form of Korean traditional literature.

'Si-jo' has a long literary history in this country; it has represented the Korean sentiments for long as a unique genre in which we can find the candid esprit of the Korean people: it has contained the loyalty to the country, filial piety, and the moral sense of what's what, including the Confucian values and individual lyricism in it as well.

Poetess Yi has expressed her thoughts and feelings in a natural way of life by the format of 'Si-jo'. The genre has a basic form of regularity of 3-4 words as a rhythmical unit, reaching to 12 ones by its repeating two or three times. Thus, it can reveal the inner state of writer's mentality in a detailed and assured manner.

Longing

A hem of my longing
Is flying in the wind.
Walking around the old home yard vacantly,
Unable to forget that edge of (mental) 'heaven',
My heart grieves over the care as usual.

Spreading the lonely edge to that heartless road
With affection,
My aged longing old enough to be half a century,
Embracing vanity,
Still today,
I am soothing myself
With the love for poem.

The central themes of first stanza can be said to be 'native place' and 'heaven', while those of 2nd one, 'vanity' and 'poetic sentiment'. We find the emotional embodiment of this kind of poetess's turn of mind.

Mrs. Yi longs for her born native country in the mind, living off from her home village; she comforts herself by soothing her deep-seated longing, relied on the 'wind' flowing freely. She wishes the wind may visit her birth place, as a faithful carrier of her longing. Yet, as she does not go there in person, she has a mental care within her heart unawares.

We say we can go to our hometown freely, but it always remains the place of our longing within our hearts as we often do not live in there in our lifetime. Mrs. Yi has seeked after the lonely edge to that heartless road(vanity), growing gray-haired, and longing for her home village also. She has tried hard to overcome the feeling of nothingness from the vacant life way by writing a good poetry of 'Si-jo'.

2.

The birth place of poetess Yi, Mu Sun is Puyo in ChungNam province. Puyo was the capital of the ancient dynasty of 'Baekje'. Even now, at the castle of Puso, where its kings had been living, lots of historical remains of 'Baekje' have been found out. At the military warehouse, buried grains are often digged out; and the tower of Baekje and the southern pond to the site of king's palace tell the historical facts to us vividly. Regrettably, the royal tombs were excavated by Japanese archaeologists previously, having left no relics within them.

In the ancient days, Puyo prospered in its agricultural industry as it was just close to 'Keum' River; and as the agricultural products were prosperous, it was designated as its capital.

Still now, Puyo has farming as its main industry. For that account,

Puyo is a tourist attraction combined with ancient history and agriculture, yet showing the characteristic feature of farming area.

Mrs. Yi has an unforgettable memory for the field of 'Ku-ryong' in which they farmed in her childhood. And so, in her poems, her love and dream of home village appear frequently.

My Dream in the Field of Ku-ryong

At the dim distance,
There stretches the wide field of Ku-ryong into blue faraway,
Which makes me feel elevated with love and blue dream
Up into the heaven.

In this time, every returning year,
When white daisies and wild chrysanthemums open into flowers,
On that slopes unfailingly,
And wild geese fly low side by side with the honking sound,
The yellow-colored rice plants wave in the wind like a river water.
Ah, where are my close relatives in the world?
My longing for them is dangling on my sleeves as always.

The vast field of Ku-ryong,
Which holds everything in its arms warmly,
It seems like the song wishing for an abundant year
Is rising higher into sky to my ears.

To the poetess, the field of 'Ku-ryong' remains in the depth of her heart as a memory, spreading far in the distance just like that in her childhood.

It seems like there remains the warm-heartedness and love just as they were in the far bygone days; and also, the blue dream in the earlier days seems likely to be rising above, opening in full bloom.

In their seeming appearance, on the low foothill there opened the wild chrysanthemums in white a great deal, wild geese were flying down on the rivershore; and in the nearby paddy fields, rice plants were being ripened, waving in the autumn wind.

The hill, riverside, rice field exist as they were as the unchanged natural beings, while many a close one is not anywhere any longer, who the poetess used to share the warm-heartedness with each other in the bygone days; and so, she fell into the earnest longing for them at heart.

In her childhood, when a year's farming promised a good harvest, farmers reaped the rice, singing together the song of good harvest. Even though they were badly off, they felt happy all the same, when they harvested rice in the fall.

Thinking of the fields of home country village, it seems like a song of good harvest is ringing along to her ears. Therefore, the love and blue dream for the future in her early days are spreading out, singing that kind of homesick-like longing beautifully in her poems.

3.

Poetess Yi wrote two books of poetry, entitled "An orchid in bloom on a cliff" and "The way in search of the sound of wind", including "Jikji Jin Kyung". And her first selected poems, "The Flower of Heaven", translated in English by Dr. Lee, Myung Un is to come out shortly.

She holds memberships of the Korean literary association of writers and the Korean literary association of Buddhism etc.; and also she filled the posts of vice chairperson of Kongju literary society and the head of Kongju women's literary society. Like this, Mrs. Yi has played an active part in the creative writing in Kongju city she has been living in until the present time.

At the same time, she has led a pious life of Buddhism faithfully as a missionary of the international society for morality('Ilkwan-do'),say, a kind of branch of China's Buddhism.

Therefore, in her works, those of Buddhistic theme appear a lot, singing her seeking after the awakening as a Buddhist. And she has a special interest in lotus flower; and in the number of her poems, it stands out of them all.

The White Lotus(the Image of Maitreya (1)

The white lotus is in full bloom,
Its wishes piled eternally,
Washing them up clean for an aeon,
Opening the way to Heaven silently.
In the gray of morning,
With the heart-felt longing,
It is opening dazzlingly white.

Oh, my dearest,
Thou, my white lotus flower!
Thou art the very beauty
Springing from the 'Sukhavati(the Buddhist Paradise)',
Noblest and loftiest of all things in this world.
When thou art blooming,
In this trouble-ridden, windy seas,
Where all sentient beings live with bitters of life,
Of all the sudden,
There comes the endless bliss,
To every flesh in this world of trouble.

The poetess sings about the white lotus in full bloom; she renders the special religious meaning upon the flower. The white lotus is the flower which is regarded as pious one in Buddhism. It is because even though rooted in the muddy field, the lotus blooms a beautiful flower as the religious seeking after purity in this troubled world.

As the white lotus keeps the unchanging appearance for quite a long while, it becomes the object she seeks after. It has a meaning of 'beyond darkness' from here, a prison-like this world.

Mrs. Yi loves a white lotus, as it has a beauty of clean and lofty pious meaning. To every mortal, it works as a wish of pure-hearted seeker after the Buddhistic truth.

4.

Poetess Yi compares life to life journey. This looks like the life view of Buddhism, the pure mentality not stained with the honor and disgrace of life. Most of mortal beings want strongly to store riches for themselves in this life, even desiring other people's property. But, if regarding this life as a vacant life way, it is almost meaningless to desire like that.

A certain poet once sang that we human mortals came here for an outing; and so, he could desire little in his lifetime, able to keep pure-hearted and simple-minded in his 'inner life journey'.

Like this, Mrs. Yi tries to abandon avarice, and dreams of the vacant region of stillness in her poems, thus producing the good works as a necessary consequence.

A Wanderer(the image of born nature)

In this world,
There is a fine dream
Which is pure and beautiful.

That which I can hardly know,
The thing I can barely know indeed,
Is not the thing existing physically in this world,

But the way to the unseen, born nature (mind-set)

Of a wanderer,
With neither form nor perfume.

Mrs. Yi regards this earthly life as beautiful and simple as I think, her inner state of mind is like that.

To her, what she can hardly understand lies not in the things in this world, but in the spiritual road toward heaven, that is, seeking after the truth (=making the 'Flower of Heaven' open).

〈시집 저자는 이수일, 해설의 번역은 이무선으로 표기〉

◇ 신정순 시인

진실의 반영과 달관적 자세

- 신정순 시인의 5시집 작품세계

1. 신정순 시인 살피기

시인을 비롯한 예술인들은 선천적으로 타고난 기질이 우선하는 것 같다. 후천적인 '절차탁마' '치열한 노력'도 중요하지만, 대부분의 예술가들은 천부적인 감수성으로 빛나는 예술품을 빚는다. 신정순 시인 역시 이런 범주로 보인다.

21세기초, 대전 · 충남 여성문학회 회장을 맡고 있는 신정순 시인을 만난 것은 꽤 오래 전의 일이다. 1992년 첫 시집 『우리의 하늘가에는』을 발간하고, 그 기념회가 개최될 때, 필자가 그의 작품세계 평설을 맡은 것이 인연이 되었다. 미리 시집을 받아 정독을 하고, 행사장에서 그의 작품 세계를 간략하게 정리하여 발표한 이후, 그가 좋은 작품을 쓰는 보기 드문 시인이라는 것을 알게 되었다.

당시 그는 이순(耳順)을 넘은 연치(年齒)였으며, 첫 시집을 발간하여 문단에 갓 입문한 상태였다. 시집 속에는 연륜에 맞는 작품들이 숨을 죽인 채 눈빛을 반짝이고 있었다. 젊은 시인들의 작품에서 보는 멋스러움이나 언어의 묘미보다 오랜 경륜에서 얻어진 삶의 철학과 진실이 녹아 있었다.

문학 작품에서 우리가 얻는 감동은 다양하다. 개성적인 멋이 들어 있는 작품, 기발한 착상이나 언어의 묘미 등을 통해 독서의 기쁨을 맛보게 된다. 그렇지만, 작품 속에 녹아 있는 시인의 진실을 만날 때, 그 감동의 메아리는 오래도록 여진(餘震)을 남기게 된다. 신정순 시인의 작품에서 그런 감동을 받는다.

너무 외로워서 작아진 꽃
너무 작아서 슬픈 꽃

밟혀온 세월
이어 내린 삶이 소중해
움츠려 하늘 보며
아롱다롱 피는 꽃

장독대 석축 밑
아스라한 그늘에서
멀어진 인적에 귀 기울이며
수줍게 미소 짓는 이슬 같은 꽃

— 「풀꽃」 전문

시인은 〈석축 밑/ 아스라한 그늘〉에서 피는 풀꽃처럼, 세상의 영욕에 휘말리지 않고 창작에 전념한다. 등단 10년 안팎에 네 권의 시집을 발간하기에 이른다. 늦깎이로서의 보상 심리 때문인지, 넘치는 감수성이 빚어낸 결과인지, 그의 작품 창작은 홍수 때 수문(水門)을 열어놓은 것과 같았다. 이들 시집에 수록된 작품들에 대한 평가는 주로 시집의 해설을 통해서 이루어졌다.

최원규 시인은 첫 시집 『우리의 하늘가에는』의 해설 「서정적 자아성찰과 유년 회고의 미학」에서 향토적 서정과 진실 어린 삶의 태도를 분석하고 있다. 송백헌 문학평론가는 2시집 『햇살에 뉘어온 그리움』의 해설 「관조 그리고 포용의 자세로 획득한 삶의 노래」에서 개인적 인연과 인간적인 정취가 녹아 있는 작품 세계를 분석하고 있다.

박명용 시인은 3시집 『하늘과 호수』의 해설 「존재와 사물의 언어적 결합」에서 세 갈래의 작품 성향으로 분류하여 설명하고 있다. 양애경 시인은 4시집 『겨울 화병의 꽃』의 해설 「우수(憂愁)에서 의지(意志)까지」를 통해, 청상(靑孀)으로서의 우수와 현실을 극복하는 시인의 의지를 정리하고 있다.

이런 평가를 받고 있는 그가 이제 고희를 넘기면서 다섯 번째 시집을 발간하기에 이른다. 본고는 이 시집에 수록된 작품을 분석하고 정리함에 목적이 있다.

2. 세상의 안과 밖을 향하여

신정순 시인은 자신을 돌아보는 회고적 · 자성적 작품을 많이 선보였다. 이웃과 사회보다는 자신의 내면을 성찰하는 작품에 치중했던 것으로 보인다. 그러나, 최근에 이르러 시인은 안(내면)과 밖(사회)에 균형 잡힌 작품 성향을 견지한다.

사회적 성향의 작품 쪽으로 경도(傾倒)된 것이 아님에도 불구하고, 이러한 변화는 그의 작품에 새로움으로 다가선다. 「풀꽃」에서 시인은 〈너무 외로워서 작아진 꽃/ 너무 작아서 슬픈 꽃〉을 노래하는데, 이는 풀꽃과 자신의 동일시에서 비롯한다. 너무 작고 외로운 풀꽃은 〈밟혀온 세월〉 때문에 슬플 수밖에 없다. 이렇듯이 주체와 객체를 둘러싸고 있는 사회 · 환경에 대한 인식이 5시집에는 여러 편 수록되어 있다.

높으신 분들의 말을 듣고 있노라면
우리 인간의 언어가
절반만 구사할 수 있는
목안의 구조였으면 하는 생각이 든다

숲 속의 새들같이
마루 밑의 강아지같이
소리 몇 마디로
소통할 수는 없더라도

혓바닥의 재간으로
바람 자락에
금칠 은칠 하는
되풀이 허구는 없었을 것이다.

—「언어」 전문

세상의 언어는 진실을 전달해야 함에도 불구하고 교언영색(巧言令色)이나 거짓으로 포장되기 일쑤다. 특히 정치인들의 언어에서는 진실을 찾아보기 힘들어 그를 절망에 빠뜨린다. 인간의 특징 중의 하나인 〈말할 수 있는 구강 구조〉를 동물과 같이 단순화하였으면 좋겠다고 말할 정도로 절실하다. 특히 〈높은 사람들〉로 지칭되는 지도자들의 허위적 언사(言辭)에 식상해 한다. 이는 극에 이르러, 정치지도자들에게서 〈마루 밑의 강아지〉를 연상할 정도로 심각하다.

이런 비유는 사회 지도층에 대한 불신에서 출발한다. 또한 이런 불신은 신(神)의 존재로까지 확대된다. 하나의 예를 들면, 대구 지하철 화재 사건은 나라를 뒤흔들 정도의 참사(慘事)였다. 수많은 사람이 죽어간 그 사건을 보면서 시인은 절규한다. 「대구 지하철 참사」 2연에서 그는 〈그 불길 속에서/ 어린 자식을 부탁하는/ 어미의 애원하는 목소리가/ 가슴을 메우고/ 온몸에 소름이 돋습니다/ 이 세상에 신이 계십니까〉라고 울부짖는다.

〈자라보고 놀란 가슴 솥뚜껑보고 놀란다〉는 속담처럼, 이러한 참사를 목격한 시인은 작은 사물에 대해서도 놀라움과 연민의 정서를 표출한다. 일상적으로 행해지던 자신의 행위에까지 과민할 정도로 자성의 눈길이 머무는데, 이는 불교적 시심에 바탕한 듯하다.

펄펄 끓는 물에
움직이는 다슬기를 넣으며
이 작은 생명의 국물을 삼켜야 하는지
내 마음에 물어본다

이 대기 안에는
맹수에서 미물에 이르기까지
약한 생명을 씹어야 하는

아수라의 세상

화탕지옥을
내 눈앞에 놓고
극락과 지옥이 하늘에 있는가
조용히 내 손을 보고 있었다

—「지옥은 어디에」 전문

시인의 가슴에는 생명에 대한 외경심이 존재한다. 생활 속에서 자연스럽게 이루어지던 일들이었는데, 어느 순간에 이르러 자각의 불꽃이 일게 되고, 그래서 다시금 생활 자세를 가다듬게 된다. 다슬기를 잡아 '올갱이국'을 끓여 먹는 것은 일상화된 일이다.

어느 날 시인은 이런 일상에서 벗어나, 여린 감성으로 사물을 바라보게 된다. 펄펄 끓는 물에 다슬기를 넣으면서 시인은 그 다슬기도 귀중한 생명을 갖고 있는 존재라는 데에 생각이 미친다. 동시에 작은 생명체를 죽게 하는 자신에 대해 반성한다. 뭇 생명체의 존귀함을 되새기는 시인의 특별한 사랑은 불교의 자비사상에 의한 것으로 보인다.

자성(自省)을 지향하는 내면은 작은 돌에도 시선이 머문다. 시인은 섬에서 돌을 주워 온다. 마모되어 둥근 돌은 〈김치〉를 눌러 놓는 용도로 쓰였지만, 김칫독이 사라지면서 그 역할마저 앗긴다. 그래서 시인은 「돌」의 3연에서 〈푸른 바닷물에 씻기운/ 정갈한 해안에서 이탈한 돌/ 이제는 작은 용도마저 상실한 슬픔/ 화단 옆에 흙투성이로 뒹구는/ 돌 위에 나의 죄가 머문다〉면서 자신의 과오를 반성한다. 이 작품은 버려진 돌과 고희를 넘은 자신과의 동질적 이미지로 인해 특별한 감동을 생성한다.

> 젊은 날의 해맑은 웃음소리에
> 분홍빛 온기가 스며
> 명주 솜 같이 포근했던 울안
> 누가 만든 악법인가
> 딸이라는 이유 때문에
> 영주가 불허됐던 무거운 계율
> 그렇게도 뿌리 깊었던 법을 뒤로하고
> 아들들은 왜 떠났는지
> 사랑으로 감싸던 둥지를 방치한 것은
> 너 나 없이
> 죄인이요 배신자다
> 텅 빈 울안을 휘돌아 나오는
> 바람에게 묻노니
> 우리의 면죄부는 어느 하늘에 있는가
>
> ―「죄인」 전문

여러 의미를 내포하고 있지만, 이 작품은 크게 두 관점에서 분석할 수 있다.

하나는 남성 중심의 가부장제 때문에 형성된 성장기 여성으로서의 상실 의식이다. 〈해맑은 웃음소리〉로 살면서, 〈분홍빛 온기〉와 같은 꿈을 간직했던 시절의 가정은 〈명주 솜 같이 포근했던 울안〉이었을 터이다. 그러나, 그것도 딸에게는 안주할 수 없는 허상일 뿐이었다. 사랑과 화평으로 울안을 지키면서 살고 싶었던 '친정'은 여인들에게 외계(外界)로 존재할 뿐이라는 것이다.

둘째는 시대의 변화에 따른 또 다른 상실 의식이다. 남성 중심의 가부장제 때문에 여성으로서의 상실감은 더 크게 작용한다. 자신이 양육한 아들들은 가정을 지켜야 마땅함에도 불구하고, 그들은 과거의 딸들처럼 집을 떠난다. 어느 아들은 집을 나가 독립하고, 외처(外處)로 떠나 생활을 하기 때문에 만나기도 힘들다. 과거의 관습대로라면, 터전을 지켜야 할 아들들이 떠났기 때문에 그의 여린 감성은 자신을 〈죄인〉이라고 자책하게 된다.

이렇듯이 내면으로 향하던 시인의 관심이 사회, 여성, 생명, 가정 등으로 확장되어 드러나고 있다. 이는 자전적 문학 창작을 뛰어넘어 사회 구성원으로서의 당당한 자세를 확립해 가고 있다는 것에 다름 아니다.

3. 아름다운 가치를 지향하며

신정순 시인이 사회적 갈등이나 독자적 소견을 작품화하고 있으면서도, 감동을 극대화하는 분야는 자성에 바탕한 것들이다. 감내하기 어려웠던 과거를 형상화하기도 하고, 이웃에 대한 사랑을 노래하기도 한다. 자신, 부모, 남편, 자녀, 친구 등과 관련한 희로애락(喜怒哀樂)이 모두 시의 소재로 동원되어 미적 구조체를 형성한다.

그 중에서 연치에 어울리는 작품들은 읽기에 편하면서 감동적이다. 특히 사회에 쏠렸던 비판적 관점에서 벗어나, 모순되는 대상까지 수용하려는 달관적 심상을 그려낸다.

희미해진 시력을 보완하기 위해
안경을 맞추었다
눈앞이 환하다
보지 않아도 될 것까지 보인다

걸어온 길이 많을수록
어느 곳에 걸림돌이 있고
어느 곳에 가시밭이 있는지 안다

눈이 어두워지는 것은
천방지축인 세상살이를
밝은 눈으로 보지 말라는
자연이 내린 섭리

안경을 벗는다
눈앞에서 어른거리던 기우들이
보이지 않는다
침침한 대로 어림잡아 살란다

—「안경」 전문

노안(老眼)이어서 안경을 맞추어 쓴 시인은 평소보다 더 밝게 볼 수 있다. 문명의 이기를 활용하여 피사체가 또렷하게 보이는 것은 바람직한 일이다. 그럼에도 불구하고 시인은 안경을 벗는다. 그것은 〈보지 않아도 될 것〉까지 보이기 때문이다. 그 〈보지 않아도 될 것〉들은 시인이 비판하던 여러 사물들, 예컨대 〈천방지축인 세상살이〉를 말한다. 그 〈천방지축인 세상살이〉를 보지 않기 위해서 그는 안경을 벗고 〈침침한 대로 어림잡아〉 살고자 한다.

이러한 인식은 노년에 이른 자신을 그 자체로 수용하는 혜안(慧眼)에 바탕한다. 〈눈이 어두워지는 것〉은 〈자연이 내린 섭리〉라는 삶의 진리를 수용한 것이다. 연경을 벗어내자 마자 〈눈앞에서 어른거리던 기우들〉이 사라져 보이지 않게 된다. 이것이 바로 〈침침한 대로 어림잡아 살〉려는 자연 순응적 관점이다.

이처럼 세월의 흐름을 그 자체로 수용하는 자세는 아름답고 경건하기까지 하다. 시인은 「층계」에서 〈나는 불변이고/ 너는 망가지고 // 마음과 몸뚱이가/ 싸우며 싸우며/ 올라가고 있었네〉라고 노래한다. 이 작품에서의 '나'는 마음이다. 마음은 젊은 시절과 노년기를 구분하지 않는다. 오히려 노년기에 더욱 젊어지기 때문에 '불변'이라는 것이다.

또한 '너'는 몸이다. 젊은 시절의 몸은 어느새 〈허리 굽은 육신〉이 되어 망가지고 있다. 노년기의 시인은 마음과 몸의 상관성을 작품으로 빚기도 한다. 마음의 항상성과 몸의 무상성을 인식하고, 그 연상의 끝에 어머니가 존재하고, 그에 대한 그리움을 노래하기도 한다.

> 들국화 가을 바람에
> 하늘거리는 산자락 마을에는
> 어머니의 작은 가슴이 있었네
>
> 바다보다 더 넓은
> 사랑의 샘물이 넘쳐흐르는
> 작은 가슴에는 미완성의 배들이

닻을 내리고 있었네

굽은 허리춤에는
주워담은 알알들이 숨쉬고
마른 풀잎 같은 백발을
두 손으로 쓸어 넘기시던 어머니

어느 이른 봄날
넘쳐흐르던 샘물은 말라버리고
미완의 배들만
내 가슴에 옮겨와 매어 있었네

—「어머니 4」 전문

시인은 가을바람에 하늘거리는 들국화를 보면서 고향의 〈산자락 마을〉을 추억한다. 그 마을에는 〈마른 풀잎 같은 백발을/ 두 손으로 쓸어 넘기시던 어머니〉가 계시던 곳이다. 이제 어머니마저 돌아가신 고향은 추억의 〈샘물〉까지 마르게 하는 곳이다. 보고 싶은 어머니에 대한 그리움은 시인의 가슴에 〈미완의 배〉로 매어 있을 뿐이다.

어머니에 대한 그리움은 할머니에게로 확산된다. 「치자 물」에서 〈치자 몇 개를 우려낸 물에/ 할머니의 솜씨가 올올이 스민/ 명주필〉을 추억한다. 그 추억은 〈노랑 치자 물 반호장 명주 저고리가/ 그렇게 입고 싶으셨다는/ 청상으로 늙으신 할머니〉에 이르러 〈소복으로 살으셨던 여인의 한〉을 되새긴다. 그러한 깨달음은 〈인생을 거의 마감할 나이〉에 알았다고 실토한다.

그러나, 시인은 이와 같은 애절함에 머물기를 거부한다. 「기도 2」에서처럼 〈머릿속을 치고 솟아오르는/ 슬프고 아픈 지난 상념들〉을 잊고자 한다. 〈회한으로 몸부림치다 보니/ 어느새 당신이 가셨던/ 그 연륜〉에 이르렀음을 깨닫고, 〈당신의 좋았던 기억〉까지도 모두 지우기로 한다.

어머니와 할머니에 대한 회고적 심상은 삶의 무상으로 이어진다. 자신의 일생은 〈풀벌레의 삶〉이라고 인식할 정도로 무상하지만, 시인 스스로 〈할 일을 다한 삶〉으로 안분지족(安分知足)한다.

가을 풀숲을 울리는
풀벌레 소리

슬퍼서 우는 울음소리인가
기뻐서 부르는 노래소리인가

일년을 백년으로 셈하는
풀벌레의 삶이라 해도

할 일을 다한 삶이야
찬바람 분다고 울겠는가

—「풀벌레」 전문

〈할 일을 다한 삶〉이라는 인식은 여러 작품에서 산견(散見)된다. 고희를 지난 시인에게 있어 자연스러운 정서의 표출이다.

「그림」에서 그는 〈마모된 붓끝에/ 듬뿍 찍어보는 색상/ 햇빛 쏟아지는 푸른 들을 그리랴/ 오색 현란한 봄동산을 그리랴〉고 반문한다. 이어 〈남은 여백이 작으니/ 물드는 단풍잎 하나/ 농익은 열매 한 개/ 구름 한 조각 띄워 놓고 웃고 있다〉고 달관적 자세를 선보인다.

이런 자세는 「웃는다」에서도 찾아볼 수 있다. 〈탄생이 있으니/ 죽음이 있고/ 가난이 있으니/ 부자가 있다〉라는 인식은 무욕의 경지에 해당한다. 〈세월로 엮어 내린/ 그네 위에 타고 보니/ 오르는 것도 즐거움이요/ 내리는 것도 재미더라〉는 표현에 이르러, 상당히 높은 종교적 경지를 가늠하게 한다.

4. 시인을 다시 보며

삶에 대한 시인의 달관적 자세는 본성적으로 타고난 것이겠지만, 고희에 이를 때까지 다듬어진 인격의 반영이기도 하다. 시인의 인격이 작품으로 빚어지고, 작품 속에 시인의 진실이 반영될 때, 그 작품은 더욱 감동적이다.

삶의 진실이 엮어내는 감동의 메아리는 뭇 사람들의 가슴에서 가슴으로 이어지게 되는데, 물결의 파장처럼 증폭되어 나타나게 마련이다. 이런 바탕 위에 그는 건강한 시심을 가꾼다.

햇빛을 따라 왔는지
별빛을 따라 왔는지
나도 모르게
환한 곳만 따라 걸어 왔습니다

가라는 사람도
오라는 사람도 없는데
메아리도 잠재운 외로운 길을
그냥 걸어 왔습니다

구름 걷어진 하늘 밑에
사르르 맴돌던 살랑 바람이
옷깃을 흔들기에
가슴 풀고 쉬어 봅니다

무엇을 따라 왔는지 모르면서
잘못 든 길이 아니기에
햇빛에 감사하고
별빛에 감사합니다.

—「감사」 전문

시인은 생활 속에서 어떤 어려움을 만나더라도, 그 난관을 극복하고 긍정적 시심을 가꾼다. 〈메아리도 잠재운 외로운 길〉을 지나고, 다시 고희에 이르러 〈햇빛〉과 〈별빛〉으로 비유되는 모든 사물에 감사한다. 즉 범사에 감사하는 자세를 견지한다. 자신이 살아온 인생 역정이 〈무엇을 따라왔는지 모르면서(도)/ 잘못 든 길〉이 아니라는 확신으로 자신의 삶 자체를 관조한다.

이런 마음은 「어느 소망」에 잘 나타나 있다. 〈바람만 일면/ 떠오르던 거품도 거두고/ 곳곳에 묻혀 있는 쇠붙이도 모아/ 밝은 태양 밑에서/ 밝은 눈으로/ 구멍난 하늘을/ 빈틈없이 땜질했으면 좋겠다〉고 토로한다. 바람이 일어 수면에 떠오르던 추억의 거품을 거두고,

아픈 추억으로 남아 있는 쇠붙이마저 버리고, 구멍난 하늘로 비유되는 부정적 심상을 뗌질하듯이 깔끔하게 다듬고자 한다.

이런 관점으로 삶을 영위하기 때문에 고희에 이른 시인이지만, 아직도 건강한 시심으로 작품을 빚고 있다. 남은 생애도 이런 시심으로 좋은 작품을 창작할 것이라는 확신과 기대로 간단하게 정리한다.

◇ 황희순 시인

그리움의 시학(詩學)

—황희순 시인의 1시집 작품 세계

1.

Shelly의 'the record of the best and happiest moments of the happiest and best minds'(가장 행복한 심성의 최고 열락의 순간을 표현한 기록)이라는 시적 정의를 빌리지 않아도 최고의 기쁨과 행복을 시로 빚는다.

그 빚어내는 '기쁨'과 '행복'은 사람마다 다를 것이다. 어떤 사람은 자연을 노래하면서, 어떤 사람은 현실을 비판하면서, 어떤 사람은 사랑을 노래하면서, 어떤 사람은 좌절과 눈물을 표현하면서, 또 어떤 사람은 풍자를 하면서, 또 어떤 사람은 아름다운 표현을 찾으면서 기쁨과 행복을 느낄 것이다.

황희순 시인은 '그리움'을 시로 표현하면서 행복과 기쁨을 느끼는 시인인가 보다. 때로는 잃어버린 고향에 대한 그리움을 절절하고 아프게 노래하며, 때로는 견우를 그리워하는 직녀처럼 그리워하는 대상을 애절하게 찾고 있다.

잔잔한 서정과 함께 그리움이 녹아 있는 작품으로 「강가에 서고픈 날」이 있다.

해질녘 강가에 서고픈 날은
안개꽃 한다발을 산다

꽃병에 꽂고
강을 보듯 꽃을 보면
이내 빈방 가득
축축한 바람이 인다

가녀린 꽃가지에
도란도란 물소리 들리고
한점 꽃술에
이우는 햇살

해질녘 강가에 서고픈 날은
안개꽃 한다발을 산다

— 「강가에 서고픈 날」 전문

이 작품은 수미상관에 의한 구성을 통하여 해질녘 강가에 서고픈 마음을 적절히 표현하고 있다. 특히 2연의 '강을 보듯 꽃을 보면' 바로 방안 가득 강가의 축축한 바람이 일어난다는 시상(詩想)의 결합은 놀랄만한 표현이다. 또한 안개꽃 가녀린 꽃가지에서 강물소리와 해질녘의 기우는 햇살을 연상하는 것은 황희순 시인만이 갖고 있는 독특한 감수성이다. 이렇듯이 크고 작은 그리움은 시인의 가슴에 의해 아름다운 서정시로 승화되는 것이다.

2.

황희순 시인은 그리움의 기반을 '인연'으로 파악하고, 그 인연을 통한 '맺음'을 희구하고 있는 듯하다.

> 몇 겁(劫)을 지나고야
> 마주친 인연
>
> 일상에 겨워
> 몸져누운 가슴
> 일으켜 세울까도
> 생각했단다
>
> 무너지려는 지조를
> 붙안고
>
> 이승에 머문 날들은
> 누구도 어쩌지 못해
> 뒤돌아 서잔다
>
> 그러나, 쉘브르여
> 윤회의 끝자리엔들
> 마주볼 수 없을까
>
> —「인연 · 1」 전문

시인이 인식하고 있는 인연은 몇 겹의 긴 관계이다. 그러한 인연을 통해 현세에서 못 다한 인연을 내세에서 맺기로 기약하며 뒤돌아설 줄 아는 것이다. 그러면서도 시인의 그리움은 인연의 마지막인 '윤회의 끝자리'에서라도 마주보고 싶다는 지극히 소박한 희구를 하고 있다.

이와 연결하여 '이승에 머문 날들'을 시인은 좌절로 자리매김하고 있다.

일어서려다 주저앉는
그 짓만 되풀이하는
파도처럼

모래톱 움켜쥐고
가슬한 몸 비비대며
몸부림을 쳤지

진정 살고 있어
모든 걸
초개같이 팽개치고

빼앗긴 자유를 찾아
아무도 살지 않는
섬으로 가자 그랬지

아무도 없어 무서운 건
누가 있어 무서운 것보다

나을 거라며
놀빛 홍건한 바다에
배를 띄웠지
돛 없는 배를

—「표류」 전문

즉, 시인이 파악한 현실에서의 서정적 주체는 파도처럼 같은 일을 반복하는 일상의 매너리즘에서 벗어나고자 몸부림을 치는 사람이다. 그래서 시인은 모든 걸 팽개치고 자유를 찾아 섬-시인의 의식 속 낙원-을 찾는 것이다. 그러나 그 지향처를 향하는 현실적 제약은 바로 '돛 없는 배'이다. 이러한 좌절과 그로 인한 '표류'는 더 큰 그리움을 태동하기 위한 전제로 보인다. 즉 좌절과 지표상실로 인한 시정신이 자신을 왜소화시키며 이 왜소화로 인한 자기비화가 이루어진다.

가슴아
엄동설한 삭풍에
알몸으로 내놓아도
얼지 않을 가슴아

서릿발 성성한
가을쯤에야
말쑥한 뼈 하나로 남겠느냐
한줌 재로 남겠느냐

더운 손 어리어

밤이면 잠 설치는
천치 같은 가슴아

—「이별 연습·3」 전문

원초적 의식 속에서 시인은 스스로를 '엄동설한'에 내놓아도 얼지 않을 뜨거운 가슴을 갖고 있다고 인식한다. 이러한 인식이 이별을 통하여 '한줌 재'로 남을 것을 예감하며, 이루어질 수 없는 사랑 또는 그리움 때문에 잠을 설치는 '천치'로 자기비하가 이루어지게 되는 것이다.

이 말은 얼지 않을 뜨거운 가슴 때문에 그리움이 생성되고, 이 그리움 때문에 스스로 천치를 지향하는 시인 스스로의 모순을 노래한 것이다.

자신을 천치로 비하하면서도 황희순 시인은 간절한 그리움을 형상화하고 있다.

달빛이 창문을 살며시 흔듭니다.
잠을 청하려다
견딜 수 없는 갈증에
창을 활짝 열었어요
쏟아지는 달빛이
얼음조각으로 맨살 비비듯
이렇게도 가슴이 시릴까요
이 밤
달빛바다에
그리움 실은 배를 띄웁니다
당신의 꿈 속 한모퉁이에

닻을 내리고
잠시 쉬어가도 되겠는지요
마음 담아 내미는 손
마주잡아 주시겠는지요

— 「난(蘭) 곁에서 · 4」 전문

그리움은 갈증을 동반한다. 이루어질 수 없는 그리움은 얼음조각처럼 가슴을 시리게 할 것이다. 이러한 그리움이란 창을 열어 달빛을 바라볼 때, 시인은 새로운 연상을 하게 된다. 이 작품에서 시인은 달빛바다에 '그리움'이라는 배를 띄우고, 그리움의 대상이 꾸고 있을 꿈 속에 닻을 내리는 상상을 한다. 자신의 마음을 담아 내미는 손을 꿈 속이 아닌 현실처럼 마주잡아 주기를 바라는 시인의 연정은 애틋한 감정을 동반하게 하는 것이다.

이러한 그리움이 보다 애절하게 형상화된 시가 다음의 작품이다.

낮달로 떠올라
세상 곳곳에 떨군 한숨
그대여
몰라도 좋아라.

한 하늘에 살며
수수만 년 이렇게
그리운 모습으로
떠돌 수 있다면

진득한 어둠

은하수에 부시고
별 하나
품을 수만 있다면

— 「한 하늘에 살며」 전문

시인은 그리움의 실체를 세속적으로 말하면 짝사랑 하고 있는 듯하다. 캄캄한 밤하늘을 배경으로 한 밝은 달이 아니라, 환한 낮의 희미한 달로 한숨이나 쉬는 자신을, 그리운 대상이 몰라도 좋다는 것이 이를 증명하고 있다. 그러한 그리움이 낮달로라도 수수만 년 떠돌 수 있기를 희구하며, 별(님) 하나 품을 수 있기를 희구하는 것이 그리움의 절정이며, 희생적 사랑의 본보기이다.

이러한 그리움이 인간적 대상에 한정된 것인지는 분명하지 않다. 어쩌면 인간 본능적인 그리움일지도 모르며, 문학에 대한 열정, 진리탐구라는 오묘한 그리움일지도 모른다. 다만 그리움의 대상이 있고, 그 대상을 그리워하며, 그러한 서정을 시로 형상화하는 데서 황희순 시인은 창작의 기쁨과 행복을 느끼고 있는 것이 확실하다.

3.

황희순 시인의 그리움은 때로 수몰되어 없어진 고향, 돌아가신 가족 등에도 애절하게 나타나 있다. 이러한 그리움은 본래 가지고 있던 인간의 회귀성에 기인한 것인지도 모른다.

달빛 한 줌 쥐어주던
그 밤이

언제였던가

소쩍새 설워
느껍게 우는
시름이고개

보고지운
아슴한 모습
별빛에 부서지고

어둠이 때로는
너를
잊으라 한다.

가슴엔
마른바람만 부는데

—「달맞이꽃」 전문

이 작품에 과거 회상에서 출발한다. 그 과거는 고향의 '시름고개'이며 그 '시름이고개'는 보고싶고 그리운 모습인데 어둠-회상을 방해하는 현실적 제약?-에 의해 잊게되며, 이로 인해 시인의 가슴엔 마른바람이 불게 된다. 이 말은 시인의 그리움이 현실에 의해 제약을 받고 있다는 표현인데, 여타의 작품에 나타난 바, 고향이 대청댐 건설로 수몰되어 얻어진 상실의식의 영향으로 보여진다.

이러한 상실의식은 다음 작품에서 더욱 아프게 나타나고 있다.

야윈 육신을 뉘이고
상현달이 밝은 여름밤
당신은 홀연히 떠나셨습니다

당신이 머물던
앵두나무 사이로
저승사자 같은
퍼어런 바람이 붑니다

뒤돌아 보지않고
허위허위 걷다가
조용히 주저앉듯
그렇게 가신 당신

당신의 적막한 주검 앞에
살아 있음의 의미가
불현듯 아슬아슬합니다

— 「바람 불던 날」 전반부

이 시는 시인이 갖고 있는 마음의 고향인 '할머니의 죽음'에 대한 슬픈 감정을 형상화한 것이다. 1연의 사실적 진술에 2연의 '저승사자 같은 퍼어런 바람'이 주는 아프고 두려운 인식은 절절한 표현이다. 할머니의 죽음을 통해 시인은 삶의 의미를 '아슬아슬'한 상황으로 인식하고 있다. 또한 인용하지 않은 후반부의 '당신을 잊어가며 살아갈 날'이 무섭다는 표현과 시인 대신 '바람이 소리내어 울며' 간다는 표현은 슬픈 서정의 공감 형성에 커다란 역할을 할 것이다.

이러한 상실의식을 보다 안타깝게 보여주는 작품이 연작시로 창작된 「실향일기」이다.

간밤을 하얗게 세우고
큰기침으로 새벽을 연다.
눈을 주는 구석마다
청청한 선대(先代)의 목청들
애써 외면하여,
아버지는 아궁이에
마지막 장작불을 지폈다.
텅 빈 외양간의 구유도 만져보고
뒤꼍에서 사랑채로, 잿간으로
살림살이 다 빠져나간 빈집을
둘러보고 또 둘러보는 젖은 눈.
도둑놈 같은 면직원 손에
집을 허물게 할 수 없어
집안 구석구석 짚을 깔고
석유를 뿌리는 쇠잔한 어깨에
무겁게 얹힌 여름햇살.
할아버지 누워계신 산을
망연히 바라보고는 성냥을 그어댄다.
산발을 하고 솟아오르는 불기둥
아! 이게 꿈인가, 생시인가
털썩 주저앉은 주체 못할 통한(痛恨)이여.

—「실향일기 (아버지)」 전문

이 시는 초반부 2행의 서정성에서 시작하여 3행 이후의 서사적인 진술이 구조를 이루어 극적인 긴장감을 주고 있다. 이러한 긴장감이 마무리의 세 행에서 감정의 폭발을 유도하는데, 이러한 감정표현, 즉 폭발적인 감정표현은 독자에게도 전달되어 안타깝고 애절한 정서를 환기시키고 있다.

한편 폭발적인 감정표현을 억제하면서 심리적 진술을 통하여 연민의식을 갖게하는 작품도 여럿 보인다.

> 당신의 병상을 지키던 날
> 참으로 오랜만에
> 내 어머니를 보았습니다
> 더 이상 마를 살도 없는
> 고통에 겨운 주름투성이의 얼굴
> 듬성한 머리카락
> 용서하세요
> 당신이 이렇게 되도록
> 무심했던 걸.
> 당신의 손을 잡고
> 당신의 냄새를 맡으며 지새는 밤이
> 왜 그리도 짧던지요
> 새벽창엔 어릴 적 보았던
> 그믐달이 떠 있었습니다
>
> —「죄·4」 전문

이 작품 역시 어머니의 병상을 지키던 시인이 서술과 묘사를 통해 사실적으로 진술한 것이다. 그러면서도 시적인 감동을 주는 것은 마무리 두 행의 '새벽창엔 어릴 적 보았던/그믐달이 떠 있었습니다.'에서 보여주는 비유의 신선함이다. 어머니와 그믐달의 동질성을 통해 시인의 의식을 명징하게 보여주었기 때문이다.

이러한 그리움과 상실의식, 연민의식에서 시인은 좀더 자유로와지고 싶은 비상의지를 보여주고 있다.

새가 되고 싶어라
사랑도
미움도
모두 접어두고
거미줄 같은
우리의 인연도
너와의 만남도
모두 접어두고
내 어린시절이 있는
고향하늘을 지나
반딧불 별밭 같던
고향강변을 지나

하얀 마음으로
날개가 사윌 때까지 날으는
새가 되고 싶어라

—「일상(日常)」 전문

일상의 '표류'와 일상의 '인연'에서 벗어나고 싶은 시인의 의지는 세속의 모든 것을 접어둔다. 사랑·미움·인연도 모두 잊고, 고향하늘·

고향강변도 모두 지나서, 날개힘이 다 할 때까지 날고 싶다는 비상 의지는 첫머리에서 말한 그리움의 형상화로 파악할 수 있다.

4.

황희순 시인이 견지하고 있는 그리움은 여러 양상으로 드러나고 있다. 첫째, 시인의 그리움은 '인연'을 기반으로 하여 '맺음'을 희구하고 있다. 둘째, 시인의 현실인식은 '표류'와 '모순'이며 이를 극복하기 위해 그리움을 시로 형상화하고 있다. 셋째, 시인이 견지하고 있는 그리움은 희생적 사랑이 주조를 이룬다. 넷째, 고향의 상실의식, 가족에 대한 연민의식도 그리움이라는 애절한 정서를 동반하고 있다. 다섯째, 고뇌의 현실을 벗어나려는 비상의지 역시, 그리움이라는 정서의 소산이다.

이러한 정리는 황희순 시인의 초기시에 나타난 바를 개괄적으로 살핀 것이다. 그러므로 그의 시세계가 어떻게 변모할 지는 아무도 점칠수 없다. 다만 그의 「詩에게」라는 작품을 통해 유추할 뿐이다.

바람같이 다가서는
형체도 향도 없는 너를
무시로 본다
나울대는 홍에
홀리어 홀리어
몇 발자국 뒤따르다가
오늘도 벙어리가슴 되어
돌아서는 너를 그냥

바라만 본다.
언젠가 말문 터져
목청껏 부르리라
나울대는 흥을 부둥켜안고
춤도 추어보리라

—「詩에게」 전문

이 작품에서 황희순 시인은 자신의 시관(詩觀)을 구체화하여 보여주고 있다. 시인은 시를 '형체도 향도 없는 너'로 표현하고 있다. 이 말은 역설적이면서 동시에 잠언적 성격을 띠고 있다. 시는 분명 형체도 있고 작품에 따른 개성적인 향기도 있기 때문이다. 그러함에도 불구하고 시인이 정의를 내리고 있는 '너'는 '시' 자체일 수도 있으며, '시상(詩想)'일 수도 있다는 판단이 선다. '벙어리가슴'이 되어 돌아서는 '너'는 시인의 내면에서 분출되는 시적 원형질이기 때문이다.

황희순 시인이 말한 바, 언제인가 말문이 터지는(시가 창작되는) 날 목청껏 부르겠다는 의지, 춤도 추겠다는 의지는 앞으로 더 좋은 시를 창작하고 싶다는 표징으로 파악하고 싶다.

시인은 누구나 프로메테우스의 과제를 갖고 산다. 판도라의 상자를 갖고 산다. 그 비밀의 원천을 좋은 시, 훌륭한 시, 오래 오래 기억될 수 있는 시로 승화시키길 황희순 시인에게도 빌어본다.

◇ 오양순 시인

그리움의 징검다리에 세운 무지개

- 오양순 시인의 1시집 작품세계

1. 그리움의 징검다리에 들어서며

오양순 시인은 섬세하고 여린 서정을 작품으로 빚는다. 현실에서는 활달하고 적극적인 직업인의 모습을 보이는데 반하여, 작품에 나타나는 정서는 여리고 애상적이다.

그의 첫시집 『사랑의 징검다리』는 여러 갈래의 그리움을 노래한다. 막연한 대상에 대한 그리움, 가족에 대한 그리움, 사랑하는 사람에 대한 그리움, 미지의 세계에 대한 그리움 등 수많은 사상(事象)에 대한 그리움이 아름답게 용해되어 있다.

그리움이라는 것은 현실에서 채우지 못한 상태에서 출발한다. 완전한 공(空)에서 충만하기를 소망하는 그리움도 있겠지만, 생활에서 조금씩 부족한 것에 대한 메꿈을 소망하는 성격이 대부분이다. 가슴에 조금씩 비어 있는 틈새에서 시인은 문학적 소재를 찾아낸다. 그리하여 빈 공간마다 아름다운 시어로 채우고자 하며, 그렇게 빚어진 작품들이 시인의 문학적 특성으로 자리한다.

오양순 시인은 그리움에 의한 안타까움, 슬픔, 그리고 간절한 소망과 사랑을 결곱게 노래한다. 이것은 생활 느끼는 것이겠지만, 문학 작품으로 거듭나서 새로운 생명을 얻는다.

조용한 음악이 흐른다
그대가 선율에 맞추어
문을 열고 들어선다

빈 자리가 없지만
새로운 자리를 만들어
그대를 맞는다

눈빛 한번 마주침으로
바람처럼 사라질까 두려운
그대가 옆에 있다

행복을 느끼면서
감미로운 향취를 즐기면서
가슴이 떨린다

—「그대 옆에 앉아」 전문

그리움과 사랑을 노래한 작품 중에서 단연 백미를 이루는 대표작이다. 조용한 음악이 흐르고, 그 음악의 선율에 맞추어 그대가 들어서고, 빈 자리가 없지만 새로운 자리를 만들어 그대를 마중하는 시인의 심성은 수용적이면서도 적극성을 띤다. 특히 빈 자리가 없어 새로운 자리를 만들어 그대를 맞이하는 것은 몇 가지 유추가 가능하다. 첫째는 현실에서 앉을 자리가 없는 상황을 노래한 것일 수도 있다. 커피숍이나 레스토랑 등에서 일어난 일을 추억하며 작품화했을 수도 있다. 둘째는 내면의 수용일 수도 있다. 그대를 받아들일 마음의 준비가 되어 있지 않은 상황에서 그대를 만나, 자신의 가슴에 그대의 자리를 만들어, 마음으로 선망하던 그대를 맞는 것이다. 셋째는 현실에서 이루어질 수 없는 현실적 제약을 초월하여, 그대를 수용한 것으로도 볼 수 있다. 이렇듯 여러 갈래로 연상하게 하는 그리움을 빚어낸 것이다.

그러나 그대에 대한 그리움은 완전한 것이 되지 못하고 있다. 눈빛 한번 마주침으로 바람처럼 사라질까 두려운 그대에 대한 사랑은 완벽한 것이 아니다. 그래서 시인의 그리움은 더욱 절절하게 깊어지게 되고, 눈빛 한번 마주치고 떠날 수도 있는 그대일망정, 시인은 그와의 대좌가 가슴 떨리는 행복이다.

이처럼 오양순 시인은 그리움으로 인해 떨리는 행복을 노래한다. 그러한 내면을 언어로 빚어내어 문학작품으로 승화시킨다. 시인이 언어를 통해 형상화하는 것은 바로 새로운 생명의 창조에 해당한다. 그런 창작 과정과 작품의 성향에 대해 간략하게 해설하는 것이 이 글을 집필하는 까닭이기도 하다.

2. 오양순의 그리움 읽어내기

2.1 징검다리를 쓸고 가는 맑은 노래

오양순 시인의 가슴에 물결치는 그리움은 다양하여 몇몇으로 한정할 수 없지만, 개인적 그리움에서부터 우정과 사랑을 거쳐, 일반적 특성을 띠는 작품 순서로 찾아보고자 한다. 그의 작품 중에서 빈

도가 큰 그리움은 연애 감정의 표출이다.

바람이 창을 두드립니다.
어느새 찾아왔나
잠시 기웃거려
그대 향기를 찾아 봅니다.

그림자가 창을 흔듭니다.
가슴 설레어 맞아도
어느새 별이 되어
맑은 노래를 불러 봅니다.

— 「바람이 창을 두드립니다」 전문

'그대'에 대한 그리움이 상사병에 가까운 정도에 이른 상황을 형상화한 작품이다. 바람이 창을 두드리면, 시인은 '어느새 (그대가) 찾아왔나' 창을 열고 기웃거리며 그대를 찾는다. 어른어른 그림자가 창문을 흔들어도 시인은 가슴이 설레어 찾아본다. 그러나 그는 임재하지 않고 '별'이 되어 시인을 바라본다. 그래서 시인은 그 별을 바라, 사랑의 세레나데를 부른다는 것이다.

이런 그리움은 오양순 만의 것도 아니고, 현대인들의 전유물도 아니다. 시조 정악에서 사랑받고 있는 사설시조 중의 하나를 예로 들어보면 다음과 같다. 〈벽사창(푸른 비단 바른 창)이 어른어른거리거늘 님만 여겨 펄쩍 뛰어 뚝 나서 보니, 님은 아니 오고 명월은 만정(뜰에 가득)한데, 벽오동 젖은 잎에 봉황이 내려 와서 긴 목을 휘여다가 깃 다듬는 그림자로다. 모처럼 밤일세망정 행여 낮이런들 남우릴번(웃음거리가 될 번) 하여라.〉 이 시조와 오양순의 시는 〈그리움이 깊어지면, 상사병에 이르게 된다〉는 발상은 동질적이다. 다만, 표현하는 기법과 언어가 시대와 개성을 보일 뿐이다.

이러한 그리움은 그대에 대한 사랑으로 충만하게 된다. 그러나 오양순 시인이 지향하는 사랑은 청초한 사랑이다.

꽃망울 터뜨리며
피어날 듯
어느새 그대만큼
커버린 사랑

아침 이슬처럼
깨끗한 속삭임
영원히 살아 있는
청초한 사랑이여

—「사랑이여 · 1」 전문

시인은 순수한 사랑의 눈 높이를 갈망하며 노래한다. 자신과 그대의 눈 높이만큼 사랑도 자라야 하고, 그 사랑만큼 깨끗하고 청초하기를 바란다. 꽃망울을 터뜨리며 피어나는 사랑은 나보다는 그대에게 꼭 맞는 사랑이어야 하며, 그 사랑은 이슬처럼 깨끗해야 하고, 영원히 청초함을 잃지 말아야 한다는 것이다. 이렇듯 순수하고 아름다운 사랑을 소망하는 것이다.

그래서 그는 「사랑이여 · 3」에서 〈내가/ 가장 아름다운/ 모습이었을 때// 그것은 곧/ 사랑이었다// 목마름에/ 네 손을/ 잡았을 때// 그것은 곧/ 사랑이었다〉고 고백한다. 가장 아름다운 사람으로 보이고 싶은 마음, 그러면서 그대의 손을 잡고 싶은 마음, 그것이 바로 사랑이라는 것이다.

시인은 자신의 사랑 안에서 별이 되고자 한다. 별처럼 아름다운 사랑의 주체와 객체가 되고자 한다. 「사랑이여 · 5」에서 그는 〈부드러운 목소리로/ 그대는 조금씩/ 나의 운명 안으로/ 다가온다// 하늘의 별이 아무리/ 멀리 있다 해도/ 내 가슴의 별에 댈까// 그대가 찾는/ 별자리에서 나도/ 붙박이별로 남아서/ 그대를 맞고 싶다〉고 한다. 시인은 '그대'가 찾는 별로 존재하고자 한다. 그것도 붙박이별로 남아서 그대를 맞고 싶다는 것은 현실적 의미까지 내포하는 표현이다.

기차를 타고
창밖을 보며
철로 하나
길게 내고 싶다
그대 창가에

— 「사랑이여 · 7」 전문

5행의 단형에 절실한 그리움을 담아내고 있다. 기차를 타고 가면서 창밖을 보면, 그리운 그대가 떠오른다. 떠오르는 그대에게 달려가기 위해, 그대의 창가에 이 철로를 길게 잇고 싶어하는 것이다. 단상의 작품이지만, 그야말로 절실한 사랑을 그려낸다. 그리워할수록 시간은 빨리 흐른다. 과학적인 시간이야 일정하게 흐르고 있겠지만, 서정적 시간은 하루도 3년으로 느끼게 되는 것[一日如三秋]이다. 흐르는 세월 따라 그리운 사람마저 흐르는 것 같아서 애가 탄다. 〈시간이 흐른다/ 내 곁에 있다고 믿었던/ 그대가 흐른다// 강물이 흐른다/ 세월이 가도 남으리라 믿었던/ 그대가 흐른다〉(「사랑이여 · 9」 전문) 그래서 시인은 안타까운 노래를 부를 수밖에 없다. 언제나 함께 지내고 싶은 것이 사랑이지만, 그렇지 못할 때 그리움의 정서는 폭발적이다. 그러나 그런 격정이 지나면, 다시금 가라앉게 되고, 그로 인해 새로운 해법을 찾아내게 마련이다.

만남과 헤어짐의
중간 지점에
징검다리를 놓는다

내가 건너고
그대가 건너고
우리가 건널
징검다리를 놓는다

—「사랑이여 · 11」 전문

사랑의 징검다리는 이렇게 만들어진다. 만남과 헤어짐의 중간 지점에 징검다리를 놓는다면, 헤어졌다가도 곧바로 만날 수 있는 것이다. 나와 그대가 건너게 되면 우리가 되는 것처럼, 시인은 함께 하는 사랑을 희구한다. 그 함께함이 영원하기를 희구한다. 영원이란 없다고 누군가 뼈아픈 소리를 하더라도 그는 영원한 사랑을 하고자 한다. 〈비록 영원하지 못할지라도/ 영원을 위해/ 사랑하는 것만이 가치롭다고/ 우리는 입을 모으리〉)「사랑이여 · 12」 일부)라고 결심하기에 이른다.

시인은 마음과 사랑이 소중함을 밝힌다. 〈가끔 고개를 들어/ 푸른 하늘도 보자// 흰구름이 떠가면/ 내 마음을 읽으렴// 구름 속에 숨어 있는/ 내 사랑도 읽으렴〉(「사랑이여 · 14」 전문) 그대에게 부탁하기도 한다. 즉 푸른 하늘에 있는 흰구름 속에 그대를 사랑하는 마음을 얹어 놓았다는 것이다. 그러니 흰구름을 보더라도 내 마음과 내 사랑을 기억해 달라는 주문이다. 이렇게 시인은 그리움과 사랑을 절실하게 노래한다.

2.2 징검다리 건너는 사랑 엿보기

오양순은 순수한 사랑, 이슬처럼 영롱한 그리움을 영원히 간직하고자 한다. 그러나 이루어지지 않았기 때문에 시인의 가슴에는 새로운 물결이 일어나는 것이다. 그 물결의 높낮이에 따라, 물결의 강약에 따라, 서정의 굽이가 달라진다. 그리움과 사랑의 물결을 막는 서정적 '벽'에 대하여 확인하기로 한다.

깨어지는 유리조각처럼
운명은 얄궂었다.
맞닿을 수 없는
벽을 두고
어쩔 수 없이 헤어져야 했다.

봄볕 같이 포근한 당신에게
나는 무엇이었던가.

지나간 그 시절이
현재로 이어지는 운명이라면
다시 다가올 미래
미래의 운명을 위해
나는 아름다운 추억을 만들고 싶다.

— 「나는 아름다운 추억을 만들고 싶다」 전문

이 작품에서 중요한 소재는 1연의 '벽'이다. 그 벽은 빈부의 격차, 신분의 고저, 학력의 고저, 가정의 편차, 인생관의 차이 등 다양한 해석이 가능하다. 그렇지만 여기에서 중요한 것은 벽의 실체가 아니고, 그 벽을 통하여 시인은 헤어져야 하고, 그로 인해 또 하나의 그리움이 생성된다는 점이다.

특히 시인에게 있어 '당신'은 봄볕 같이 포근한 사람이며, 헤어짐을 안타깝게 생각할 정도로 시인이 경도된 사람이다. 그러나 두 사람은 '벽'에 의하여 헤어지고, 그로 인해 좌절한다. 그러나 시인은 좌절에 머물지 않고, 미래의 아름다운 추억을 만들기 위해 오늘에 충실하고자 한다. 그것이 무엇이든지 간에 시인에게 있어 현실마저 버릴 정도로 가치로운 것임에 틀림없다.

이런 것이 운명이다. '벽' 때문에 헤어져야 하고, 미래의 추억을 위해 오늘은 그 벽에 맞서는 것, 그것이 바로 시인의 운명일 수도 있다. 시인은 운명을 수용한다. 물론 운명에 맞서야 하는 것도 시인의 길이지만, 그 운명을 수용하면서 새로운 길을 찾을 수도 있다. 그래서 그는 〈운명이란 쉬게 바꾸지 못한다.// 운명인 듯 다가와서/ 운명인 듯 사라진다// 운명이란 쉽게 바꾸지 못한다.〉고 「그림자」에서 자신의 운명관을 밝힌다.

아침이면
다시 그리워질 사람
이제 훗날을 기약하며
떠나보낸다

그대 떠난 뜨락
잠시 잊기로 하며
쏟아지는 태양 아래
빛나던 그림자

어둔 거리로 사라져
오랜 잠에서나마
그대 만나기를 소망하며
잊기 위해 보낸다

— 「망각(忘却)」 전문

이 작품에서 시인은 서정적 대상인 '그대'를 떠나보낸다. 그대가 어둔 거리로 사라져 보이지 않으면, 잠에서나마 만나기를 소망하며 그대를 보낸다. 아침이면 그리워질 사람, 꿈에서라도 만나고 싶은 사람을 그는 보낸다. 잊기 위해서 보낸다고 하지만, 시인은 도저히 잊을 수 없는 사람임을 잘 알고 있다. 이렇게 역설적인 형상화를 보이는 작품에서 독자들은 더욱 안타까운 정서를 경험하게 된다.

이렇게 보낸 그대는 잠(꿈)에서나 만나게 되어 있다. 그러나 시대의 발전과 변화는 이별을 이별로 놓아두지 않고 인연의 끈을 잇게 한다. 그 징검다리가 전화인데, 오양순 시인은 전화를 소재로 하여 20여 편이나 애절한 사연을 밝힌다. 〈나는 언제나/ 너의 뜨락에/ 발딛지 못하고// 그리움만/ 음성으로/ 잠자리 날개에/ 얹어 보낸다〉(「전화 · 2」 전문) 그대의 뜨락에 발딛지 못하고 음성으로만 전하는 내 사랑의 안타까움을 시로 빚는다.

음성으로만 만나는 사이에는 음색이나 어조에 민감할 수밖에 없다. 〈당신의 따뜻한/ 음성을 들으면/ 세상이 모두/ 내 것이 된다// 그러다가 당신의/ 쓸쓸한 목소리에/ 세상은 모두/ 암흑이 된다〉(「전화 · 3」 전문) 이런 조건을 극복하여 사랑의 완성을 추구하지만, 현실적으로 만날 수 없는 것에 제약을 받는다. 〈빛은 어둠에 가려/ 만날 수 없다// 어둠 속에서도/ 그대를 찾는 전화선// 그 전화 속에/ 우리 사랑이 있다〉(「전화 · 7」 전문)며 사랑을 지키기 위해 최선을 다한다.

아름다운 시간
사랑스런 환상이여
화려한 밤이여

반짝이는 눈동자가
전화선을 타고
내 가슴에 들어온다

그대 사랑이여
그대 내 영혼이여
그대 꿈꾸는 노래여

— 「전화 · 10」 전문

전화로 나누는 사랑 속에서 시인은 환상에 젖는다. 그대의 반짝이는 눈동자가 전화선을 타고 내 가슴에 들어온다는 환상, 그런 환상 속에서 시인은 행복할 수가 있는 것이다. 그래서 시인은 〈그림자를 남기고/ 수화기를 놓지만, 그대는/ 수화기 속에 얼굴을 묻고 있다/ 수화기 속에 마음을 담고 있다〉(「전화 · 9」 일부)고 노래한다. 그러나 그는 〈멀리 있어 그리운 그대여/ 우리 아름다움만/ 서로 전하기로 한다〉(「전화 · 11」 일부)면서 아름다운 사랑을 갈구한다. 그러나 사랑을 연결하는 징검다리로서의 전화는 진정한 사랑이 되지 못한다.

〈당신이 내게 오신다면/ 전화는 버리겠습니다// 당신이 내게 오신다면/ 사랑으로 채우겠습니다〉(「전화 · 12」 전문)라고 노래하여, 전화는 그대와 내 사랑의 징검다리일 뿐, 그 자체로서의 가치를 인정하지 않고 있다. 그러나 전화라는 사랑의 징검다리를 통해 사랑의 완성에 이르게 된다.

> 오직 사랑한다는 말만
> 남기도 싶다
>
> 그대 전화에
> 그대 가슴에 녹음을 한다
> 그대가 그립다고
> 그대를 사랑하노라고
>
> 그대 전화에
> 그대 가슴에 녹음을 한다
>
> ─「전화 · 20」 전문

이 작품에 이르면, '전화'가 '그대의 가슴'과 동일시되고 있다. 전화에 녹음하는 것을 그대의 가슴에 녹음한다고 하는 것은 그야말로 멋진 착상이다. 단순한 구조 속에 반복을 원용하여 더욱 절실한 서정을 담아낸 작품으로 오양순의 대표작 중 하나에 들어가리라 본다.

시인은 수줍은 서정을 고백하고 있다. 〈새로운 시작은/ 전화로 한다// 만나서 두려우면/ 전화로 한다// 멀어진 사랑도/ 전화로 잇는다〉(「전화 · 19」 전문)고 노래하는 데에서 확인된다. 이와 달리 오양순 시인에게 있어서는 전화가 특정한 인생이라는 위치에까지 승격화되기도 한다. 〈다 잊어야 한다/ 과거와/ 현재와/ 이름까지도 잊어야 한다// 그대/ 간단하다/ 그대 전화번호만 지우면/ 그대는 우주의 미아일 뿐이다〉(「전화 · 18」 전문)라면서 전화번호를 지우면, 그대의 모든 것이 지워진다는 것이다. 다른 측면에서 보면, 이런 생각은 도저히 잊지 못하는 사랑에 대한 반어법적 표현일 수도 있다.

반어적인 기법에 충실한 작품이 바로 다음의 작품이다. 〈그리워하면서도/ 그립지 않다고 말한다// 그리워하면서도/ 보고 싶지 않다고 말한다// 그리워하면서도/ 만나고 싶지 않다고 말한다// 그리워하면서도/ 영원히 이별하자고 말한다// 그리워하면서도/ 소리 없는 전화를 건다〉 자신의 내면을 솔직하게 그린 작품이다. 이것은 내성적이거나, 수줍은 성격이 빚어낸 반어적 표현이다. 그래서 독자들은 시인이 부정하는 언어 속에서 진정한 그리움을 찾아내야 한다.

3. 그리움의 징검다리를 건너며

오양순 시인의 그리움과 사랑에 대하여 간략하게 분석해 보았다. 시인은 그리움과 사랑의 대상으로서 '그대'를 특정하는데, 「수호천사」로까지 자리한다. 〈그대는/ 나의 수호천사인가요?// 어려울 때/

힘을 주시는 그대// 슬플 때/ 위로가 되는 그대// 기쁠 때/ 더 큰 기쁨인 그대// 그대는/ 나의 수호천사인가요?〉 이렇게 보면, 오양순 시인에게 있어 '그대'는 존재의 의미이며, 삶의 목적이라고까지 확대 해석이 가능하다.

오양순 시인은 사랑의 범주에서 '어머니'를 잊지 않는다. 「어머니 · 1」에서 그는 〈혹여 슬픔에/ 베갯 잇 적셔도/ 노심초사 걱정으로/ 감싸주시던/ 어머니// 한평생 자식 사랑으로/ 가슴 아프게/ 살아온 세월/ 눈물로 반추해 보는/ 당신의 일생〉을 찬양하기도 한다. 그러면서 〈생활이 속여서/ 자주 뵙지 못해도/ 가슴으로는/ 어머니를 사랑〉한다. 「어머니 · 2」에서 〈씨뿌리고 거두어 가족을 돌보신/ 어머니의 눈빛을 마주할 수 없다〉고 전제한 시인은 〈빛보다 밝은 그 사랑의 세월에/ 눈물보다 고운 사랑/ 당신의 주름에 담긴 은혜〉를 잊지 않는 시인이기도 하다.

이러한 사랑은 연애의 감정을 뛰어넘는 것으로, 보다 경건하고 고매한 성격을 지닌다.

> 지구 한 모퉁이에
> 호흡하고 있는 우리는
> 그 이유 하나로도
> 행복합니다.
>
> 어디엔가 있을
> 우연의 만남에
> 가슴 떨리지만

정겨운 웃음으로
서로 미소 짓는 우리는
그 이유 하나로도
행복합니다.

—「그 이유 하나로도」 전문

이 지구(우주)에서 함께 숨쉬며 살고 있는 이유 하나만으로도 우리는 행복하다는 것, 이것은 연애의 감정을 초월한 것이다. 물론 그와 나만의 연애감정일 수도 있다. 그러나 어디엔가 서로 모른 채 살고 있다가 우연히 만나는 사람들, 동시대를 살아가는 사람들에 대한 보편적 사랑이고 그리움으로 보아도 무리가 없다. 이런 정서는 연애감정에서 인류애로 승화되어 작품의 수준을 한 단계 높이는 기능을 한다.

그렇지만, 순수한 사랑은 절실할 정도의 연애 감정이고, 그 정서를 아름답게 노래하는 데에서 찾는다. 〈두 눈의/ 눈동자// 이슬 맺혀/ 눈부실 때// 다정스레/ 다가오는/ 그대—// 작은/ 입맞춤〉(「작은 만남」 전문)에서 순수하고 애뜻한 정서를 공유하게 된다.

앞으로도 순수한 그리움과 아름다운 사랑이 담긴 작품, 새로운 모습으로 거듭나는 작품을 기대하며, 간략하게 평설을 마친다.

◇ 전미야 시인

애이불비(哀而不悲)의 서정 미학

- 전미야 시인의 2시집 작품세계

1. 눈물 새의 아픈 노래

전미야 시인의 첫 시집 『이제 울지 않으렵니다』를 읽었다. 헤아릴 수 없는 아픔과 슬픔, 질정할 수 없는 눈물과 그리움을 만났고, 이로 인해 필자의 가슴도 먹먹해졌다. '이제 울지 않겠다'는 독백은 이미 한없이 울었다는 것, 또한 지금도 그러한 상황이라는 것을 전제로 한다. 앞으로 울지 않겠다고 다짐하지만, 이는 자신의 의지를 표명한 것에 다름 아니다. 앞으로 더 울 수도 있음을 암시하는 역설적 화법일 수도 있다.

어떻든 그 스스로 '눈물 새'가 된 것은 배우자와의 사별(死別)이다. 이러한 애통(哀痛)을 직접 겪어보지 않은 필자로서는 그 감정의 언저리를 유추할 뿐이다. 다만 그와 같은 '아픔'을 노래로 하면 시가 되고, 그 '슬픔'을 산문으로 쓰면 수필과 소설이 된다는 것을 유추할 뿐이다. 그렇지만 직접 겪은 전미야 시인은 애통한 가슴, 애절한 정서를 시로 빚고, 슬픔의 실체와 그림자를 수필로 빚어낸다.

그는 평소에 독서를 좋아하던 평범한 아낙이었던 것 같다. 그의 수필에서 〈가족은 내가 제일 좋아하는 게 책인 줄 알고, 기념일이면 남편, 아니, 친구들까지도 책 선물을 해 주었다.〉고 말한다. 그래서 어느 해 생일에는 같은 책을 4권이나 선물 받았다고 한다. 이처럼 독서를 좋아하던 그여서 글쓰기를 좋아하였다. 그러다가 남편과의 사별이라는 심리적 충격에 휩싸이게 되고, 이러한 충격에서 벗어나기 위해 시 창작에 집중한다.

그는 절실한 작품들을 빚어내었다. 이 작품들을 문학전문지에 응모하여 신인상을 수상하여 등단하고, 2008년에 첫 시집을 발간한다. 이 시집에는 '그대' '당신' 등으로 지칭되는 서정적 객체에 대한 넘치는 감정이 드러난다. 삭혀지지 않은 상태로 드러나기도 하고, 어느 정도 숙성된 작품이 되거나, 잘 익어 정갈하게 승화된 작품들도 혼재(混在)한다. 그 중심에는 사별한 남편이 존재한다.

칼날을 세우고
봄을 시샘하는 꽃샘추위에도

겨우내 기다려 온 매화는
꽃망울을 터트려
그리움을 안는다.

오고 가는 이 없는
어두운 회색 빛 성안에
한을 새긴 눈물 새는
그리움의 덫에 걸리고

살아온 세월이
슬픈 전설을 만들어
서러움만 꾸역꾸역 밀어낸다.

얼마나 더 울어야
그리움이 되돌아올지

눈물 새는 잔가지에 앉아
슬픈 노래만 만들고 있다.

— 1시집 「눈물 새」 전문

삶은 희로애락(喜怒哀樂)의 연속으로 지어진다. 누구나 희락(喜樂)의 연속을 소망하지만, 그 가운데에서 노할 일도 생기고 슬퍼할 일도 일어난다. 마찬가지로 노하거나 슬픈 일들의 반복인 것처럼 느껴지는 삶에서도, 사이사이에 기쁜 일과 즐거운 일들이 존재하는 게 인생이다.

오랜 세월이 지나도 지워지지 않을 것 같은 그리움도 세월이 흐르면서 차츰 엷어지게 마련이다. 그는 수필에서 자신보다 먼저 사별을 경험했던 친구의 말을 빌려 공감을 표출한다. 〈이 세상 사람은 아니지만 진종일 나를 기다리다 서운해 하였을 남편을 생각하니 탱자나무 가시로 가슴을 마구 쑤셔놓은 듯 아려온다.〉고 애통해 한다. 이런 세월을 안으로 감아올리면서 그는 작품 창작에 전념하여, 2009년에 수필집 『아름다운 동행』, 2013년에 소설집 『낯선 별이 사는 집』을 펴낸다.

첫 시집을 발간하고 6년 동안 빚어낸 작품을 모아 두 번째 시집

『너의 하늘에 손톱달로 뜨면』을 발간한다. 사별 후 10년 가까이 숙성시킨 세월 때문이었을까, 이 시집에는 넘쳐 흐르던 희로애락이 정화되어 나타난다. 시의 구조가 미려해지고, 정제(淨濟)된 정서를 바탕으로 애이불비(哀而不悲)의 격조를 지킨다. 그리하여 정갈한 작품들이 독자의 가슴에 공감의 메아리를 생성한다. 이런 작품들을 감상하고, 간단하게 정리하고자 한다.

2. 애상적 정서의 벼리

전미야 시인의 시를 정독하면서 삼강(三綱)이 연상된다. 그의 중심 정서가 그물의 벼리(綱)로 기능하며, 그 이미지가 명징(明澄)하기 때문이다. 하나의 벼릿줄에 수없는 그물의 코와 눈이 매어 있는 것처럼, 시인의 작품은 각각 독립성을 유지하면서도 정서적으로는 사별한 남편과 결합되어 나타난다. 첫 시집에서도 그런 창작 양상을 보였으며, 두 번째 시집에서도 정서적 중심축은 변함이 없다.

이와 같은 현상은 부부의 금슬이 좋았던 사람에게서 나타난다. 전미야 시인은 그의 수필에서, 평범하면서도 행복한 가정생활을 하였다고 추억한다. 1948년에 경상남도 하동군에서 태어나고 성장한 그는 결혼과 함께 진주시에 정착한다. 공무원이었던 남편이 부산으로 자리를 옮기면서 부산 사람으로 살다가, 다시 진주시로 귀향하여 부족함 없는 생활을 했다고 회상한다. 행복이 겨웠기 때문일까, 그 시간들을 멋진 추억으로 그려내어 아픔을 감쇄(減殺)한다.

가슴을 오려내던 아픔도
한 겹 시간의 끝자락 감추면
추억이 되더라.

어찌 넘어왔던지
그 험난한 계곡
가슴에 서리서리 내려앉는 한

찢기면 찢긴 대로 사랑으로 접고
자신에 취해
흘려보낸 지난날들

아파도
추억은 꽃이 되더라.
날이 지날수록 향기 짙어지는.

—「아픔도 꽃이 되더라」 전문

주관적 정황을 노래하고 있지만, 시인 전미야를 배제하고 감상하면, 이별시의 보편적 감동을 공유하고 있다. 시인은 이 작품을 통하여 남편의 사별을 노래하였지만, 그러한 배경을 알지 못하는 독자가 읽으면 찢겨 상처가 난 사람의 아픔으로 보편성을 띠기 때문이다. 감내할 수 없는 이별의 아픔을 추억으로 변환하는 시인의 가슴에 공감하기 때문이다.

이처럼 시인은 분수처럼 솟구치는 감정을 삭히고 가라앉혀 비유의 경지를 제시한다. 「갈대는 제 살을 깎으며 운다」에서의 '갈대' 역시 시인의 은유적 보조관념이다. 〈누워도/ 빈 가슴에 이는 바람이 시리더니/ 한 줌의 기억은/ 잠을 걷어내고야 만다.〉〈햇빛 겨운 날에도/ 갈대는/ 제 속의 바람에 부대껴/ 제 살을 깎으며 운다.〉에서 보여주는 애상적 정서는 놀랄 만큼 세련되어 있다. 그리하여 독자들 역시 시인의 가슴을 상처 낸 갈대의 이미지를 오래 기억할 것이다.

시간의 줄 하나 길게
당겨 내리는
그리움의 명주실
감았다 풀고 감았다 풀면
밤새 잣는 건 허무
달 지면 시간도 걷혀
그대 그림자 걸렸던 창문에
빈 바람만 지난다.

—「달빛」 전문

8행의 이 작품은 그야말로 절창이다. 단형의 작품에서 만나는 정련된 예술성에 감탄하게 된다. 시 표현의 멋은 제재의 다양한 인식(認識)과 변용(變容)에 의해 승화된다. 관념어와 구체어의 융합으로 도출된 고도의 은유 '시간의 줄'은 달빛에 다름 아니다. 그 달빛은 '그리움'의 보조관념인데, 이 실을 물레로 자아내어 〈감았다 풀고 감았다 풀〉기를 반복하지만, 그 원관념으로서의 '허무'에 이른다. 물레로 실을 자으면 실이 감겨 있을 터이지만, 그리움을 감았다 풀고 다시 감았다 풀어도 구체적인 실체는 보이지 않는다.

이러한 형상화를 보이는 작품이 「봄, 그리고 어깻죽지」 이다. 〈들길 달려온 바람이 잔설을 털고/ 잠든〉 시인을 깨운다는 것은 애상적 정서에 묻혀 있는 자기를 현실로 인도한다는 의미다. 다시 돌아온 현실의 〈숱한 날/ 목에 걸린 가시처럼/ 나를 찌르던 아픔〉을 뒤로 하며 〈휘돌아 오는 바람 맞으면〉 시인의 〈어깻죽지에 새움〉이 돋겠다고 노래한다. 봄의 새싹과 시인의 새로운 생활을 오버랩 시켜 애상적 정서를 극복하고자 한다. 이와 같은 기제의 바탕에 아들이 등장한다.

아침에 그리는 너는
햇살을 비껴 얹는 이슬 한 방울
그렇게 하루를 열면
한낮의 푸른 그늘 아래
바람결로 목에 감기고
낮 꿈 깊어지다가
별 내리는
산골 속 이야기 한줌
네 이름은 내 아들.
파르르 정수리부터 떨려오면
언제라도 좋았다.
다시 내일에는
또 다른 햇살 비껴 얹은 이슬 한 방울이고
낮 꿈에 내리는 별이겠다.

—「낮 꿈에 내리는 별」 전문

전미야 시인이 절통(切痛)한 정서를 극복할 수 있도록 작용한 기제 중 으뜸은 아들이다. 아들은 이 세상 무엇과도 바꿀 수 없는 존재이며, 그는 시인이 살아가는 이유가 될 수도 있다. 「네가 있어」에서 보면, 〈네가 내게 오던 날/ 세상을 다 얻었다.〉고 회상한다. 〈한 발 내디뎌 걸음마를 하면/ 내 가슴 전율〉이 일어났다고 한다. 〈그 조그만 입으로/ 맨 처음 엄마 아빠 불러 주었을 땐/ 하늘이 두 번째 열렸다.〉고 한다. 그리하여 아들은 〈어제도 오늘도/ 와르르 쏟아져 나와 별이 되어/ 나를/ 주저앉지 않고 살게 한다.〉고

아들은 시인이 고단할 때 〈제 일 제쳐두고 달려고백한다.와/ 살갑게〉 챙겨주는 살붙이다. 그 아들을 바라보다 눈이 멀어도 좋다고 할 정도로 사랑한다. 그러던 아들이 성인이 되면서, 시인은 아들에게 의지하고 싶은 마음이 된다. 「네 이름 부르고 싶은 오후」에서 시인은 이렇게 고백한다. 〈하고픈 말 안으로만 삼키며/ 목 굳도록 그저 널 바라보기만 한다.〉 〈이제는 아픔도 무덤덤해졌지만/ 그래도 응석부리고 싶은 날 있다.〉 이와 같은 내리사랑이 충만한 시인은 그 사랑의 효험으로 자신의 아픔을 조금씩 덜어낸다.

3. 무시로 찾아오는 그리움

전미야 시인은 자작 수필에서 부부를 이렇게 정의하고 있다. 〈부부란 관심으로 바라보고, 인정해주고 격려하며, 마음을 헤아려준다면 다툼 없이 정 좋게 살아가게 되는 것이다.〉 〈인생 여정을 타인의 눈으로 보면 평이하게 사는 것 같지만, 그 마음을 열어보면 누구나 순간순간 삶에 몸살을 앓으며 곡예 하듯 살아간다.〉 〈세월이 지나면서 힘듦이 엷어지고 희석되니 아픔을 잊고 행복 속에서만 살아온 것으로 생각되는 것 같다.〉 이런 마음으로 살아온 시인은 반려자를 떠나보낼 수가 없는 것이다.

그래서 그는 생활 속에서 만나는 사물에 특별한 의미를 부여한다. 10년이 다 되어가는 사별인데도 '그'의 숨결이 닿아 있는 것으로 생각한다. 또한 시인은 사물의 작은 부분에서도 그와 연결된 삶의 이치를 궁구(窮究)한다. 봄이 오거나, 여름이 되거나, 가을이 가거나, 겨울을 만나거나, 모든 자연이 '당신'의 눈빛과 닿아 있다. 그래서 시인은 먼 곳으로 떠난 '그대'를 보내지 못하고, 세상 삼라만상에 그리움을 의탁한다.

아무도 모르게
가슴에 품어 안은
시린 사연 하나
오가는 발길에 밟혀도
몸 누여
억척스럽게 살아내는 세월

모든 것 받아내며
그리도 시린 사연 피워내다
오늘 문득
땅을 버리고 하얀 날개짓으로
하늘을 날아오르는
그
대
이
름
하얀 민들레.

—「하얀 날개로, 민들레 홀씨」 전문

〈시린 사연 하나〉를 가슴에 품고 사는 시인은 민들레 하얀 날개(羽毛)에 자신을 의탁한다. 그리운 '그대 이름'을 향하여 하늘나라까지 날아가고자 한다. 이는 「매화 향기 속에」에서도 동질의 정서가 발현된다. 그 스스로 〈북풍 한설 견뎌낸/ 야윈 매화나무〉이며 〈겨우내/ 수절했던 마른 가지〉로 변환된다. 이 바탕에서 〈겨울 가면 봄 오는데/ 끝내 오지 않는 사람 하나/ 애끓는 맘 매향에 얹어/ 저 먼 하늘에 날린다.〉는 동질적 정서를 표출한다.

하늘로 떠난 서정적 객체와 달리, 이 세상에 발을 딛고 살아야 하는 시인은 그리움을 통하여 '그'를 만나고자 한다. 「내 속에 집 지은 이」에서 〈먼 산 아래/ 햇살 드리워 내리면/ 묵정마음 걷어내고/ 오실 이 없어도/ 마중〉을 나서게 된다. 특히 그리움만으로 날밤을 지새던 시인이 〈오실 이 없건만/ 버들피리 불어 속살 간질이면/ 어느새 그리운 이 들어와/ 염치도 없이 집 한 채 짓고서/ 내 속에 살고 있다.〉는 각성을 보이는데, 이런 형상화로 시 표현의 새로운 경지를 열고 있다.

길 옆 풀숲의 작은 웅덩이
얼비치는 하늘을 배경으로
떠다니는 얼굴

비를 안고
달려오는 그리움
어쩌지 못해
멍울져 맺히는 눈물

내 작은 기침으로
부르는 이름 하나
빗물에 얹힌 채
오늘도 시간은 멈춘다.

—「빗속에서」 전문

어느 여름날 시인은 길을 나선다. 오솔길이었을까, 비 온 날의 흙길에는 크고 작은 웅덩이가 생기고, 그 웅덩이에 빗물이 고여 있다. 그 빗물에 구름 섞인 하늘이 맴돌고 있다. 그 구름의 이미지와 시인의 그리움이 하나로 결합되어 〈어쩌지 못해/ 멍울져 맺히는 눈물〉이 된다. 시인이 부르는 이름 하나와 웅덩이의 빗물이 결합되어 새로운 이미지를 생성한다. 이러한 형상화는 「물방울」에서도 절실하게 드러난다. 풀잎에 맺힌 물방울 하나에 〈아픈 세상 건너며/ 난간에 알몸으로 매달려/ 그리움으로 살아온 날들〉을 노래로 전한다.

시인이 〈부르는 이름 하나〉와 〈풀잎에/ 물방울 하나〉 등으로 '하나'의 의미는 시인의 마음에 집을 짓고 사는 '그'일 터이다. 이처럼 시인은 지고(至高)의 가치를 함유하고 있는 그 '하나'에 자신의 삶을 건다. 가을의 정취를 노래한 「가을 적상산(赤裳山)」에서도 수면에 번지는 산수화 한 폭에서 '그'의 손길을 찾아낸다. 이는 겨울의 정경을 감상하면서도 찾아낸 새로운 '하나'에 집중한다.

흙냄새 피어오르는 시골길에서
만나는 찻집 하나

마른 장작이 타는 벽난로에선

잠재웠던 꿈 터지는 소리

창문 밖 나목들은
봄을 기다리는가.

퍼지는 차향에
입술은 옛 이름들을 기억한다.

젊었던 날 그대가 불러주었던
내 이름.
오늘, 창문에 나를 걸어두면
봄볕 한 줌 기다려도 좋으리라.

찻집에서
또 하나의 시간이 열린다.

— 「찻집에서」 전문

시인은 〈흙냄새 피어오르는 시골길에서〉 찻집 하나를 만난다. 마른 장작을 태우는 소리를 들으며 차향을 음미한다. 창문 밖 나목(裸木)을 보며 그는 〈오늘, 창문에 나를 걸어두면/ 봄볕 한 줌〉이 자신을 찾아올 것만 같다고 한다. 그리하여 그 〈찻집에서/ 또 하나의 시간〉이 새롭게 열리는 돈오(頓悟)를 맞는다.

일상의 깨달음을 위해 수도(修道)하는 과정을 점수(漸修)라고 한다. 이렇게 하여 깨달음에 이르는 것을 점오(漸悟)라고 한다. 이와 달리 어느 날 갑자기 사물의 이치가 환히 열리는 것을 돈오(頓悟)라고 하며, 이후에 점수(漸修)를 하거나 돈수(頓修)를 하게 된다. 세상

살면서 자잘하게 얻어지는 경지가 점오점수(漸悟漸修)의 경지라고 한다면, 비상(非常)한 일을 만나 헤량할 수 없는 충격으로 깨달음의 경지에 이르는 것을 돈오돈수(頓悟頓修)라 한다. 전미야 시인은 후자에 해당되는 아픔을 겪었기 때문일까, 돈오(頓悟)의 경지를 여러 작품에 담아낸다.

4. 자신을 찾아가는 과정

아픔과 그리움도 세월이 흐르면 엷어지게 마련이다. 또한 깨달음에 의해 아픔과 그리움을 극복하게 마련이다. 쉽지는 않겠지만 '나'의 진정한 의미를 찾아내어 '나답게' 사는 것이 중요하다. 이 깨달음은 자기만의 성채(城砦)에 숨어 살던 시인을 밖으로 인도한다. 이 과정은 아픔과 그리움을 제쳐놓을 때 가능하며, 동시에 이웃들의 시선을 견딜 수 있는 내공이 쌓여야 도달할 수 있는 경지다.

두 번째 시집의 제목이기도 한 「너의 하늘에 손톱달로 뜨면」에 그 과정이 오롯하게 나타난다. 그는 〈선달 그믐밤/ 어둠의 바다에 갇히면 숨소리조차 없다.〉고 한다. 이와 같은 〈적막의 그리움〉을 노래한다. 또한 풍랑 이는 바다에서 〈바람 없으면 한 뼘도 나아가지 못하는 돛배의 숙명〉을 맞기도 한다. 그렇지만, 〈쏟아지는 눈물 한 줄기〉의 정화 과정을 거쳐 그는 건너편 기슭에 이른다.

하늘 내려앉은 오후
창가에서 커피 한 잔 마시면
너덜너덜 해진

오늘 하루도 간다.

되돌려지지 않는 지난 시간들
그냥 가라 한다.
내 아버지가 그랬듯이
내 어머니가 또한 그랬듯이.

그리움이 간 길엔
또 그리움이 남고
동그라미 그린 창유리 아래
커피향이 머물다 간다.

해져 떠나고 떠나는 날들
그 아무것도 붙잡을 필요가 없다
저무는 내 창가엔
살아온 날들의 살 비늘이 떨어진다.

—「해진 하루가 가듯」 전문

〈하늘이 내려앉은 오후〉에 창가에서 커피를 마시면, 떠난 사람이 떠올라 눈물지었을 시인이지만, 이날은 커피향을 음미하며 하루를 보낸다. 인력(人力)으로 되돌릴 수 없는 시간이라면, 아버지와 어머니가 그러셨듯이 보내야 함을 깨닫는다. 〈해져 떠나고 떠나는 날들/그 아무것도 붙잡을 필요가 없다.〉면서 '주어진 운명'을 수용한다.

이제 그는 「회상」에서 노래한바, 살을 도려내며 밀려오는 '검푸른 파도'의 기억도 잊힐 것이다. 파란 바다에서 바라보던 '눈물 먹은 별'도 말끔하게 살아날 것이다. 세월 뒤에 남아서 추억의 조각을 기다리던 '외로운 섬'에도 꽃이 피고 새가 울 것이다. 「찰나의 삶」에서처럼 〈눈 한 번 감았다 뜨면〉 평범한 일상을 맞을 것이다. 탈피를 꿈꾸던 〈지난 시절의 추억에 젖어/ 잠시 넋을 놓은 사이/ 하루가 지나고/ 한 생〉이 지나가듯이 애통을 잊어갈 것이다.

이와 같은 깨달음은 그를 '오늘'에 충실하게 한다. 그리하여 '아내'로서의 애상을 극복하고, '어머니'로서의 가치 있는 삶을 살게 한다.

그 어느 날 문득
혼자가 되어
넋 나간 듯 멍해 살던
내 어머니의 날들

허름한 창고 구석에 술 한 독 담가놓고
헛헛한 세월에 지칠 때면
아무도 몰래 마시고서
손등으로 입술 훔쳐내고는
먼 산 바라보던
그 가늘던 눈빛

그 때는 몰랐는데
세월 지나
그 자리에 와보니
당신을 못 견디게 했던 건
그리움보다는 외로움이었다는 걸
이제야 알 것 같습니다.

곱고도 흐트러짐 없던

그 성정性情
오래오래
가슴에 걸어 놓겠습니다.
길 걷다가 세월이 헛헛해지면
그저 맨입일지라도
손등으로 훔쳐낼 수 있겠음입니다.

―「이제야 알 것 같습니다」 전문

시인은 예전에 보았던 어머니의 모습을 떠올리면 자신을 점검한다. 〈혼자가 되어/ 넋 나간 듯 멍해 살던/ 내 어머니의 날들〉에서 자신의 현재를 확인한다. 그 어머니는 가족의 안녕과 행복을 빌기 위해 〈새벽 수탉 홰치면/ 무명 고쟁이 갈아입고/ 첫물 길어온〉 분이다. 〈얌전하게 뜬 정화수 장독에 올리고/ 거북 등 같은 손 모아/ 치성〉을 드리던 분이다. 그 어머니의 사랑과 정성을 되새기면서, 시인은 그 분과 같이 아름답고 정갈한 삶을 추구한다.

전미야 시인은 길 끝난 곳에서 클로버를 만나 〈햇살 내리는 포근한 양지/ 길이 끝나고 너 없는 그 곳에/ 이제는 그만 나를 내려놓아도 좋으리라.〉며 자신을 추스른다. 햇살이 넘치는 푸른 숲에서 시인은 〈먼 길 휘돌아 온/ 여울물 속에 지난 시간을 묻고/ 무수히 쏟아지는 꽃잎들을/ 실어 나르는 햇귀가스리엔/ 하얀 맨발의 내가 산다.〉고 노래한다. '햇귀가스리'는 '햇귀(아침에 뜨는 햇빛)와 가스리(푸른 숲)'의 고어(古語) 합성이다. 지인의 추천에 의하여 전미야 시인의 당호(堂號)인바, 삶의 터전을 아름답게 지키려는 웅숭깊은 시심이다.

전미야 시인이 애통(哀痛)을 극복하고, 새롭게 일구어 낸 시심을 감상하면서, 그의 빛나는 시업(詩業)에 박수를 보낸다.

◇ 김경인 시인

예술의 향기와 그리움의 미학

- 김경인 시인의 시세계

1. 김경인의 뜰에 들어서기

김경인(金敬仁) 시인은 1955년에 충북 충주에서 태어나고 성장한다. 청주여자사범대학에서 무용을 전공한 후, 고등학교 교사로 봉직하면서 후진 양성에 전념한다. 학교 교육에 성실함은 물론, 자신에게 주어진 일에 최선을 다하는 성품이라서 지역의 여러 단체 임원으로 봉사한다.

충주 여교사협의회 회장, 충주 여성문화제 추진위원장, 충주시 자문위원, 중원문화역사인물기록화 제작 추진위원장, 충주무용협회 회장, 충주 예총 회장을 역임하였다. 현재도 충북문화예술진흥위원, 경찰행정발전위원회 위원, 중원 춤 학회 총감독, 전문직여성(BPW) 한국연맹 충주클럽회장 등을 맡아 다양한 분야에서 봉사하고 있다.

바쁜 가운데에서도 무용만으로 채울 수 없는 열정을 문학 작품으로 승화시키기에 이른다. 1997년 [오늘의문학] 신인작품상에 시가 당선되어 등단한 후에 우수한 작품을 창작하고 발표하여 시인으로서의 위치를 확고하게 다졌다. 작곡가 정태준 선생은 [그리움]을 작곡하여, 김경인 시인의 맑고 고운 시심을 노래로 새로운 생명을 부여하기도 하였다.

그가 발표한 작품들은 삶의 진솔한 기록이어서 다양성을 띠고 있다. 그 중에서 그의 시심을 표상(表象)하는 작품을 중심으로 살펴보기로 한다.

사랑한다는 말
하마 해버리면
다시 만나 할 말 없을까 걱정하여
잠시 망설입니다.

사랑한다는 말
그보다 더 커다란 의미를 찾으려
오늘 하루
먼 산만 바라봅니다.

사랑한다는 말
그 보다 더 소중한 진실을 찾으면
그때에사
조심스레 말하렵니다.

사랑한다는 말
그 보다 더 절실한 떨림을 찾아
그대 앞에서
조용히 눈을 감으렵니다.

—「그대」 전문

김경인(金敬仁) 시인의 문학적 근원은 사랑이다. 사랑의 대상은 '그대'로 지칭되는데, 이 '그대'는 남녀 사이에 사랑하는 사람일 수도 있으나, 막연한 그리움의 대상일 수도 있으며, 때로는 그와 인연 맺어진 사람들에 대한 대유적(代喩的) 대상일 수도 있다. 이러한 전제에서 이 작품을 감상할 때, 몇 가지 가정이 가능해진다.

그는 내성적 순수를 간직한 시인이다. 사랑하는 대상에게 사랑을 고백하지 못하고 망설이는사람이며, 그 이유 역시 다음에 만나서 할 말이 없을까 걱정하기 때문이라고 한다. 그는 사물에 대한 지시어(指示語)에서 의미를 찾는 시인이다. 사랑이라는 말에서 진실을 찾고 있으며, 진실을 찾아내었을 경우에도, 섣불리 말을 하지 않는 신중한 성격임을 시사한다. 그러면서도 사랑의 극점(極點)은 '떨림'을 통한 절정(絶頂)을 노래하는 시인이기도 하다.

문학 작품에서는 이와 같이 내면적 신중함을 노래하는 시인임에도 불구하고, 스스로 새롭게 채움으로써 대외 활동 역시 훌륭하게 관장할 수 있었을 것같다. 작품 「편리한 O형」에서 그는 〈무심하게 모르는 듯/ 최고로 단순하게/ 간편하게/ 최대한 내 중심으로 줄인다/ 그리고/ 여유를 갖는다/ 그게 나라고/ 애교도 쓸데없고 다만 상냥할 뿐〉이라고 스스로 합리화(合理化)하면서 주어진 일에 최선을 다한다.

그는 스스로 오만해지려고 한다. 작품에서 「오만한 여자」를 지향하고 노래하지만, 〈쳐들대로 쳐 올린 목을/ 누가 내려놓을까/ 하늘 위에 걸린 시선/ 어디에서 멈출거나〉에서 보이는 것처럼 자신을 철저하게 돌아보는 치밀성을 보인다. 이렇듯 다양한 내면의 그림을 언어로 빚어놓은 그의 작품에서 몇 갈래 성향에 따라 감상하기로 한다.

2. 예술의 향기를 찾아

김경인(金敬仁) 시인은 무용을 전공한 예술인이다. 시를 창작하기 이전, 그는 무용인으로 수준 높은 경지에 이르러 있었다. 등단 당시에, 이미 충주무용협회 회장을 맡고 있는 지도자였다.

그는 자신의 생을 바칠 만큼 무용에 대한 신념이 특별하다. 학교에서 학생들을 지도하면서 지역 행사의 책임을 맡아 무용 지도자의 면모를 확실하게 보였다. 예술 행사는 물론, 여타의 지역 행사에서도 무용과 연관된 분야를 담당하여 완벽하게 성공시켜 찬탄(讚嘆)을 받기도 하였다. 문화관광부장관상, 충북 도지사상, 충북 교육감상, 한국마칭밴드연맹회장상, 충북 우수예술인상 수상 등이 이를 입증한다.

이러한 업적의 바탕에는 무용에 대한 자신만의 투철한 철학과 열정, 그리고 어떤 어려움도 극복할 수 있는 예술가의 기질이 작용하였기 때문으로 보인다. 그는 무용을 실연(實演)하거나 학생들을 지도할 때에는 세상의 어떠한 어려움도 잊은 채 무아경(無我境)에 빠진다.

> 휘휘 돌아 감기는
> 연풍대 춤사위에
> 나를 잊는다.

조용한 합성에
일어서는 삶의 소리
하나 되는 열정

내면을 반추하는
무언의 몸짓,
하늘 향한 마음자리

심오한 춤 속에서
쏜살 같이
세월이 간다.

—「무아경(無我境)」 전문

연풍대는 기생이 추는 칼춤의 한 가지로, 기생들이 노래를 부를 때 빙빙 돌아다니는 곳을 의미하기도 한다. 그러나 이 작품에서는 한국무용의 기본 동작 중의 하나로, 돌아앉아 휘감아 손을 뻗는 동작을 지칭한다. 〈휘휘 돌아 감기는〉 〈춤사위〉에서 이를 확인하게 되는데, 이러한 춤사위에 심취한 시인은 순간일망정 몰아(沒我)의 경지(境地)에 이른다.

그 춤사위에서 시인은 〈조용한 합성〉을 찾아낸다. 그 합성에서 다시 〈삶의 소리〉를 연상하게 되고, 이는 자신도 모르게 솟아나오는 〈열정〉으로 승화된다. 이와 같은 과정에서 춤사위는 〈무언의 몸짓〉으로 비유되고, 이어 자신이 평생을 바쳐 지향하는 〈하늘 향한 마음자리〉에 이르게 한다.

그는 예술인의 시각으로 세상을 읽고 해석해 낸다. 때로는 실연자

(實演者)로서의 모습을 보이기도 하고, 지도자로서의 관심을 드러내기도 한다. 미술 전시장을 찾아서 〈온통 물감 쏟아 분 듯/ 제 빛과 향이/ 화폭마다 가득하다〉고 노래하면서, 무용인으로서의 시각도 보인다. 〈치맛자락 휘 감기듯/ 붓 깃으로 산수 담고/ 온전한 사랑도 담〉고 있다고 노래하는 데에서 확인된다.

예술가로서의 시인은 예술 작품으로 드러난 결과도 소중하게 여기지만, 때로는 창작의 과정에서 충실을 지향하기도 한다.

삶은 하나의
퍼포먼스다

완성된 결과보다
과정을 중시하는 행위,
그 안에 내가 있다
우리도 있다

화폭마다 무대마다
덧칠을 한다
파괴도 한다
새로운 시도로
서로를 엮게 한다

어디로 가는지
아무도 모른다
그렇게 간다

— 「퍼포먼스」 전문

그는 삶을 퍼포먼스라고 인식한다. 무용과 퍼포먼스는 결과보다 낱낱의 과정을 더 중시한다는 공통점을 지닌다. 이는 무용의 동작이나 퍼포먼스의 과정이 갖는 순간성 때문으로 보인다. 지나간 동작의 아름다움은 그 순간에 감상해야 하고, 그 순간을 지난 후에 결과물로 확인할 수 없는 특성 때문일 것이다. 물론 현대에 이르러 사진과 동영상으로 다시 감상할 수 있지만, 무용과 퍼포먼스의 현장성은 감동을 극대화하는 중요한 요소이기도 하다.

예술 행위는 〈새로운 시도〉를 통하여 감동의 극점(極點)에 이르도록 유도하기도 하지만, 다른 예술 분야에서는 잔잔한 감동을 수반하기도 한다. 수묵화를 감상하면서 그는 〈세월의 깊이〉를 찾아내고, 화선지 가득 담담함에서 〈운치〉를 찾아내어 예술의 〈향내〉를 음미하기도 한다. 그는 순간적 움직임을 중시하는 예술에 자신의 생을 바친 사람이지만, 결과물을 중시하는 조형 예술에 대한 사랑 또한 지극하다.

그는 「바람꽃」에서 〈야생에 발광하는 매력〉과 〈온실의 귀품을 함께한 자태〉를 노래한다. 그리하여 〈알 수 없는 열병〉으로 피어나는 꽃을 보며, 예술가의 기질을 다시금 조감(照鑑)하는 것 같다.

3. 자연에서 찾은 삶의 진리

시인의 감성은 자연의 크고 작은 현상에 민감하게 작용한다. 자연 현상 그 자체로 인식하기도 하고, 그 현상에서 사람이 살아가는 이치를 궁구(窮究)해 내기도 한다. 아름다운 꽃에서 사랑을 느끼거나, 시드는 꽃에서 상실을 느끼는 것은 대부분의 사람들이 갖는 일반적 특성이다. 시인들은 이러한 보편적 성향을 뛰어넘어, 시인 자신만의 정신과 감정을 오버랩 시킨다. 그리하여 얻어진 새로움을 자신만의 언어로 직조하는 것이 바로 문학 작품이다.

김경인(金敬仁) 시인 역시 이와 같은 관점에서 자연을 관찰하고, 그 자연에 자신의 사상 감정을 이입시키기도 하고, 그 자연 현상에서 삶의 진리를 캐내기도 한다.

안으로만
품어 둔
가슴 가득한 소망.
촛대 같은 모습으로
하늘만 바라보다
살랑이는 바람에
옷깃 여민다.
수줍어 가만가만 저만치
참다 참다 터지는
계집애 웃음
한바탕
자지러지듯
흐드러지는
웃음아, 울음아

— 「목련」 전문

시인이 바라본 것은 '목련꽃'이지만, 목련꽃에 대한 직접적 묘사는 보이지 않는다. 목련을 바라보면서, 시인은 자신의 내면을 자연스럽게 투영(投影)한다. 그래서 이 작품에서 제목을 적시하지 않는다면 중심 제재(題材)를 찾지 못할 정도로 시인의 주관적 정서에 충실하다.

이 작품을 간단하게 재구성하면 이렇게 될 듯하다. 시인은 목련꽃이 환하게 피어날 것을 기대하면서 〈가슴 가득한 소망〉을 찾아낸다. 그 간절한 소망에 〈옷깃〉을 여미는 경건성을 보이는데, 그때 벙글었던 꽃이 피어난다. 그 꽃잎이 벌어지는 현장에서 그는 〈참다 터지는 계집애 웃음〉을 연상한다. 자지러질 듯한 그 웃음은 연속하여 이어지고, 한참 웃다가 보면 눈물이 나오는 현상에 견주어 본다. 즉 시인은 꽃을 기대하는 마음만이 아니라, 꽃이 졌을 때를 예견하여 〈울음〉까지 찾아내는 걸출함을 보인다.

그는 사계절을 통해서도 유사한 시상을 전개한다. 〈살짝 내려놓을 듯/ 겸손하다가/ 시샘하듯 앞질러 피고/ 살짝 뒤로 몸 숨기듯〉 수줍음을 보이는 봄날의 아지랑이를 노래하기도 하고, 또한 〈하염없이 놓칠 듯 불안하고/ 미로 속/ 깊이〉를 모르는 여름의 안개를 확인하기도 한다. 〈절정은 끝없어/ 발길 잡는/ 억새〉에서 가을의 그리움을 노래하기도 하고, 까치발 딛고 오는 〈초겨울〉의 서정도 보인다.

이러한 작품에서 보이는 것은 자연과 인간의 합일 사상이다. 즉 자연에서 삶의 새로운 의미를 찾는 작업이다.

어둠 속에서
침묵을 깨우는
법고의 울림이
마음을 가라앉힌다.

녹향 묻어나는 산사
휑하니 스쳐간 바람에
마음이 뚫린다.

무심이 동심일까
동심이 무심일까

오르막 내내
시선은 발등을 찍고
들어낼 사 가벼울까
가슴에 담고
산사 가는 길

— 「산사 가는 길」 전문

산사에서 울리는 범종, 법고, 범패, 목어 소리는 깨달음과 연결된다. 삼라만상의 깨달음을 기구하는 범종, 두드리면서 깨달아 열반에 오르게 하는 법고, 쉬지 말고 정진하라는 목어, 그리고 돈오돈수(頓悟頓修)에 이르라는 범패에 이르기까지 오성(悟性)의 가르침에 닿아 있다.

시인이 산사를 찾아가는 길에 법고가 울린다. 법고의 울림을 듣고 그의 마음이 가라앉는다. 이와 함께 산사의 바람이 세상의 번뇌를 씻어낸다. 그 사이에서 시인은 무심(無心)의 경지를 경험한다. 무심(無心)은 마음을 비운 상태인데, 시인은 마음에 채워져 있는 동심(同心)을 같은 경지로 파악한다. 있는 것이기도 하고, 동시에 없는 것이기도 한 무념무상(無念無想)의 상태에서 그는 일체유심조(一切唯心

造)의 시심(詩心)을 노래한다.

이렇듯이 그는 자연에서 새로운 사상과 감정을 환기하고, 나아가 삶의 진리를 찾아낼 줄 아는 시인 중의 시인이라 하겠다.

4. 가족 사랑의 노래를 찾아

자연에서 삶의 이치를 찾아내는 것도 중요한 일이지만, 자신의 진면목을 확인하는 작업도 소중한 일이다. 또한 더불어 사는 가족과 이웃에 대한 사랑은 아무리 강조하여도 넘치지 않을 것이다. 이처럼 삶의 공동체에서 느끼는 사상 감정은 문학작품의 중요한 모티브가 되며, 아름답고 절실하게 노래하는 것이 서정시의 본령이기도 하다.

김경인(金敬仁) 시인도 자신을 돌아보는 데에 익숙한 듯하다. 그리하여 부모와 자녀, 나아가 남편과 이웃들을 향하여 서정의 시각이 확산된다.

> 너는 누구냐고
> 발목을 잡는다
> 자화상을 그리란다.
>
> 을씨년스러운 12월
> 마지막 한 장의 달력이
> 문틈 새 바람에 그저 그렇게
> 흔들림이 서글프다.
>
> 거울을 바라보다

또 다른 얼굴에
새삼 놀란다.

그곳에
엄마의 얼굴이 있다
세월도 곁에 있다.

—「자화상」 전문

한해가 저무는 12월, 마지막 남은 한 장의 달력을 보면서 그는 자신을 돌아본다. 이루어 놓은 성과와 보람도 컸을 터이지만, 이 시기에 이르면 〈문틈 새 바람〉에 흔들리는 문풍지처럼 외로움과 실망감에 서글퍼지기도 하였으리라. 그래서 거울을 바라보는데, 그 거울 속 자신의 모습에 어머니의 얼굴이 오버랩 된다. 결국 그는 세월을 건너 특정 시기의 어머니와 같은 모습으로 서 있는 자화상을 확인한다.

이러한 바탕에서 어머니와 아버지를 그려낸다. 「어머니의 품」에서 그는 〈당신의 품은/ 고향이며 조국이며 우주〉라는 깨달음에 이른다. 이와 동시에 〈당신의 품은 언제나/ 내 삶의 산실〉임을 고백한다. 「아버지」에서 그는 아버지가 〈언제나 든든한/ 버팀목〉으로만 알았는데, 어느새 〈백발이 되는 노년〉을 깨닫는다. 그리하여 〈아이 같은 미소 속에/ 노년의 빈 가슴〉이 있었음을 눈치 채지 못한 미안함에 젖는다.

부모에 대한 사랑과 존경만큼 자녀에 대한 사랑도 극진하다. 「서로 닮은 아들」에서 남편의 모습과 자신의 모습을 찾아내면서 〈서로 닮지 않았다고 해 놓고/ 남편은 큰 아들에게/ 나는 작은 아들에게 더 관심을 보인다〉고 말한다. 또한 아들을 군에 입대시키고 나서 쓴 「입영하는 날」에서 그는 〈너를 보내고 돌아오는 길/ 아무 말도 없었다〉 〈휑한 네 방이 왜 그리 커 보였는지/ 저녁도 굶었다/ 오늘 아빠는 그곳에서 주무신단다.〉고 남편과 자신의 지극한 사랑을 실토한다.

같은 곳을
늘 그렇게 바라본다.

앞서거니
뒤서거니

발 폭은 조절되고
편안함에
기댈 곳이 되어준다

안주하며 휴식하며
다시 충전하는

함께
그렇게
걸어가는 사람.

—「동반자」 전문

세상을 혼자 살아가는 것도 의미 있는 일일 터이다. 그러나 대부분 자연의 섭리에 따라 동반자를 만나게 되고, 어려운 일을 서로 나누면서 살아간다. 가정에서만 동반자가 필요한 것은 아닐 터이다. '같이 살아가는 사람' '함께 일하는 사람' '같은 일에서 만난 사람' 등 우리는 여러 동반자들과 함께 살아간다. 그 중에서도 한 가정을 이루어 사는 동반자의 의미가 가장 가까울 것이다.

김경인 시인의 남편은 대학 교수인 관계로,학문에 열중하는 신분인데도 아내를 위해 주부의 일을 돕는 것 같다. 「그 이는 지금 주부습진 중」에서 〈외조의 힘이/ 내 안의 정열을 끌어내주며/ 내게서 빛을 발〉하게 한다면서 고마움을 숨기지 않는다. 「메일이 왔다」에서는 〈아직도 우린 연애를 한다〉면서 〈그이의 눈에는 내가 꽉 차 있다〉고 행복해 한다.

이처럼 그는 자신을 돌아보고, 어머니와 아버지를 사랑하고 존경하며, 자녀를 극진하게 보살피고, 남편과 훌륭한 동반자 관계를 유지하며 시를 빚는다.

5. 김경인의 뜰에서 나서기

김경인(金敬仁) 시인의 작품을 몇 분야로 묶어 간략하게 감상하였다.

그는 내면에서 솟아오르는 열정을 문학 작품으로 승화시킨다. [오늘의문학] 신인작품상에 시가 당선되어 등단한 후에 우수한 작품을 창작하고 발표하여 시인으로서의 위치를 확고하게 다지고 있다.

그는 무용에 대한 자신만의 투철한 철학과 열정, 그리고 어떤 어려움도 극복할 수 있는 예술가의 기질로 작품으로 빚는다. 그는 무용을 하거나 지도할 때에는 세상의 어떠한 상황도 잊고 스스로 무아경(無我境)에 빠질 정도로 예술가의 길에 충실하다.

그의 감성은 자연의 크고 작은 현상에 민감하게 작용한다. 자연을 관찰하고, 그 자연에 자신의 사상 감정을 이입시키기도 하고, 그 자연 현상에서 삶의 진리를 캐내기도 한다.

그는 자신을 돌아보는 데에 익숙하다. 그리하여 부모와 자녀, 나아가 남편과 이웃들에게로 서정의 시각이 확산된다. 더불어 삶의 공동체에서 느끼는 사상 감정은 문학작품의 중요한 모티브가 되는데, 이를 아름답고 절실하게 노래한다.

이와 같이 정리를 한 후에, 그가 신명을 다하여 부르는 노래 속에 담긴 그리움을 재음미하면서 맺을까 한다.

어느 틈새
비집고
들어왔나

실눈 틈새
비집고
길이 되었나

한밤을 휘젓고
한낮을 물들이다

곁눈질 그 틈새

홀연히
떠났는가.

—「그리움 1」 전문

그리움은 그 자체로 남았을 때에 절실한 노래가 된다. 그리하여 독자들에게 동질적 그리움을 공유하게 하는 것이 중요하다. 자신도 모르게 생성된 그리움, 그러다가 흔적없이 사라지는 그리움, 이 같은 그리움은 시간-장소-대상을 초월하여 영원한 가치를 지니게 마련이다. 여러 사물들에서 그리움이 생성되겠지만, 문학 작품 창작에 대한 간절한 소망도 그리움으로 승화된다.

「시작노트」에서 그는 자유를 외치면서도 자신이 만든 틀에 구속당한다고 한다. 절창의 노래를 빚기 위해 〈밤샘하던 시간들〉〈꽃망울 터뜨리는 작은 함성〉〈보이지 않는 떨림〉등을 지향하며 시를 쓰는 사랑에 빠지겠다고 다짐하기도 한다. 이러한 다짐 역시 작품 창작에 대한 시인의 '그리움'에 바탕을 둔다.

세월과 함께 희미해지는 그리움이 아니라, 세월을 거슬러 왕성해지는 김경인 시인의 그리움을 확인하면서, 앞으로 그가 빚어낼 절창을 기다린다. 이런 기다림으로 그의 작품 감상을 맺는다.

◇ 이순조 시인

미로에서 찾은 실존적 사랑

- 이순조 시인의 1시집 작품 세계

1. 이순조 시인을 찾아서

이순조 시인은 1957년 11월 15일, 대구광역시 달성군에서 태어난다. 6세가 되어 서울특별시 성북구 월곡동으로 이사를 하여, 숭례초등학교, 동구여자중학교, 정화여자고등학교를 졸업하고, 회사에 근무하다가 결혼하던 29세까지 산다. 농수산물 유통공사에서 4년여 공매와 입찰 관련 사무를 보기도 하고, 명동 소재의 의상실에서 디자이너로 5년여 근무하기도 하면서 세상을 배운다.

의상 디자이너로 성가를 높이던 중에 건설회사에 다니는 부군과 결혼을 한다. 당시 그의 부군은 인도에 주재하였는데, 후일 국방부에 취업하여 군무원으로 봉직한다. 공무원의 아내로서 안락한 생활에 만족할 수도 있었을 터이지만, 자신의 일을 가졌던 그는 가정주부로 안주할 수가 없었던가 보다. '한식 조리사' 자격증을 획득한 후, 주로 호텔에서 11년 여 근무하면서 캐리어 우먼의 길을 걷는다.

불혹(不惑)의 연치에 이르러, 그는 삶에 대한 깊은 성찰(省察)에 이른다. 그리하여 세상을 보는 시각과 자신의 삶에 대한 깨달음을 표현하는 방편으로 간간히 글을 쓰게 된다. 오랜 습작의 과정을 거쳐 2000년에 『오늘의문학』신인작품상에 시가 당선되어 시인으로 등단한다. 한국문인협회 대전지회 회원, 사단법인 문학사랑협의회 운영이사로 활동하면서 창작에 힘써, 등단 11년 만에 첫 시집 『하늘 닮은 사랑』을 발간한다.

바람이 풀어낸
안개의 덫,
강물을 따라
모래섬을 더듬는다.

지상의 꿈은
무한의 세계를 오가지만
함께 할 수 없어
깊어진 그리움

시간이 놓아준
길을 따라
반짝이는 별이 찾아 낸
작은 풀꽃.

— 「인연」 전문

이순조 시인은 인연을 소중하게 생각한다. 어린 시절에 맺은 우정은 물론, 청소년기에 나누었던 친구와의 인연을 지천명(知天命)에 이를 때까지 아름답게 가꾼다. 그러한 과정에서 삶에 대하여 깊이 생각하게 되고, 대부분의 삶이 '바람' '안개' 등의 사물에 의하여 불확실성을 내포하고 있음을 노래한다. 그렇지만, 무한의 세계를 지향하는 '그리움'을 가꾸며 강물과 함께 모래섬을 찾아낸다. 강물이 흐르는 가운데에 위치함 모래섬, 그 곳에는 자라는 작은 풀꽃들이 사랑스러웠을 것이다. 그래서 시인은 〈시간이 놓아준/ 길을 따라/ 반짝이는 별이 찾아 낸〉 그리움의 대상으로 작은 풀꽃을 인식한다.

작은 풀꽃에도 시인의 눈빛이 머물 정도로 그는 서정적이면서 섬세한 내면의 소유자다. 그리하여 그의 작품은 대부분 내면의 갈등을 여러 소재와 견주는 데에서 출발한다. 때로는 그 갈등에 휘말리기도 하지만, 스스로 극복하는 굳은 의지를 보이기도 하는데, 이러한 작품들을 감상하면서 간략하게 정리하기로 한다.

2. 추억의 아름다움을 찾아서

이순조 시인은 추억의 공간에서 작품을 낚아 올린다. 살아온 세월만큼 다양한 체험을 하였을 것이매, 그 중에서 낚아 올리는 추억은 시인의 가슴에 남아 있는 울림의 또 다른 표징(表徵)일 터이다. 어린 나이에 고향을 떠나 서울로 이사하여 뿌리를 내린 곳이 바로 서울의 '월곡동'이다. 어린 시절, 청소년 시절, 캐리어우먼 시기를 포괄하는 추억의 산실이다. 그리하여 정서적으로 가장 예민하게 반응하여 작품에 투영되는 곳이기도 하다.

그는 〈추억의 다리를 건너/ 잿빛 같던/ 유년을 다시 일으켜 세워/ 하늘에 푸른 별〉을 달고자 한다. 그리하여 〈고단한 세월과 함께/ 흐르던 사람들〉을 추억하면서 〈월곡동 다리 밑 징검다리〉를 회상하기도 한다. 그 회상의 중심에 있는 '그리움'을 작품으로 빚어내고 싶은

데, 자신의 언어 구사 능력의 한계를 깨닫게 되고, 그래서 〈못다 한 언어들〉이라고 자탄(自嘆)하기도 한다.

가난한 가로등
불 밝히던 월곡동 골목길
좁게 자리 잡은 단추공장

수동식 기계들의 힘겨운 손놀림,
까만 눈빛들이 만들어낸
하얀 단추에 묻어있는
낡은 이름들

세월은 여지없이
회색빛으로
삶을 데리고 가지만
나는 오늘도
흩어진 그 이름들을 부르네.

그리운 숨결이 묻어있는
추억의 골목길,
월곡동에 다시 무지개가 뜨는
부활을 기다리네.

—「월곡동 무지개」 일부

시인이 살던 당시의 월곡동은 서울의 변두리 지역이었던가, 가로등마저 환하지 않았던 듯하다. 그래서 시인의 내면에는 〈가난한 가로등〉의 이미지가 남아 있을 터이다. 그 좁은 골목길에 '단추 공장'이 자리를 잡고 있었던가 보다. 그 공장에서 수많은 단추들이 만들어졌을 것이고, 그 단추마다 이름도 있었을 터이지만, 세월에 따라 그 모양과 이름이 희미해진다. 그래도 시인은 다시금 추억을 되살려 월곡동을 서정의 중심에 들여 놓는다. 그곳에 무지개를 세우고, 그 무지개를 통하여 힘들었던 세월을 극복하는 '부활'의 매체로 삼는다.

이와 같이 '부활'을 제재로 한 작품에 「십자가 위의 참새 한 마리」가 있다. 그 참새는 〈축 처진 날개 접고/ 힘없는 몸짓〉을 하고 있다. 위험한 곡예사처럼 여린 발가락으로 십자가를 꽉 잡고 있는 모습을 보면서, 시인은 스스로 참새와 동병상련(同病相憐)에 빠진다. 그 과정에 작고하셔서 만날 수 없는 어머니에 대한 그리움이 존재하고, 〈사모곡이 흐르는 무덤〉 〈가슴에서 붉게 물드는 하늘〉 등으로 나타난다. 그렇지만, 시인은 '십자가'를 통하여 〈작은 새의 희망〉을 찾게 되고, 〈모정을 향한 푸른 날갯짓〉으로 활력을 되찾는다. '참새'를 제재로 한 다른 작품으로 「비 맞은 참새 한 마리」가 있는데, 〈갑자기 먹구름 몰고 오는 소낙비〉를 맞으면서도 〈어둠 뚫고 다가오는 한 줄기 빛〉을 통하여 비상의 의미를 생성한다.

서울의 '월곡동'이 젊은 시절에 가졌던 추억의 산실이라면, 중년기를 살아온 대전광역시 서구 도마동, 그리고 그 주변의 산과 길, 만나는 사람들 역시 새로운 의미로 투영된다.

창문에 걸려있는
고단한 하늘

낮잠에서 깨어나
먼지 묻은 겨울을 털어낸다.

콘크리트 네모난 집
곳곳에 웅크린 사연들
쌓여가는 세월을 닦으며
초록빛으로
다가온 시간

묻어둔 독백들이
고개 내미는
농도원 고갯마루,
대전시 도마동 아파트에서
말갛게 하늘을 닦고 있다.

—「오늘 205번지에는」 전문

그는 아파트에서 산다. 〈고단한 하늘〉이라 말하는 것처럼 사는 일들이 고단하기도 하였을 터이지만, 〈먼지 묻은 겨울〉을 털어내며 〈초록빛으로/ 다가온 시간〉을 만난다. 그는 자연의 아름다움을 강렬하게 추구하는 시인이다. 그러면서도 그의 여건은 전원생활이나 단독주택 거주가 아니라, 〈콘크리트 네모난 집〉으로 구체화된다. 그럴 경우, 마음의 상처를 고백하거나 절망에 휩쓸리기 쉬운데, 이러한 우려를 말끔히 씻어내게 한다. 〈묻어둔 독백〉이 고개를 내밀지만, 이러한 요소들을 말갛게 닦아내는 하늘을 통하여 갈등을 극복하는 순수 서정을 담아낸다.

이러한 내면은 「대청호 가는 길」에서도 드러난다. 대청호는 대전광역시 동구와 대덕구, 그리고 충북의 옥천군과 청원군 일원에 걸친 곳으로 인공 호수이다. 대전과 인근 지역민의 식수로 활용하고, 충청권의 농업용수와 공업용수로 쓰이는데, 호면(湖面)이 넓고 커서 대전지역의 상징으로 기능한다. 시인에게 있어 이곳은 〈누운 풀 일으켜 세워/ 다시 와 보고 싶은 곳〉이다. 그 곳에는 〈겨울을 지키는 소나무〉가 자신과 동질성을 띠고 있으며, 〈등불 밝힌 이곳에서/ 그리움〉을 나누며 살고 싶다는 소망이 들어 있다.

이렇듯이 이순조 시인은 삶의 터전을 중심으로 추억어린 서정을 작품으로 빚어낸다. 그 속에 어둠과 외로움이 존재하기도 하지만, 그의 맑고 순수한 서정으로 이를 극복하여 건강한 시심을 보인다.

3. 그리움의 실존을 찾아서

이순조 시인 그리움을 노래한다. 세상 어느 누군들 그리움이 없으랴만, 언어를 통하여 공감대를 형성하는 것이 문학 작품의 요체(要諦)라 하겠다. 혹자(或者)는 가슴에 넘치는 절망과 소망, 갈등과 극복, 사랑과 그리움 등을 표현하지 못하고 미혹(迷惑)의 광장에 머문다. 그런 면에서 시인들은 어느 정도 행복의 상층지대에 와 있는 실존적 의미를 갖는다. 시인들은 자신의 찾아낸 정서의 모서리들을 작품으로 빚을 수 있고, 이를 통하여 어느 정도 폭발적 정서를 가라앉힐 수 있기 때문이다.

이러한 정서를 노래한 작품이 「옆에 있어도 그리운데」라 하겠다. 시인은 〈그대 옆에 있어도 그리운데/ 간혹 타인처럼 다가오는/ 검은 강이 앞〉에 있었다고 고백한다. 이러한 상황은 자신만 그러한 것이 아니고, '그대' 역시 자신과 같은 처지였을 것이라고 유추한다. 그리하여 〈그대 가슴에도/ 대못 몇 개쯤 박혀 있겠지/ 눈가에 맺힌 감당할 수 없는 아픔/ 눈물로 고이기도 하겠지〉라면서 역지사지(易地思之)의 시심을 발현한다. 그러나 이러한 상황은 상호 작용을 거치지 않고, 시인 스스로 이해(理解)를 하는 것뿐이어서, 〈그대에게 스며들지 못하고〉 그를 그리워한다.

이와 유사한 서정적 형상화가 그의 작품에서 산견(散見)된다. 특히 부모와 친구들에 대한 그리움은 공감대를 형성한다.

먼저 가신 분들의 넋을
소중히 기리며
어둠의 조각들을 털어내시더니

이제 빛으로 살아나는
역사 앞에
우리 아버지가 서 계시네.

눈물로 보내드리는
노(老) 신사,
조국의 흙으로 남으시겠네.

— 「찻잔 속에」 일부

전체 7연의 작품 중에서 5~7연을 인용한다. '전쟁 중에서도 살아나신 아버지를 생각하며'라는 부제(副題)가 아버지를 기리는 작품임을 알게 한다. 6.25 전쟁에서는 살아오신 아버지지만, 이 작품의 마지막 연 〈눈물로 보내드리는/ 노(老) 신사,/ 조국의 흙으로 남으시겠네.〉에서 부친의 별세를 암시한다.

그의 아버지는 〈푸른 하늘이 불타던/ 전쟁의 폐허/ 그 아픈 기억〉을 지닌 분이다. 동족끼리 총구를 겨누던 그 전쟁은 〈용서할 수 없는 역사/ 어두운 기억〉일 수밖에 없었을 터이다. 그 역사와 기억을 가슴에 간직하고 살아온 아버지의 '일흔 두 고개'는 형벌과 같이 인식된다. 그리하여 시인은 〈슬프게 눈물 젖은 언어가/ 찻잔 속에/ 눈물방울〉로 일렁인다고 노래하기에 이른다. 〈주름이 깊에 패인 이마/ 삶과 죽음이 깊이 스며/ 청춘의 그림자〉만 남긴 아버지에 대한 연민의 정서도 포함되어 있다.

어머니에 대한 정서도 크게 다르지 않다. 「어머니의 새벽」에서 그는 〈뿌리 내린 삶/ 하루가 시작되는 여명(黎明)// 아직 꺼지지 않은/ 수은등 불빛에/ 겨울이 남겨놓은 마른 잎 보인다.〉고 노래한다. 이와 함께 〈떠남을 예감하고/ 멀리 들리는 기차의 경적소리/ 고단한 인생 싣고 가는/ 외로운 눈물〉을 노래하면서도 〈어머니 사랑의 체온으로/ 우리의 새벽이 일어난다.〉고 모성(母性)의 의미를 새롭게 표현한다. 이는 「어머니의 분홍 매니큐어」에서도 드러나는데, 〈가시 박힌 마음의 상처로 눈물 흘릴 때/ 어머니 분홍 매니큐어가/ 내 가슴에 빛으로 와서/ 언제나 고마운 가로등으로 서 계셨네.〉에서 확인할 수 있다.

이러한 서정은 형제자매는 물론 친구에게로 열려 있다. 그 중에서 각막염을 치료하고 있는 친구에 대한 작품은 간결하면서도 애틋한 정서를 포괄한다.

속울음 삭이며
무너진 가슴 일으켜 세워
사나운 바람을 견디렴.

안개처럼 흐린 눈으로
생각의 나무를 가꾸기 위하여
뿌리를 깊이 내리렴.

아름다운 세상을 위하여
쓰러지지 않는 연습을
다짐하는 친구여.

—「눈물」 전문

사람에 대한 그리움은 종교적 대상으로 확산되기도 한다. 「산 그림자」에서 서두에 일상적 서정을 진술하고, 결구에서 자신의 내면을 밝히기도 한다. 그는 〈할머니 등처럼 굽은/ 내원사 뒷길〉을 걷고 있다. 저녁 무렵이었던가, 〈기우는 해거름/ 외로움 묻은 갈대/ 붉은 가슴 산새〉 등 애상적 대상에 자신의 내면을 투영한다. 그러던 중, 〈풍경소리/ 바람으로 멀어질 때〉 그는 〈달마의 하늘〉을 찾아내는 혜안(慧眼)의 소유자이기도 하다. 선을 중시하는 일부 불교에서 추앙하는 '달마대사'를 통하여 깨달음의 경지에 이르렀다는 고백이기 때문이다.

이와 같이 시인이 그려내는 서정적 그리움은 육친, 가족, 친지, 종교적 인물 등이다. 그 대상들은 한결같이 시인의 내면에 깊은 인상을 남긴 분들인데, 현실에서 감각할 수 있는 사물과 이어져서 감동의 진폭을 넓힌다.

4. 서정적 지향을 찾아서

대부분의 시인들은 생활에서 찾아낸 서정적 진실을 작품으로 빚는다. 그러나 자신의 지향에 따라 제재 선택이 다르고, 그 제재를 해석하는 방향과 기법이 다르게 마련이다. 이순조 시인이 선택한 제재는 생활 속의 작은 사물들이다. 이는 추상적이거나 허황스런 것들에 얽매이지 않는 자유인의 모습이며, 관념을 노래하기보다는 현실에서 감각할 수 있는 실체적 진실의 추구에 다름 아니다.

그는 「꿈 한 조각」에서 〈꿈속에서 앞서 보낸/ 세월 한 조각이/ 얼굴을 내민다〉고 전제하고, 그 얼굴의 구체적 표상으로 어머니를 대입한다. 〈향기 가득한 어머니 고운 미소가/ 낯설지 않은 모습으로/ 내 꿈에 다녀가셨다.〉고 진술한다. 이 꿈을 통하여 그는 〈또 다른 어머니 모습으로/ 아이들에게/ 고운 향기가 되도록/ 사랑의 심지〉를 돋우겠다고 다짐한다. 이러한 다짐은 일상의 현실에서도 드러난다. 기차를 타고 여행을 하면서도 자신의 진실을 찾아내어 작품에 반영한다.

그 얼굴이
정갈해 보이는 이유는
봄빛 푸른 세상이 고와서다.

창문 틈으로
세월 흘려보낸 젊은 날이
침묵으로 다가와서다.

해초 냄새 가득 담은 바다
밀려오는
그리움이 넘쳐서다.

전생과 이승
오고 가는 길목에서
그대와 내가 만나서다.

—「기차 안에서」 전문

이순조 시인은 〈얼굴이 정갈해 보이는 이유〉로 〈봄빛 푸른 세상〉이 곱기 때문이라고 한다. 또한 〈창문 틈으로/ 세월 흘려보낸 젊은 날〉이 추억되기 때문이기도 하다. 특히 〈해초 냄새 가득 담은 바다〉에서 밀려오는 그리움 때문이기도 하다. 그대와 내가 만나기 때문이기도 하다. 그러나 엄밀하게 확인해 보면, 여러 사물의 속성에 의하여 시인의 얼굴이 정갈해지는 것이 아니다. 깊이 천착해 보면, 시인의 마음이 밝고 곱기 때문에 세상이 아름다워 보이는 것이다.

밝고 고운 그의 가슴이지만, 때로는 현실에 대한 저항이 자리잡고 있기도 하다. 그래서 헤르만 헤세와 함께 바다를 가고자 한다. 헤르만 헤세의 〈많은 작품에서는 안정된 기성의 세계에서 부자유와 억압을 느끼고 끝없이 인간해방을 탐구하는 원초적 인간 감성을 향한 그리움과 인간성 복원〉을 담고 있기 때문이다. 작품 「헤르만 헤세와 바다」에서 그는 〈바다로 가려할 때/ 헤세는 나와 동행한다.〉 〈시간과 공간을 초월하여/ 지난밤 꿈에/ 내게 와서/ 푸른 바다로 가자며/ 자욱한 안개를 헤친다.〉 〈다가온 헤세의 손/ 푸른 물결로/ 영원한 사랑을 노래하며/ 출항을 알리네.〉라고 노래한다. 이렇듯이 그는 현실을 떠나 바다나 산으로 대유(代喩)되는 자연으로 가서 심리적 부적응을 해소하고자 한다.

> 내 마음의 산을 오른다.
> 사람들의 마을에서 스며들지 못하는
> 내 언어(言語)는 어느새 산을 부른다.
>
> 내 심장박동 소리는 점점 내 귀를 타고
> 몸 밖으로 피를 토한다.
>
> 거짓과 탐욕 타협하지 않는 아집의 그늘에서
> 외로움이 검은 강처럼 흐르는 노래를
> 통곡처럼 부른다.
>
> 세월을 타고 온 내 뒤안길
> 부끄러운 미소는 초연해진 고독으로
> 죽어도 이별하지 않는 산을 오른다.
>
> ―「산을 오른다」 전문

그는 마음의 산을 오른다. 〈사람들의 마을〉에 적응하지 못하고, 〈몸 밖으로 피〉를 토하는 과정과 산을 오르는 것을 동일시한다. 이러한 과정에는 〈거짓과 탐욕, 타협하지 않는 아집의 그늘에서/ 외로움이 검은 강처럼 흐르는 노래〉가 내재한다. 그리하여 세월의 뒤안길에서 초연해질 수 있고, 〈죽어도 이별하지 않는 산〉을 오를 수 있는 것이다. 이 산은 현실에 존재하는 산이 아니라, 마음에 둥지를 틀고 있는 서정적 공간이기 때문에, 시인의 내면을 오롯하게 보여 준다.

5. 새로운 모색을 찾아서

이순조 시인은 삶과 문학에 대하여 깊은 성찰을 작품 「화두(話頭)」에 담는다. 깊은 밤에 창작의 고통을 감내하면서 좋은 작품을 빚고 싶은 의지를 〈살아 있는 언어를 낚으려는 것〉이라고 한다. 〈새벽이슬 내 어깨 시리게 해도/ 잠들지 못하는 것〉을 운명처럼 여긴다. 그러면서 〈새벽 종소리에 어둠을 씻어내며/ 채워지지 못한 영혼〉을 갈무리하고자 한다.

이처럼 창작에 대한 뜨거운 열정을 가꾸지만, 생각처럼 마음에 맞는 작품이 빚어지는 것은 아니다. 그래서 창작의 어려움을 그는 「미로(迷路)」에 담는다. 자신의 삶을 '미로' '안개' '문명의 늪' '길 잃어 이슬 닮은 눈물' '어둠' '혼돈' 등의 애상적 환경으로 갈무리한 후에 다시 '빛'과 '종소리'에 의하여 새롭게 거듭나는 시심을 보인다. 삶의 미로에서 자유를 꿈꾸는 시인의 실존적 내면이 작품에 담겨 있다. 자유를 꿈꾸는 시인에게 있어, 작품 창작의 열망은 '하늘 닮은 사랑'으로 인식되기도 한다.

고통의 사슬에 묶여있는
내 사람들
모두를 끌어안고 가는
하얀 운명이라면,

진정 죽어도
후회하지 않는
하늘 닮은 사랑이겠네.

—「하늘 닮은 사랑」 일부

이순조 시인은 〈무릎에 스며드는/ 차가운 바람〉을 〈가슴 한 켠에 뚫려 있는/ 빈틈 사이로/ 들어오는 삶의 가시〉로 인식한다. 이는 〈절망 같은 유혹에/ 사로잡혀/ 내 몸짓 언어의 메아리〉를 찾아내기 위하여 고뇌의 바다를 항해한다. 그리하여 찾아낸 영지(領地)가 바로 '하늘 닮은 사랑'일 것이고, 그 사랑에 열중하는 것이 그의 본분이기도 하다.

그는 「시인의 자유」에서 〈전설 속 긴 터널을 지나/ 현실로 이어지는 삶의 구름다리〉를 지나는 것이 인생이라 암시한다. 그리하여 〈강둑에서 되돌아보는/ 어제들의 아픔/ 만만치 않은 세상〉과 부딪치며 〈상처 난 자국 위 또 다른 상처〉를 입고 사는 것이라 토로한다. 이러한 깨달음을 바탕으로 서정적 진실을 추구한다. 그리하여 〈진리의 물결 일깨우는/ 역사의 길목에서 찾은 진정한 자유〉를 위해서라면 〈이름 없는 시인〉이어도 좋겠다는 경지에 이른다. 또한 아집에 사로잡힌 나를 버릴 때 진정한 자유를 구할 수 있다는 작은 소망으로 창작의 삽질을 쉬지 않는다.

그는 진정한 자유인으로서 문학 창작의 새로운 화두를 찾아내는 데 쉬지 않는다. 비록 자신이 찾은 화두에 사로잡혀 고뇌의 시간을 보낸다고 하더라도, 그 길을 쉬지 않고 가리라 믿게 한다. 비애와 절망을 극복한 자유인으로서의 순수한 내면을 작품에 담아내기 위해 생명의 소잔(消殘)마저 감내하리라 믿게 한다. 어둠으로 가득한 서정적 공간에서 빛으로 살아나는 아름다운 영혼이 되기 위해 소망의 노래를 부르리라 믿게 한다. 이와 같은 믿음으로 이순조 시인의 첫 시집 『하늘 닮은 사랑』의 기행(紀行)을 마친다.

◇ 이동숙 시인

귀거래(歸去來)의 애환과 여심(女心)

- 이동숙 시인의 1시집 작품세계

1. 자연에서 무심 가꾸기

산업화와 함께 도시 진출이 최선으로 인식되었을 때도 있었다. 산업의 편중된 발전으로 농촌 어촌 산촌에는 극심한 노령화가 이루어진다. 이러한 현상이 현재도 진행형이지만, 최근에 귀촌(歸村)하는 경향이 두드러진 것도 사실이다. 도시화의 물결 속에서 예기치 않은 질환들이 발발하여 치료 및 휴식을 위한 사람도 있고, 조기 은퇴자들의 천석고황(泉石膏肓)과 텃밭 가꾸기도 있으며, 농촌 어촌 산촌을 산업기지로 보는 젊은이들도 목격되고 있다.

남편의 항암치료를 마치고, 요양차 발랑리에 집을 짓고 이주한 이동숙 시인은 텃밭을 일구는 일을 본업처럼 생각하며 지낸다. 많은 도시인들의 로망이기도 한 귀촌은 실천에 옮기기도 힘이 들고, 또한 성공하기 위해서는 수많은 시련과 고난을 극복해야 한다. 그는 〈토란교 넘어서면/ 작은 길목 돌아// 농로 포장한 곳/ 끝나는 지점〉에 황토벽돌 곱게 새 집을 짓도 귀촌한다. 그 지명이 '발랑리'여서 '발랑댁'이 되어 농사를 지으며 행복한 가정을 꾸린다.

행복의 이면에는 농촌의 애환이 녹아 있다. 〈연고도 없는 곳으로 집 지어〉 들어온 그는 〈늘 이방인 같아 마음 한편이 비어 있다〉고 실토한다. 〈일년에 한두 번씩 방문하는 손님들은/ 넘넘 좋다고, 자기들도 나이 들면 이렇게 살고 싶다고/ 조금이라도 젊은 나이에 꿈을 이뤘으니 얼마나 좋으냐〉고 부러워한다. 그렇지만 그는 웃으면서 속으로 말한다. 〈이런 곳엔 1년에 한두 번 와야 좋지 살아보소/ 얼마나 외롭고 사람 그리운지〉라고 생활 속의 외로움을 밝힌다.

이런 생활 속에서 살다 보면 가끔 부부 사이에 크고 작은 간극(間隙)이 생기게 마련이다. 이를 현명하게 극복하는 것이 요체(要諦)인데, 그는 이러한 상황을 작품에 투영함으로써 갈등을 해소한다.

> 밥상 위에
> 내 수저 먼저 놓기
>
> 내 밥그릇에
> 밥 먼저 담기
>
> 아침에 무쳤던 나물
> 점심상에 또 올리기
>
> 식탁에 그득했던 반찬
> 서너 가지로 줄이기
>
> 식사 하라고 불러도 안 오면
> 나 먼저 먹기

사실은
이 모든 것
아무 것도 안 하기

—「소심한 복수」 전문

과거 봉건시대라면 이와 같은 '소심한 복수'도 금기(禁忌)였을 것 같다. 그러나 존속과 비속 사이, 혹은 부부 사이에서 매일같이 참담한 일들이 벌어지고, 매체를 통해 익숙한 현대인들에게는 '사랑스러운 복수' 정도로 수용될 것 같다. 부부 사이의 갈등이 이렇게 조정될 수만 있다면, 그리하여 미움이 어느 정도 상쇄될 수 있다면, 이는 현명하고 온당한 처신일 터이다. 혹여 아름답지는 않을 수 있지만, 충분히 애교로 보아 넘길 수 있을 터이다. 이 작품을 읽으면서 이동숙 시인의 맑고 정갈한 시심(詩心)을 확인할 수 있다.

휴일에 그는 〈느티나무 잎이랑/ 마당 가득 쌓인 낙엽을 모은다/ 낙엽 타는 냄새가 기분 좋게 한다〉고 안분지족(安分知足)을 노래한다. 〈스무 해 전에 울 아들 걸음마 할 적/ 심었던 아들 키만하던 느티나무/ 하늘로 나래 펼쳐/ 마당을 뒤덮었다〉고 보람을 찾는다. 이와 함께 〈무 배추 뽑고 남은 자리/ 마늘 심을 준비로 잔손 분주〉하게 겨우살이 준비를 알차게 하는 주부이기도 하다. 그래서 그의 작품에는 농촌 아낙의 삶이 오롯하게 들어 있다.

2. 가족 사랑의 표본

불교에서 전하는 '부모은중경(父母恩重經)'은 부모의 은혜가 한량

없이 크다고 본다. 구체적인 예로서, 어머니가 아이를 낳을 때는 3말 8되의 응혈(凝血)을 흘리고 8섬 4말의 혈유(血乳)를 먹인다고 하였다. 그렇기 때문에 이와 같은 부모의 은덕을 생각하면 자식은 아버지를 왼쪽 어깨에 업고 어머니를 오른쪽 어깨에 업고 수미산(須彌山)을 백번 천번 돌더라도 그 은혜를 다 갚을 수 없다고 하였다.

가장 핵심이 되고 있는 십대은(十大恩)은 다음과 같다. ① 품에 품고 지켜 주신 은혜(懷耽守護恩), ② 해산날의 고통을 이기신 은혜(臨産受苦恩), ③ 자식을 낳고 근심을 잊는 은혜(生子忘憂恩), ④ 쓴 것을 삼키고 단 것을 먹이신 은혜(咽苦甘恩), ⑤ 진자리 마른자리 가려 누이는 은혜(廻乾就濕恩), ⑥ 젖을 먹여서 기르신 은혜(乳哺養育恩), ⑦ 손발이 닳도록 깨끗이 씻어주시는 은혜(洗濁不淨恩), ⑧ 먼 길을 떠나갔을 때 걱정하시는 은혜(遠行憶念恩), ⑨ 자식을 위하여 나쁜 일까지 짓는 은혜(爲造惡業恩), ⑩ 끝까지 불쌍히 여기고 사랑해 주는 은혜(究意憐愍恩) 등이다.

그렇지만, 현대인의 생활에서 이러한 은혜를 깨닫고 효를 실천하는 것은 현실적으로 어려운 일이다. 오히려 불효를 짓지 않는 것만으로도 고마워할 지경에 이르른 것이 사실이다. 그래서 부모에 대한 존경과 사랑을 실천하는 일은 아름다운 일이고, 이를 작품에 담아 널리 펴는 것은 더욱 가치 있는 일이다.

27년 세월
참 많이도 당신 그리워하시고
왜 이리도 시간이 안 가는지
늘 애타 하셨답니다

아버지
당신의 귀여운 여인
나이 들어 호호 할머니일 때도
입 가리고 웃으신 거 아세요?

아버지
이제 헤어지지 마시고
당신의 예쁘고 귀여운 여인과
오래오래 행복하세요

—「아버지 기쁘시지요」 일부

어머니의 별세를 맞아, 오래 전에 작고하신 아버지에게, 두 분이 저 세상에서 행복하게 지내시라는 축도(祝禱) 성격의 작품이다. 아버지가 작고한 세월이 27년이라는 점, 어머니는 어서 빨리 지아비를 만나고 싶다면서 입을 가리고 웃으시며 수줍어하였다는 것, 이제 두 분이 함께 저 세상에서 만나 행복하시라는 소망을 담고 있다.

어머니께서 떠나신 것은 정말 애통한 일이다. 그러나 그 슬픈 감정을 극복하고 새롭게 작품으로 빚어내는 것은 오직 시인만의 특권이다. 이동숙 시인은 놀라운 상상력으로 감동적인 작품을 빚는다. 어머니가 하늘나라로 가신 일을 「하늘 구경하시겠다」고 상상한다. 〈밝은 햇살 펴진 날/ 연로하신 울 엄니/ 하늘 구경하시겠다// 눅눅해진 이불/ 내다 널며 올려다본 하늘/ 울 엄니 얼굴 같다// 힘들고 어려운 일 있어도/ 언제나 자식들 앞에서/ 밝게 웃으시던 엄니〉와 하늘을 동일시한다. 이처럼 하늘과 같은 어머니를 그리면서 지나간 세월을 반추(反芻)한다.

어머니 대보름은
부산한 손놀림으로 시작된다

찰밥을 시루에 안치고
취나물 호박나물 고사리
삶아 불리고 볶아
온 밤을 새워
정성으로 음식 빚어
보름날 새벽
강가로 나간다

촛불 밝혀
한지에 정성 담아
불 지펴
투박한 두 손으로 빌고 빌어
육 남매 이름 외고 또 외어
한해 복을 빌어 강물에 띄운다

— 「정월대보름날에」 전문

어머니의 '정월 대보름'을 노래하고 있지만, 이와 같은 연민과 정성을 이어받은 자신에 반영한 작품이기도 하다. 오래 전부터 시인과 시인의 어머니를 포함한, 우리의 어머니들은 매사에 정성(精誠)을 제일로 삼아 왔다. 1월 보름날에 시루에 쌀을 앉혀 밥을 지어 마을 사람들과 나누었다. 좀 더 나아가 천신(天神)과 지신(地神)에 제사 지내고, 온 세상의 정령(精靈)에게 제사 지내며, 강물에 사는 미물들에게도 사랑을 베푼 것은 중요한 일이다. 과학적 해석 이전에 그러한 마음과 정성이 소중한 것이다.

우리의 어머니 할머니들은 시루에 좁쌀을 익혀 강으로 가서, 천지신명에게 기도하면서 '꼬시레'를 하였다. 특히 강가에 사는 사람들은 얼어붙은 강의 숨구멍에 좁쌀을 넣거나, 철장으로 구멍을 내고 그곳에 좁쌀을 넣었다. 겨우내 굶주렸던 물고기의 허기를 지우려는 행위를 우리들은 '어부슴'이라고 하였고, 우리의 어머니들은 이를 실천하며 가족의 안녕과 행복을 기원하였다.

이동숙 시인은 어머니의 이러한 모습을 지켜보면서, 그 행위의 바탕에 녹아 있는 사랑을 오늘에 실천하려 성심을 다한다. 이러한 마음자세는 가장 가까운 남편과 자녀들에게로 향한다. 특히 병중(病中)에 있는 남편을 걱정하는 내면이 맑고 곱다.

그대 두고 온 첫날밤
좁디좁던 공간이었는데
비어서 아무것도 없는 내 마음처럼
왜 이리도 휑하니 넓던지요

머리 땅에만 닿으면
부끄럼도 모르고
코까지 골며 잠들었는데
밤은 왜 이리도 길던지요

천정의 작은 꽃무늬를 세어도
부스럭부스럭 집안 정리를 해도
그냥 멍하니 벽에 기대어도

그대만 생각나네요

내 심정 이럴진대
병상에 있는 그대 어떠할까
자꾸만 속울음 나와
기어이 통곡하고 울었더이다

—「그대 두고 오던 날에」 전문

결혼생활을 시작한 이후 처음으로 남편이 입원을 한다. 입원을 시킨 첫날밤의 만감어린 서정을 작품으로 옮긴다. 그 울음 섞인 하소연은 「결혼 26주년」에서도 절절하게 만날 수 있다. 〈잠든 당신 가슴 위에 손 대어보고/ 귀 기울여 숨을 쉬나 확인하며 산 날들/ 그저 곁에만 있게 해달라고 빌었었는데/ 마음에서 밀어낸 날들로 아파〉 하는 세월을 되새긴다.

또한 「반쪽과 금쪽」에서는 남편과 자녀에 대한 생각이 오롯하다. 〈반쪽이/ 악성종양이란 말을 들었을 때/ 놀라고 무섭기도 하였지만/ 처방대로 치료하고/ 식이요법 잘하면 될 거라/ 스스로 위로〉 하였다고 한다. 이와 함께 〈방학을 마치고 돌아오는 금쪽〉의 지친 모습에 하늘이 무너져 내렸다고 한다. 그리하여 〈내 반쪽 건강하고/ 내 분신 반듯하게 살면/ 내 손바닥 지문 닳아 없어져도〉 좋다고 한다. 이들의 건재(健在)가 자신의 행복이라는 근원적인 사랑에 귀납한다.

자연 속에서 자연과 함께 살았기 때문인지, 그의 시 역시 자연스럽다. 부모에 대한 공경과 사랑, 남편에 대한 연민과 사랑, 자녀들에 대한 기대와 사랑 등이 작품에 투영되어 감동의 파노라마를 연출한다.

3. 귀촌 생활의 다양성

이동숙 시인의 농촌 생활은 그의 귀거래(歸去來)에 연유한다. 도연명도 일찌기 「귀거래사(歸去來辭)」의 말미에 이와 유사한 형상화를 보인다. 〈登東皐以舒嘯 등동고이서소 / 동쪽 언덕에 올라 조용히 읊조리고,〉〈臨清流而賦詩 임청류이부시 / 맑은 시냇가에서 시를 짓는다.〉〈聊乘化以歸盡 요승화이귀진 / 잠시 대자연을 따라 돌아가리니〉〈樂夫天命復奚疑 낙부천명복해의 / 주어진 천명을 즐길 뿐 어찌 다시 의심하랴.〉

도연명이 스스로 관직에서 물러나 한가로운 생활을 추구하며 살았듯이, 이동숙 시인 또한 전원에 귀촌(歸村)한다. 그러나 농촌의 현실은 그렇게 녹록한 것이 아니다. 그는 「배추농사」를 지으며 새로운 시련을 겪는다. 〈무농약 유기농으로 키우려니/ 굼벵이 놈 뿌리째 싹뚝 잘라 먹어/ 다시 듬성듬성한 자리〉에 보식(補植)을 한다. 〈어느 날부턴가/ 배추벌레가 번성해서/ 그물 모양으로 배추가 내려앉는다〉 그래서 목초액을 희석하여 분무기로 퇴치한다. 〈반타작이 어디냐고 좋아할 때/ 공급 잉여〉로 밭에서 출하도 하지 못하고 천오백 포기배추를 밭에 세워 얼려 죽이는 아픔을 겪는다.

　　콩 심은 데 콩 나고

팥 심은 데 팥 난단 말
누가 했는지
말짱 거짓말이다

심은 콩은 비둘기가 파먹고
팥은 싹도 안 났다

심지도 거두지도 않은
6월 땡볕의 잡풀
뽑고 또 돌아서면
나 여기 있소 나온다

모종한 호박 고구마
거름 독해 타죽고
무성한 배추
장마에 짓물러가고

오락가락하는 비에
초보 아낙 한숨이 는다

—「하소연」 전문

이처럼 농사를 지으며 한숨을 짓지만, 초보를 벗어나면 보람 또한 새롭게 마련이다. 〈봄날같이 포근한 겨울〉 어느 날 그는 〈노랑태 물에 불려〉 메주를 만든다. 노랑태는 콩의 일종인데, 주로 메주를 만들거나 콩나물을 기르는 품종이다. 〈마당 한켠에/ 가마솥을 걸어 불〉을 지피고, 약한 불로 약 6시간쯤 삶은 다음, 절구에 넣어 빻고,

이를 사각틀에 넣고 꾹꾹 눌러 메주 모양을 만든다. 이를 짚 위에 놓거나, 짚으로 엮어 묶은 다음에 천장에 매달아 놓으면 메주가 뜬다. 이러한 노력과 정성으로 만든 메주여서 가족의 건강을 지키는 먹을거리가 된다.

농촌에서는 여러 작물(作物)을 재배한다. 봄에 파종하여 여름에 길러내어 가을에 추수하기를 기다린다. 「가을걷이」에서 그는 단계별로 상황을 정리한다. 첫째는 농사를 짓던 작물을 거두고 난 농지(農地)의 〈(빈)들이 점점 넓어져 간다〉고 한다. 둘째는 무말랭이 고구마 토란대 땅콩 등을 수확하여 쌓아 놓았기 때문에 〈마당은 점점 좁아져 간다〉고 한다. 그리하여 마침내 〈가을걷이는 멀었는데/마당은 벌써 만석꾼〉이라며 풍성한 수확을 노래한다.

이렇게 열심히 아마추어 농사꾼으로서 농사를 짓지만, 남편의 병환은 그를 한없이 슬프게 한다.

그저 살다 보면
신이 채울 수 없는
사람만이 채워야 하는
그런 슬픔이 있습니다

살다 보면
그저 살다 보면
울어도
울어도
마르지 않는
그런 슬픔이 있습니다

그저 살다 보면
무심히 흐르는
바람같이 슬픈
허허로운 스침도 있습니다

—「살다 보면」 전문

이런 슬픔은 그를 공허(空虛)에 빠뜨리기도 한다. 이 시기에는 세상의 모든 사물이 자신의 정서와 동일하게 보인다. 마을의 빈 집도 그러한 제재(題材) 중의 하나다.

그가 사는 마을의 말구리길 27호는 〈두어 해 전 서울 부자 양반/ 논을 메워 밭을 만들고/ 다시 그 터에〉 지은 빨간 벽돌집이다. 네모 반듯한 그 집에 〈누가 이사 오나 기다려도/ 굳게 잠긴 문은 궁금증만 자아내고/ 두어 해〉가 지난다. 그래서 그 집의 〈현관 문 앞 토끼풀들 자라고/ 엉겅퀴 민들레 애기똥풀/ 가꾸지도 거두지도 않았는데/ 흐드러지게 피어 집〉을 지킨다. 이처럼 거의 폐가에 이르도록 방치한 '농가'는 농촌의 현실을 상징한다. 〈비싼 자동차로/ 부동산 업자들 수시로 드나들어/ 마당에 차바퀴 자국〉 그득하지만 말구리길 27호는 아직도 빈집이라는 지적은 농촌의 공동화를 대변한다.

이런 정서에 깊이 빠져 있으면서도, 그는 삶의 근원에 접근한다. 무심하게 보아 넘길 수 있는 사물에도 특별한 의미를 부여한다. 아랫집 옥상 위에서 말라가는 명태에 대한 관심 역시 그러하다.

아랫집 옥상
어느 바다에서 놀던 명태인지
빨랫줄에 가지런히 매달려 있다

아~하
동쪽을 향하고 있구나
필시 동해가 고향인가보다

꾸덕꾸덕 말라가면서도
아가리 벌리고
마른 눈동자로 먼 바다를 향한다

—「2월의 풍경」 전문

마을에서 자연스럽게 만날 수 있는 정경이지만, 시인의 예술적 감수성은 삶의 근원에 대한 탐구로 이어진다. 옥상에 매달려 있는 명태의 고향이 동해라는 것, 그래서 몸이 말라가면서도 눈은 동해 바다를 향하고 있다는 착상은 수구초심(首丘初心)의 현대적 해석이다. 이러한 형상화가 이동숙 시인의 문학적 개성이다.

4. 소통을 위한 기도

자연과 함께 가족이 행복하게 사는 것을 소망하면서도, 남편의 병환은 그에게서 언어를 앗아 간다. 〈병약한 모습으로 침상에 누운 당신〉을 보면서 〈내가 당신을 위해 할 수 있는 일이 없음〉을 깨닫는 순간 그는 우울(憂鬱)에 빠지기도 한다. 〈수술 실밥도 풀지 않은 몸으로/ 출근하는 뒷모습〉을 보며 남몰래 운다. 슬퍼도 슬퍼할 수 없고, 낙심하면서도 그 내면을 표출할 수 없을 때, 사람들은 서로 소통할 수 있는 사람을 그리워한다. 그리하여 속을 터놓고 대화할 친지를 찾는다.

그러나 친지를 만나, 자신의 이야기를 꺼내놓기도 전에, 그 사람이 자기 이야기를 늘어놓기 때문에 시인은 침묵할 수밖에 없다. 그 상황에서 시인은 지난 시절에 그 친지를 만나 자신이 하고 싶은 말들을 쏟아 내었을 때를 회상한다. 그때의 친구도 지금 자신의 마음과 같았으리라고 역지사지(易地思之)한다.

말이 고파 허기지던 날
말고픈 여자와 마주 앉았다
그녀는 주섬주섬 말들을 늘어놓았고
머리가 멍하니 비어갔다

내가 고픈 말들을 주절거릴 때
그녀도 지루했을까
그날
그녀가 양주 한 병을 바닥내고도
끄떡없이 버티고 앉아 있을 때
윙윙 벌들이 날아다녔다

억울함과 서러움으로 몸서리를 치며
그녀가 내 앞에서 그러하였듯이
오늘
벌들이 더 소리를 높여 윙윙거린다
그날, 그녀도 그랬을까

— 「말이 고픈 날 2」 전문

친지를 만나서도 복잡다단한 내면이 풀어지지 않을 때, 대부분의 사람들은 절대자에게 의지한다. 그는 기독교 신자이기 때문에 교회에 나가 기도하며 신(神)과의 소통을 염원한다. 〈사는 것이 너무 너무 힘들어/ 의자도 없는 교회당에 미친년처럼 철퍼덕 앉아/ 펑펑 울었더랬다〉 〈새벽 기도를 드리러 온 교인들이/ 두 다리 펴고 훌쩍이는 여자 땜에 당신들 기도도 하지 못하고/ 그녀를 위해 대신 기도를 해주었다〉 〈새벽잠을 깨/ 기도 올리러 왔던 교우들이/ 철없이 떼쓰는 그녀를 위해 울어주었다〉며 진심어린 위로에 어느 정도 마음이 가라앉는다. 그리하여 〈교회당을 올 때처럼 아무것도 없이 내려가면서/ 다시는 울지 않았다〉고 고백한다.

그는 "무화과나무 열매 마르고 논밭에 곡식이 없어도/ 난 여호와로 인하여 기뻐하고 즐거워하노라."를 묵상하며 살아간다. 스스로 '기뻐하고 즐거워하기'로 하고 생활 속에서 작은 보람을 찾는다. 환자를 돌보다 〈병실에서 나오는 이쁜 간호사〉인 '딸'과 열심히 노력하는 '아들'을 만나 아름다운 세상을 만들고자 한다. 이와 같은 긍정적 자세를 견지하면, 그의 외로움과 낙심(落心)이 말끔하게 걷히리라 믿으며, 이동숙 시인의 작품이 일신(日新) 우일신(又日新)하기를 기대한다.

◇ 신경자 시인

열정적인 삶과 오롯한 정서

- 신경자 시인의 1시집 작품세계

1.

2017년에 고희를 맞은 신경자 시인은 아직도 청춘이다. 삶의 지표를 지키려는 구심력(求心力)과 새로운 세계를 찾는 원심력(遠心力)의 소유자이기 때문이다. 사업 번창과 자녀 교육이라는 두 축을 근간으로 후회 없이 살아온 시인이었지만, 회갑(2008)을 지나면서 자신의 삶에 대한 새로운 화두에 몰두한다. '나는 무엇인가?' '무엇을 어떻게 하는 것이 가치로운 삶인가?' 이러한 내면의 원심력은 그로 하여금 새로운 분야에 도전하게 한다. 생업에 성심을 다하면서, 자신의 남은 생을 아름답게 가꾸고자 한다.

그는 첫 단계로 마라톤에 도전한다. 그의 나이 64세가 되던 2011년부터 10km를 목표로 새벽 달리기를 실천한다. 처음에는 가부장적 부군의 눈치를 보느라, 병원에 입원해 계시는 친정어머니 아침 문안 인사로 둘러대었지만, '대청호 마라톤' 10km를 완주하여 '완주메달'을 받은 다음부터는 공개적으로 아침 운동에 나선다.

기쁠 때 막 뜁니다.
외로울 때도 막 뜁니다.
그렇지 않을 때도 막 뜁니다.
바쁠 땐 더욱
뜁니다.
생활이 되어버린 뜀박질

—「쉬엄쉬엄」 일부

시인은 달리기를 '뜀박질'이라고 한다. 작품 「원초적 뛰박질」에서 〈기분 좋은 날이면 뛰었다./ 어려서부터 무턱대고〉 뛰었다고 한다. 〈때론 아버지께 회초리 맞지 않으려고/ 무조건 뛰고 또 뛰었다.〉고 한다. 〈젊어선 생활이 바빠서 뛰었다.〉〈남편의 잔소리도 나를 뛰게 하였다.〉〈이젠 뛰는 생활을 뛰어넘어/ 건강을 위해 달린다.〉며 평생 뛰는 것을 운명으로 수용한다.

그는 마라톤을 하며 스릴과 긴장을 즐기는 것 같다. 〈군중 속에 내가 있다./ 생각만 해도 가슴이 뛴다./ 미치도록 희열을 느낀다./ 행복감과 긴장감이 팽팽하다.〉 가을에 개최하는 '대청호 마라톤'을 준비하며 흘리는 여름의 땀을 보람되게 인식한다. 마라톤은 그에게 씌워진 삶의 터널에서 벗어나려는 제의(祭儀)로 승화한다. 〈외롭고 고독했었다./ 온 세상의 슬픔은/ 모두 내 것처럼 보였다./ 긴 나락으로 한없이/ 빨려들던 날이 있었다./ 오랜 시간이 지나자/ 미쳐버릴 것 같았던/ 긴 터널〉을 마라톤 완주로 극복한다.

신경자 시인은 67세 되던 2014년에 새로운 세계로 발돋움하려는 원심력이 발동한다. 자신의 삶과 지향(指向)을 글로 남기려는 것이다. 그리하여 세이백화점에서 개설한 문예창작의 문을 두드렸고, 김숙자 시인을 만나 창작의 첫걸음을 내딛는다. 1년간 성심을 다한 노력 끝에 문학전문지 『문학사랑』에 작품을 응모하여, 제92회 신인작품상(2014년 겨울호)을 수상하여 등단한다. 창작에 대한 자긍심으로 문학적 감동을 생성(生成)하는데 성공한다.

추앙받진 못해도
바르게 살아가며
나이 듦의 여유를
글로 뿜어내고 싶다.
왔노라.
보았노라.
쓰겠노라.
아름다운 이 도전,
분출구에 고인 이 행복감,

— 「사유의 공간」 일부

그의 창작 의식이 작품으로 승화되어 있다. 그는 작품 창작을 통해, 바르게 선비정신을 지키며 살아가고자 한다. 또한 삶의 우여곡절(迂餘曲折)만큼 다양한 경험을 되살려 '나이 듦의 여유'에서 비롯된 서정을 글로 빚어내고자 한다. 그는 늦게 시작한 문학 창작의 길이기에 뜨거운 열정으로 시를 빚는다. 2017년 여름까지 3년간 빚은 작품이 200여 편이나 되고, 문예지에 발표한 작품도 자타가 놀랄 만한 분량이다. 등단 3년 동안에 『충청예술문화』에 1편, 『문학사랑』에 12편, 『대전문학』에 3편, 『대전동구문학』에 3편, 『시사랑 마중녀들』에 23편을 발표한 작품량은 경이로울 정도이다.

그의 〈왔노라./ 보았노라./ 쓰겠노라.〉는 율리우스 카이사르의 말을 변형하여 차용(借用)한 것이다. 카이사르가 소아시아를 정복하고 남긴 〈"왔노라, 보았노라, 이겼노라!(Veni, Vidi, Vinici)〉를 차용한 사실적 고백이다. 글공부를 하는 곳에 '왔노라', 선배들이 창작한 훌륭한 작품들을 '보았노라', 그리하여 자신도 이와 같이 좋은 작품을 '쓰겠노라' 스스로 다짐한 것으로 보인다. 이러한 자기암시(自己暗示)는 좋은 작품을 쓰는데 아주 유용한 주술(呪術)로 작용한다. 역사에 남을 작품을 남기겠다는 의지의 소산이기도 하다.

이러한 소망으로 그는 첫 시집 『계절의 그루터기』를 발간하고자 한다. 〈삼백육십오일/ 제 빛깔로/ 사람마음〉을 붙들어 놓는 작품, 〈내 마음 흔드는/ 그리움 한소끔.〉을 감상하는 여로(旅路)에 나선다.

2.

신경자 시인은 자신의 정신적 멘토가 '친정어머니'라고 밝히는데 주저하지 않는다. 어머니는 시집살이의 고통을 겪으면서도 평상심을 잃지 않았던 분이고, 가정의 주부로 사셨지만 나라를 걱정하는 우국지사(憂國之士)의 면모를 갖춘 분이다. 어머니는 평소에 〈굶어 죽어도 내 나라가 좋다.〉 〈빌어먹어도 내 나라에서 빌어먹는다.〉 〈50년 후 일본이 독도를 건들 것이다. 미리 대비를 해야 한다.〉 나라 걱정을 하신 분이다. 노스트라다무스가 예언하기를 〈머지않아 일본이 가라앉는다.〉고 하였는데, 그 때가 되기 전에 일본이 우리나라로 건너올 것이라고 경계하신 분이다.

그는 어머니의 말씀을 귀담아 들었는데, 오늘의 국제 정세가 어머니의 말씀대로 진행되는 것을 보면서 선지자적 예지에 감탄한다. 해마다 일본 국토가 바다 속으로 가라앉고 있다는 기사를 통해, 그리고 일본이 교과서에서 독도를 저희 국토에 편입시킨다는 방송을 시청할 때, 시인은 떠나신 어머니를 그리워한다.

나라 없는 설움이 제일이니,
빌어먹어도
내 나라가 있어 좋으리니,
떠나지 마라.
언제부터인지 멘토가 되시던
어머님이
저 멀리 하늘나라로 가셨다.

—「사모곡(思母曲)」 전문

시인은 꽤 오랜 기간 어머니를 모시고 살았던 것 같다. 고향인 대전광역시 서구 '흑석리'에서 사시던 어머니의 몸이 불편하게 되자 자신의 집으로 모신다. 시인은 어머니를 모시면서도 마음이 편하지 못하다. 〈딸집에 있어/ 두 다리 못 뻗고/ 주무신다던 어머니〉의 말씀이 새삼스러웠기 때문이다. 그러면서도 〈집안에 큰소리 나면 재수 없다고/ 조용히 참고 살라〉고 삶의 지침을 주시던 어머니가 이제는 그리워할 뿐이다.

어머니에 대한 눈물겨운 정서에 비하면 아버지에 대한 정서는 모호하다. 어린 시절에 그는 〈보리쌀 한 가운데/ 흰쌀 넣어/ 정성스레 담겨졌던 / 아버지의 밥 한 그릇〉을 보며 침을 삼키었던 내면을 밝힌다. 이와 함께 〈아득히 먼 기억이 된/ 무섭기만 했던 아버지가〉 새삼 그립다고 추억한다. 어린 시절에는 〈어찌 그리도 어머니를/ 힘들게 하셨던가.〉 아버지를 이해하지 못하였으면서도, 고희에 이른 시인은 그 아버지마저 그리움의 대상이다. 그러나 서정의 중심은 언제나 어머니에 머물러 있다.

석양의 노란 하늘빛
"걱정 마. 넌, 해낼 수 있어."
어머님 말씀을 들었다.

"귀신도 너 못 이겨!"
신념으로 위기를 극복하라시던
그 말씀.

"견디며 해내는 기쁨을
어디에 비하겠니?"
환한 웃음.

이승은 애끓는 그리움으로
가슴 찢어지는 듯 아파도
밥도 잘 먹고, 잠도 잘 잡니다.

웃고 떠들다가도 문득, 어머니,
당신의 빈자리가

너무 큽니다.

—「어머니 1」 전문

딸이 힘들어 할 때 어머니가 들려주신 말씀이 〈"걱정 마. 넌, 해낼 수 있어."〉라는 격려였다. 그래도 불안해하는 딸에게 〈"귀신도 너 못 이겨!"〉 다시금 힘을 북돋워 주셨다. 성심을 다하여 일하는 모습을 보면서 〈"견디며 해내는 기쁨을/ 어디에 비하겠니?"〉 손으로 등을 두드려주셨다. 그에게 삶의 등대였던 어머니의 소천은 가슴 찢어지는 일이었을 터, 그래도 살아 있는 사람들은 밥도 잘 먹고 잠도 잘 자며 이승의 생활에 젖어 산다. 자신도 그런 생활을 하다가 문득 어머니의 빈자리가 너무 커서, 〈애끓는 그리움〉에 젖는다.

소천하신 어머니를 그리워하는 것도 '망극(罔極)한 일'이지만, 시인의 동생이 갑자기 세상을 떠났을 때 자신과 어머니가 겪었을 내면의 고통 역시 헤아리기 힘들었을 터이다. 어머니와 동생의 소천에 가슴 먹먹하였을 시인의 내면 역시 절통한 감동을 생성한다.

그립다, 보고 싶다!
추억은 환상 속의 삶이다.
아픈 가슴 미처 못 나누고
내 몸 가누기에 바빴던 세월을 건너
미치도록 보고 싶다.
태풍이 치면 좋으련만 ,
회색구름이 작은 가슴을 더 짓누른다.
저 구름 따라 가면 만나려나,
꽃 한 송이 들고 따라가면 웃으려나,

삶의 가면을 벗는다.
"진정 사랑하였다.
내 죽는 날까지 너 그리며 살리라."
홀연히 떠난 그 가을,
몇 번의 가을이 가야만 만날 수 있을까.
찢어지는 그리움을
예고 없는 소낙비에 적시며
너의 환영을 가슴에 담는다.

—「그리움」 전문

동생의 급서(急逝)에 띄우는 시인의 연서(戀書)다. 동생과 함께 살던 추억은 이제 추억 속에만 존재한다. 동생의 아픈 가슴을 함께 나누지 못한 회한에 시인은 미칠 것처럼 후회한다. 때때로 보였던 삶의 가면을 벗으며 〈"진정 사랑하였다./ 내 죽는 날까지 너 그리며 살리라."〉 약속한다. 가슴이 무너질 만큼 아프고 그리운 동생, 〈몇 번의 가을이 가야만 만날 수 있을까.〉 헤아리지만 〈찢어지는 그리움〉만 남아 있을 뿐이다.

이와 같은 아픔과 그리움은 세상의 무엇으로도 차감(差減)되지 않는다. 우리 옛말에 〈부모가 돌아가시면 산에 묻고, 자식이 죽으면 부모의 가슴에 묻는다.〉는 말처럼, 동생의 죽음 역시 어머니의 슬픔과 동질성을 띤다. 어쩌면 동생의 죽음에 애상하셨을 어머니의 울음을 대신 울어주는 곡비(哭婢)의 심정이 아니었을까 싶다.

3.

신경자 시인은 사업의 번창으로 생활이 안정됨에 따라, 조상의 자취를 통한 '뿌리 찾기'에 나선다. 효를 삶의 근본으로 삼고 '가화만사성'을 삶의 지표로 제시한다. 이를 실천하기 위해 평소 내면에 간직하고 있던 지론(持論)을 집성(集成)하여 저서 『가화만사성(家和萬事成)』을 발간한다. 이러한 일은 보수적 시각의 남성들도 감히 엄두를 낼 수 없는 일이지만, 그는 도전하였고, 멋있게 성공해 낸다.

그는 함양 박씨 29세 손(孫)인 남편 박영우로 하여금, 문중의 일원으로 큰 역할을 맡게 한다. 중시조로부터 대대로 시제를 지내는 함양의 '영명제'가 있다. 그곳의 '유원문' 앞에 두 그루의 상서로운 나무를 식재하기로 하였다. 그 자리의 문중들이 돌아올 책임을 예감하며 머뭇거릴 때, 박영우가 선뜻 나서 '영원히 산다는 주목'을 식재한다. 후손들이 '영명제'를 찾을 때마다 아버지 혹은 할아버지가 기념식수한 석비(石碑)를 보고 자긍심을 갖게 하는 의미가 있다. 이어 남편 박영우의 고향인 충청북도 옥천군 옥천읍 서대리에 있는 효자문을 가족의 품으로 끌어들인다.

오랜 세월 견디느라
힘들었겠구나.
효의 근본이 쉽지 않기에
힘든 만큼
채색도
많이 바랬구나.
집안의 자랑 효자문,

보여지는 자랑보다
효의 근본,
마음 자세가 소중한 것을.
오늘 부는 좋은 바람
서당골 효바람
훈풍이 온 마을을 감싸네.

—「효자문」 전문

이 효자문은 조선 고종황제 광무 7년(1903)에 창건된다. 경애당 박세환 공의 효성이 지극하여 정효각을 세우고 동몽교관을 제수하면서 세워진 비각이다. 신경자 시인은 낡고 퇴색한 이 효자문을 소중한 유산으로 수용한다. 가까운 조상 중에 나라에서 인정하고 표창하여 효자문을 창설한 분이 계시는 것만으로도 자긍심을 고취할 수 있기 때문이다. 이러한 자긍심으로 조상의 시제(時祭)마다 참석함은 물론, 자녀들에게도 참석을 권유한다. 저서 『가화만사성』에 시제의 일시와 장소까지 기록하고 있다.

'함양 시제'는 전국에서 함양 박씨들이 모여 매년 음력 10월 초하루에 지낸다. 이 외에도 '금강 동이면 시사' '옥천 시사' 등에도 참석하는데, '옥천 시사'는 바로 '효자문' 앞에서 이루어지기 때문에 참석을 권유한다. 이처럼 효(孝)에 집중하는 것은 효가 인륜지대사(人倫之大事)라는 인식에 바탕한다. 이를 근간(根幹)으로 자신도 웃어른을 존경하고 아랫사람을 사랑하는 일에 성심을 다한다. 남편에 대한 예의도 각별하다.

내 남편의 꼿꼿함을 어디에 견주랴.
대나무에 비기랴, 동판에 비기랴
아무리 생각해도 조선의 선비다.

그에게 따뜻한 미소 한 점 없었더라면
그에게 따스한 배려 한 점 없었더라면
나 무얼 믿고 그를 따랐을까
무거운 짐 양손에 가득 들고
나 힘겹게 걸어도 따라만 오던 그,
덥석 짐을 받지 않던 그
무거운 짐 견디다 못해 내려놓아도
그냥 서서 마냥 기다린다.
다시 짐 들고 걸으면 같이 걷고
힘들면 같이 쉬어 갈 뿐 짐을 받지 않는다.

곁에서 씩씩하게 따라 걷는 그 사람
선비는 결코 부인의 짐을 받아들지 않는다.
그런 배짱 좋은 남편이다.
그는 꼿꼿한 조선의 선비다.

—「조선의 선비에 견주다」 전문

조상의 가풍을 이어받은 남편은 매사 '꼿꼿한 자세'를 취한다. 그 꼿꼿함은 현대 남편들의 변화하는 모습과 크게 다르다. 그럼에도 시인은 남편의 가부장적 양태를 수용한다. 남편은 부부 사이의 관계뿐만 아니라, 세상을 살아가는 여러 면에서 일관되게 가부장적 자세를 취하기 때문에 옛 선비에 비유한 듯하다. 조선의 선비는 목에 칼이

들어와도 바른 말을 하며, 아무리 추워도 곁불을 쬐지 않았다고 한다. 이러한 자세가 현대적 가치를 공유하고 있는가? 이에 대한 해석은 개인 차원으로 미룰 수밖에 없다. 다만 두루마기를 입고 상투를 튼 선비 차림의 인물이 현실 생활에서 자주 목격되는 다양한 세상에서 살아가고 있을 뿐이다.

이처럼 고답적 시각까지 수용하는 시인이기 때문에, 본인 스스로 정성과 예의를 소중하게 실천한다. 손자와 손녀에게 사랑과 교훈을 전달하는 편지도 육필(肉筆)로 정성을 담는다. 그 편지를 받아든 손주들의 마음에 할머니의 사랑이 전해질 것으로 믿는다. 이런 정성과 사랑으로 자녀들을 양육하였기 때문에 2남 1녀 모두 사회적으로 성공하고, 부모님의 뜻을 공경하는 인물로 성장한 것 같다.

4.

신경자 시인은 주제의식이 투영된 작품 창작을 선호한다. 그러면서도 서정 시인답게 아름다운 정서를 작품에 투영하여 섬세한 감동을 생성한다. 대부분의 서정시가 뚜렷한 의미를 표면에 투영하는 것이 아니기 때문에, 시를 감상하며, 마음과 느낌으로 공감대를 형성하는 것이 서정시의 본령이기도 하다.

때에 따라 신경자 시인은 자유시의 분방함에서 정돈된 시형으로 승화시키기도 한다. 시의 정형성을 유지한 작품으로는 시조(時調)가 대표적 양식이다. 고려시대 말기를 연원으로 하고 있는 시조, 우리 겨레의 정서와 사상을 집약하여 보여주는 시조, 현대에 와서 종장의 첫 구에 대한 정형성을 유지하면서 형식적 자유를 허용하는 시조,

이런 형식적 제약에도 불구하고 신경자 시인은 100편의 시 속에 단형시조 7편과 2연시조 2편 등 9편의 시조를 선보인다.

> 눈을 뜨면 잊었다가
> 눈 감으면 그립다.
>
> 노을 지는 오솔길을
> 어제처럼 걷고 싶다.
>
> 깜깜한
> 밤하늘에서
> 은하수를 찾는다.
>
> ―「그냥 그렇게」 전문

단시조의 제목이 「그냥 그렇게」인 것처럼 주제도 모호하다. 그러나 우리의 일상에서 마주치는 삶의 보편성을 담고 있어 느낌의 공유가 이루어진다. 바쁜 일상에서 〈눈을 뜨면 잊었다가〉 잠시 휴식을 취하거나 잠을 청하기 위해 〈눈 감으면〉 추억 속의 그 사람이 그립게 마련이다. 노을이 지는 오솔길을 추억하며 '그때'처럼 걷고 싶기도 하다. 또한 '어둠이 깊어야 별이 빛나고, 어둠이 짙어야 촛불이 밝다.'는 말처럼 〈깜깜한/ 밤하늘에서/ 은하수를 찾는다.〉 즉 우리가 눈을 감아야 기억 속의 그리운 사람이 보이게 마련이다.

3장 6구 45음절 내외에 우주를 담아낼 수 있는 형식이 바로 '시조'이다. 그러나 시상(詩想)이 다층적이고 복잡해지면 단시조에 모두 담아내기 어려워 연시조를 빚는다. 2개의 단시조를 2연시조라 하고,

3개의 단시조가 이어진 형식을 3연시조라 한다. 신경자 시인은 이와 같이 정돈된 시조 형식의 정형시 9편과 함께, 산문시 형식도 활용하고 있는데, 「어머니 6」「어머니 22」「지리산에 부는 바람」 등 3편이다. 이는 시 형식의 다양성을 보여주는 것으로 신경자 시인의 시 창작 경향을 가늠하게 한다. 그러나 우리가 통상 자유시라고 말하는 작품이 88편인 것을 보면, 시 형식에 크게 구애받지 않는 것 같다.

푸른 하늘만 바라보아도
몰래 가슴이 떨립니다.

숨을 내 쉬어도
숨을 크게 들이마셔도
그대의 눈빛이
봄날 아지랑이처럼
이렇듯 곱게 다가섭니다.

봄빛이 꽃길을 만들 때
가슴이 먼저 놀랍니다.

—「봄날의 아지랑이」 전문

아름다운 작품이다. 시인은 〈푸른 하늘만 바라보아도〉 가슴이 떨리는 사람이다. 숨을 내쉬거나 들이마실 때에도 그대의 눈빛이 곱게 다가선다. 그 대상을 한정하지는 않았지만, 어릴 때의 첫사랑이었을까, 먼빛으로만 보아오던 짝사랑이었을까, 아니면 김수한 추기경과 같은 흠모의 대상이었을까, 어떤 객체라도 이처럼 아름다운 사랑의 주인공이 되는 일은 쉽지 않다. 신경자 시인만이 빚어낼 수 있는 사랑시의 절창(絶唱)이다.

이와 같은 절창의 감동은 잔잔한 어조에서도 찾아볼 수 있다. 겉으로 드러나는 강렬한 노래가 아니라, 가슴 안에 속삭이는 낭송과도 같다.

수첩을 연다.
끝없는 수평선의 여백에
편지를 쓴다.

지난 해 아팠던 상처는
잘 아물었는지,
나도 같이 아픈 마음으로
안부를 묻는다.

이제 새롭게 세울
우리 우정의 꽃대에도
꽃을 피워보자며
그림을 그린다.

수첩을 닫으며
아직도 많이 남아 있는
여백에 그대를 가둔다.

—「수첩」 전문

시인이 〈수첩을 연다.〉 이 수첩의 행간을 그는 〈끝없는 수평선의 여백〉이라고 하며, 이 여백에 〈편지를 쓴다.〉고 속삭인다. 첫 연(聯)에서 보이는 비유와 상징으로 인해 이 작품의 격조(格調)는 높아지게 마련이다. 〈지난 해 아팠던 상처는/ 잘 아물었는지,/ 나도 같이 아픈 마음으로/ 안부를 묻는다.〉에서 보이는 '동병상련(同病相憐)의 정서가 감동의 물결을 일으킨다. 이 바탕에서 〈이제 새롭게 세울/ 우리 우정의 꽃대〉라는 놀라운 은유로 작품의 수준을 높인다. 이렇게 감동을 생성하며 항해하던 시인은 〈아직도 많이 남아 있는/ 여백에 그대를 가둔다.〉면서 수첩을 닫는다. 이처럼 잔잔한 어조로 예술적 감동을 생성할 수 있는 것이 신경자 시인의 '시인다운 역량'이다.

5.

신경자 시인은 사랑하던 어머니뿐만 아니라, 세상에서 만나는 훌륭한 인물들을 멘토로 삼아 따르고자 한다. 그 분들의 훌륭한 말씀을 거울삼기도 하고, 그 분들이 실천하신 위업을 따르기도 하면서, 살아 있는 자신의 의미와 역할을 확인한다.

> 불꽃처럼 살다 가고 싶은
> 한 여인의
> 못다 이룬 꿈이 있다.
> "베풀지 못함 후회 말고
> 내 모든 것 드리고 가리다."
> 추기경님의 말씀처럼
> 보잘 것 없는 몸일지라도
> 아직 살아야 할 인연이 있다면

내 장기 일부라도 떼어
그 분에게 드리고 싶다.
내 못다 핀 열정을 받아
꽃피워 주기를
세상의 빛이 되기를 기도하오니
마지막 가는 자
불쌍하게 생각하지 말고
당당하게 세상의 빛이 되라.

―「소망」 전문

종교 지도자 중에서 대한민국 국민들의 존경을 받던 김수한 추기경이 선종하였다. 그 분의 일생을 되돌아보며 시인은 스스로 〈세상의 빛이 되기〉를 소망한다. 이는 김 추기경이 〈베풀지 못함 후회 말고/ 내 모든 것 드리고 가리다.〉라면서 하늘로부터 받은 자신의 육신까지 공여한 원력(願力)에 대한 감동과 깨달음이다. 자신의 깨달음을 스스로 실천하는 것은 물론, 자녀들에게도 권유하는 마음이 진실로 오롯하다.

시인은 자녀들에게 남길 '유언?'을 집약하여 『가화만사성』을 발간한다. 이때의 보람과 기쁨을 작품에 투영하여 「큰 빛이 되거라」 권유한다. 〈감동이었다./ 어떤 말로도 형용할 수 없는 벅차오름,/ 하늘이 이처럼 가슴 뛰게 할까?/ 바다가 이처럼 감동이 깊을까?〉라고 벅찬 감동을 표현한다. 〈내가 소원하던 것〉 〈믿기지 않는 감동〉을 자녀들에게 전하면서 〈내훈 속에 바른 참 길〉이 있음을 제시한다. 동시에 〈밝은 근본 세워〉 자녀들이 〈큰 빛〉으로 생활하기를 소망한다. 이는 시인의 열정이 빚어낸 가치(價値)이며, 또한 무엇으로도 대신할 수 없는 의미(意味)이기 때문이다.

깊은 어둠 속에서도
빛이 보입니다.
그 빛을 따라
한 발자국 한 발자국
흔적들을 남깁니다.

—「열정」 전문

그래서 시인은 5행으로 빚어진 「열정」에서 잠언(箴言)과도 같은 의미를 생성한다. 그는 「늦깎이 시인」에서 〈그 열정 하나로/ 시어(詩語) 하나 낚기 위해/ 날밤〉을 새운다고 고백한다. 또한 「시인의 마음」에서 〈글은 마음의 양식이라 했다./ 먹고 먹으면/ 배부른 시인이 될 수 있을까?〉 사색한다. 시를 빚으면 〈마음속 암흑의 그림자 걷히고/ 맑은 글/ 아름다운 노래가 쏟아질까?〉 소망한다.

이런 열정과 서정으로 빚은 신경자 시인의 작품은 독자들과 폭 넓은 공감대를 형성하리라 믿는다. 이런 믿음으로 신경자 시인의 첫 시집에 대한 여로(旅路)를 접는다.

◇ 류미영 시인

자유로운 영혼의 문학적 진실

- 류미영 시인의 1시집 작품세계

1. 류미영 시인에 대하여

류미영 시인은 세상과 이상의 사이에서 고뇌하고 갈등하는 모습을 보인다. 수많은 사람들도 그러할 터이지만, 세상의 맑고 고운 노래를 지어 부르는 시인의 입장에서 보면, 세상의 영욕과 관련한 내면의 반향은 필연이지 싶다. 그를 대하면 가끔 진세(塵世)에 발을 담그고 고운 꽃을 피우는 연(蓮)의 이미지가 보이기도 고, 혹여 산문(山門)에라도 들었다면, 운수납자(雲水衲子)의 자유로운 영혼이었으리라 유추하기도 한다.

이렇게 자유로운 영혼으로 시를 빚는 류미영 시인은 1970년에 충남 금산군에서 출생하여 어린시절을 보낸 후, 초등학교 2학년에 대전으로 전학을 하여 초등학교 중학교 고등학교를 졸업한다. 결혼 후에는 충남 논산시의 시댁에 거주하면서 대가족 생활을 영위한다. 농촌에서 생활하며 자녀를 양육하던 중, 배움에 뜻을 두어 방송통신대학교 국어국문학과에 입학하여 문학과 대면한다.

물론 그는 초등학교 시절부터 글쓰기에 재능을 보여 여러 대회에서 수상하였고, 이는 중고등학교 시절로 이어져 문학에 대한 열모(熱慕)를 가꾸게 된다. 그러나 국문학 수업을 들으면서 그 열모가 구체화되어 작품 창작에 전념하게 되고, 2014년 『문학사랑』봄호 신인 작품상을 수상하면서 등단한다.

등단을 계기로 새롭고 감동적인 작품을 빚겠다는 다짐을 하면서, 이 시기까지 습작한 작품을 모아 첫 시집 『묵산리 사계』를 발간한다. 그의 작품 창작을 기대하게 하는 작품을 먼저 감상하기로 한다.

미명의 새벽
늘상처럼
두 손 모은
상처투성이 이 내 맘을
당신이 보고 계신다면
저 맑고 고운
한줌의 울림으로
내 사랑 있는 곳에
단숨에 닿게 해주소서.

산자락 끼고 앉은
허름한 절
종소리 청아하다.

—「보문산 구암사에서」 전문

류미영 시인은 어둠이 가시지 않은 새벽에 보문산에 오른다. 보문산성을 향하여 오르는 오른쪽 자락에 구암사라는 아담한 절이 있고,

그 절의 곁을 지날 때 청아한 종소리를 만난다. 종소리는 시간을 알리는 역할도 있지만, 삼라만상을 깨우는 의미를 띤다. 이와 함께 종소리는 사람들의 내면에 드리워 있는 어둠을 거두어내고, 새로운 의욕으로 소망을 가꾸게 한다. 그래서 시인 또한 손을 모아 기도한다.

이 작품의 시적 자아는 〈상처투성이〉 내면으로 드러난다. 이러한 인식은 「아(我)」에서 부정적 이미지로 형상화되어 명징하게 드러난다. 그가 벗어나고자 하는 진심은 〈마음 없는 가식적인 삶/ 마음 없는 흔한 사랑〉 따위에 흔들리지 말자고 한다. 의미 없는 존재들에 의해 상처 받지 말자고 결심한다.

그렇지만, 바람에 흔들릴 수밖에 없는 물결처럼, 시인도 삶의 여러 상황에 의하여 흔들릴 수밖에 없다. 그리하여 〈제 정신/ 제 육신조차/ 감싸 안을 힘조차 없이/ 너덜너덜 찢기워진/ 어리석은 존재〉로 자신을 점검한다. 이런 상황에서도 시인은 문학창작에 대한 열모(熱慕)를 바탕으로 아름답고 가치 높은 작품을 빚기 위해 최선을 경주하는 모습을 보이고 있다. 그 내면의 숲을 기행하며 간략하게 정리하고자 한다.

2. 시적 진실에 대하여

문학에 대한 열모가 크면 클수록 좋은 작품을 빚게 된다. 그런 과정에서 '시란 무엇인가' 본질적인 문제에 접근하기도 한다. 더불어 시를 빚는 예술가로서의 시인은 어떠한 사람인가에 대해서도 고뇌한다. 수많은 시인과 학자들에 의해 확립된 '시의 정의'를 모두 모아 짜깁기를 해도 그것은 분명해지지 않는다. 그리하여 시인 자신의 견해로 정의하기도 하고, 이 정의를 작품으로 빚기도 한다.

류미영 시인은 6행으로 압축한 작품 「시인(詩人)」에서 〈가슴 속 응어리/ 글자로 풀어내는/ 자폐환자// 세상 속 인간사/ 글자로 풀어내는/ 글무당〉이라고 간명하게 정의하고 있다. 시인의 가슴에 차고 넘치는 정서, 분수처럼 솟아오르는 응어리를 글자로 풀어내는 자폐환자가 바로 시인이라고 정의한다. 세상과 조화를 이루지는 못하지만, 그는 내면의 울림을 작품으로 빚어낸다. 때로는 사람들의 길흉화복을 주관하는 '글무당'으로 시인을 비유하여, 신과 인간의 중간자 역할로 정의하기도 한다.

> 빈 허공에
> 당신만 그리고, 그리고.
>
> 찬거리를
> 홀로 헤매고, 헤매고.
>
> 헛 사랑 찾아 맴도는
> 내가 상 바보임을,
> 정말
> 구제불능 그것임을
> 느끼고, 느끼고
>
> —「오늘도」 전문

행위의 반복을 통해 창작과정을 보이면서, 그렇게 행위하는 시인의 처지를 분명하게 밝힌 작품이다. 시인의 창작 행위는 〈빈 허공에

/ 당신만〉 계속하여 그리는 것이다. 서예가들이 훌륭한 작품을 빚기 위해 헤아릴 수 없는 화선지를 구기듯이, 도예가들이 명품을 빚기 위해 수없이 타작을 깨부수듯이, 시인들도 수없는 되풀이를 통하여 감동적인 작품을 빚는다. 그러한 작업이 성공할 때까지 차가운 거리를 헤매는 내면의 냉소(冷笑) 또한 견뎌야 한다. 허공에 그린 그림이 덧없는 것이듯이, 시인이 창작하는 작품은 〈헛 사랑〉에 다름 아니다. 그래도 시인은 어쩔 수 없이 창작의 길에 나서는데, 이것이 바로 시인의 운명이기도 하다.

그는 「시어(詩語)」에서 〈내 심장을 휘젔던/ 희로애락이/ 무수한 단어들로/ 진주알처럼 영롱하게/ 박혀 있다,〉고 한다. 그 진주알이 박힌 곳은 생명을 탄생시키는 '자궁'이며, 새 생명이 태어나기 위해서는 죽음과도 비견되는 고통을 감내해야 한다. 그리하여 〈여러 날 진통을 해 보아도/ 받아 낼 수 없어/ 활화산처럼/ 들끓기만〉하는 창작의 고통을 시에 담아낸다. 이런 과정을 거쳐 순수한 생명이 탄생된다.

> 다져 밟으면
> 더 잘 자라나는
> 언 땅의 보리 순처럼
>
> 잊어 보리라
> 다짐한 맘 사이로
> 그대 생각 피어올라
> 온통 나를 뒤덮습니다.

그래도
잊어야 한다고
또
짓밟습니다.

그럴수록
실핏줄까지 팽팽해져
그대 생각
지울 수 없습니다.

— 「집착」 전문

시인에게 있어 창작의 고통은 생명의 근원으로 작용한다. 그 과정을 초봄 '보리밟기'에 견주어 작품화에 성공한다. 보리밟기는 겨울 동안 들뜬 보리밭의 겉흙을 눌러 주어 보리의 뿌리가 잘 내리도록 이른 봄에 싹의 그루터기를 밟아 주는 일이다. 보리의 줄기와 잎에 상처를 주어 월동 전에 땅 위로 웃자라는 것을 억제하고, 뿌리의 발달이 촉진되므로 동상해(凍霜害)에 대한 어린 모종의 저항성이 크게 하는 일이다.

시인의 창작 행위는 초봄에 보리밭에서 〈다져 밟으면/ 더 잘 자라나는/ 언 땅의 보리 순처럼〉 고통을 극복한다. 〈실핏줄까지 팽팽해져/ 그대 생각〉을 지우지 못하고 작품으로 빚어낸다. 때로는 〈아픈 자식 품어안은/ 어미처럼/ 생명 잃은 종잇장을 쓸어안고/ 보듬고, 오열하기를/ 넋 없이〉 지속하면서 작품을 창작한다. 이것이 그에게 지워진 운명의 등짐이다.

3 그리움과 사랑에 대하여

소크라테스의 제자 플라톤은 스승에 대한 이야기를 정리하는 과정에서 〈모든 사람들은 무엇을 사랑하고 있을 때는 시인〉이라고 하였으며, 독일의 시인이자 극작가 실러는 〈사랑의 빛이 없는 인생은 가치가 없다.〉고 기록한 바 있다. 덴마크의 철학자 키에르케골은 〈사랑은 모든 것을 믿으며, 속지 않는다. 사랑은 모든 것을 바라며, 멸망하지 않는다. 사랑은 자기 이익을 추구하지 않는다.〉며 사랑의 속성을 확인하고 있다.

이와 같은 선구자의 말씀도 의미가 크지만, 시인의 사랑은 보다 구체적이다. 류미영의 시 「설레임의 기도」 역시 그러하다. 〈그대에게/ 첫 사랑을 느낄 때/ 굽이 낮은/ 하얀 구두를 샀습니다.〉 〈그대 향해 가는 길/ 나비 날 듯 행복했습니다.〉 〈밖이 내다보이는/ 쉘부르 창가에 앉아/ 설레인 맘〉으로 기도한다. 〈그대와 나/ 신발 장식의 리본처럼〉 예쁘고 단정하게 묶이기를 기도한다. 이렇게 그리운 사람을 구체적으로 적시(摘示)하지는 않았지만, 그 대상에 대한 정서를 오롯하게 밝힌 작품도 등장한다.

가끔 나의 온 세포를
마비시키는 그 사람.

그 사람도,

길을 걷다
우뚝

멈춰서는 행동을 할까.

커피를 마시다
마치
앞에 있는 듯 말을 할까.

바쁜 와중에도
문득
한 줄 그리움을 끄적이기는 할까.

—「그 사람」 전문

사랑을 체험한 독자들이라면 대부분 류미영 시인의 이 작품과 유사한 추억이 있을 터이다. 그래서 이 작품을 감상하면서 빙그레 웃으며 추억을 되새길 터이다. 쉽고 간명한 작품이어서 별도의 설명이 필요 없을 이 작품은 그런 면에서 특별한 감동을 생성(生成)한다.

이성에 대한 그리움과 사랑도 시의 중심 제재로 기능하지만, 보다 근원적인 그리움과 사랑은 부모를 비롯한 가족으로 향한다. 작품 「그저 할 수 있는 일」 에서 류미영 시인은 〈제겐 표시도 나지 않는 하루가/ 당신을 왜 그리 작아지게 하는지/ 큰 숨만 몰아쉬게 합니다.〉 〈아무리 생각해 보아도/ 당신께 저/ 드릴 것 하나 없는/ 어리고 가난한 존재〉여서 〈그저 할 수 있다면/ 제 시간을 당신께/ 더해드리고 싶은 간절한 심정〉이라고 부모님께 고백한다. 이런 마음에서「아버지」를 그리는 작품도 감동적이다. 〈시린 새벽길을/ 꽁초 하나 온기 삼아 일 가시던/ 휜 당신의 등〉을 바라보는 시인의 눈길이 놀랍다. 그 아버지가 병환에 들어 시인은 〈할 수 있는 일은/ 눈물밖에 없으니/ 죄송해요/ 아버지/ 더 아프지 마세요.〉라고 울먹인다. 이러한 정서가 어머니의 정성을 추억하게 하고, 이는 해산(解産)을 통하여 구체화된다.

> 눈도 채 뜨지 못하고
> 심장 뛰는 가슴만 유난히
> 크게 보이던
> 보드랍고 따스한 아기가
> 제 입보다 큰
> 젖꼭지를 흡입하듯 물고
> 얼굴이 빨개지도록
> 온 힘을 다해 빨기 시작한다.
> 온 몸의 기운이란 기운이
> 그 작은 생명에게로 이끌려 가던 날.
>
> 나.
>
> 당신이 그리워 하염없이 울었어요.
>
> 엄마.

— 「엄마」 전문

자식을 낳아 보아야 어머니를 이해하게 되고, 자녀를 양육해 보아야 진정한 부모가 될 수 있다는 옛말을 연상하게 하는 작품이다. 누구나 겪었을 일이어서 덧 설명이 필요하지 않을 것이다. 이처럼 어머니에 대한 사랑을 반추(反芻)하는 작품이 「어머니」이다. 〈고이 잠든 아이들의/ 건강하고 고른 숨소리가/ 당신 품속 안온함 같이/ 느껴지는 밤〉에 시인은 어머니를 그리워한다. 아이의 기침을 멎게 하기 위하여 〈무 속을 긁고 꿀에 재운/ 찬 스덴 그릇을/ 아랫목에 넣어/ 끌어안고 계시던〉 어머니의 정성을 추억한다. 이러한 어머니의 사랑과 정성은 시인에게 계승되고, 이는 다시 그의 자녀에게로 이어질 터이다. 이런 사랑이 우리 세상을 지탱하는 기둥으로 기능한다.

4. 자유로운 영혼에 대하여

젊은 사람은 원심력을 바탕으로 살아가고, 나이가 들면서 서서히 구심력이 작용한다고 정리하고 있다. 젊은이는 현실에 안주하지 않고 바깥세상을 향하여 나아가려는 속성을 보인다. 이는 밀랍으로 만든 날개를 달고 태양을 향해 날아오르는 이카로스의 도전과 닿아 있다. 이와 같은 도전에서 실패와 좌절을 맛보기도 하고, 때로는 생명의 위험도 감수해야 하지만, 이카로스와 같은 모험은 새로운 세계를 개척하는 원천이기도 하다. 시인도 이와 같은 원심력을 선호하여 작품에서라도 현실을 극복하고자 한다.

류미영 시인도 이러한 내면을 작품에 투영하고 있다. 현실생활에서의 고독이나 불만은 그에게 멀리 떠날 것을 권면한다. 실제 그렇게 권면할 수는 없는 것이지만, 스스로 떠날 수 없으면, 마음만이라도 자유롭게 가지라고 속삭인다. 그래서 시인은 현실에 바탕을 둔 소극적 일탈에 머문다. 그가 선택할 수 있는 한계를 시인도 인지하고 있기 때문이다.

조심스레 뒹굴던 낙엽,
까닭 없이 울어대던 산새,
외롭다고 흐르는 물,
늙어진 나무 숲 머물던 바람.

부처님께 귀의하러 가는가
보시하러 가는가?

—「갑사에서」 전문

6행의 단형에 수많은 이야기를 담아내고 있다. 이 작품은 류미영 시인의 창작 양상을 확인하는 잣대가 되기도 한다. 그는 제재를 선택하게 되면, 에피소드를 담은 이야기처럼 긴 시를 빚는다고 한다. 그 작품을 여러 차례 읽으며 다듬는데, 새롭게 덧붙이기보다 필요없는 부분을 잘라내는 작업으로 일관한다. 그리하여 20행에서 30행에 이르던 작품도 세월이 흐르면서 10행 내외로, 다시 5~8행으로 줄어들어 작품성을 높인다.

그런 의미에서 이 작품은 행간에 많은 이야기가 생략되어 있다. 〈조심스레 뒹굴던 낙엽〉도 '언제? 어디에서? 어떻게?' 등이 생략되었고, 〈까닭 없이 울어대던 산새〉도 그러하다. 〈외롭다고 흐르는 물〉 〈늙어진 나무 숲 머물던 바람〉 역시 그러한데, 이는 시인의 감정을 의탁 받아 '얽매어 있지 않는 불기(不羈)'의 시심을 보이는데, 작품의 중심을 이루는 요소로 기능한다. 이러한 사물들이 〈부처님께 귀의하러 가는가?〉에 이르러 시인의 내면이 분명해진다. 이는 다시 〈보시하러 가는가?〉를 통해 불교적 심상이 극대화되고 있다. 단형의 작품에 이와 같은 스토리를 전개할 수 있는 재능이 놀랍다. 이러한 창작양상은 눈물로 유명한 박용래 시인과도 동일해 보인다.

서러움, 서러움이 물든
진홍빛 꽃잎이 지쳐
색 바래져 갈 즈음

어쩌면 저렇게

야물어진 햇살만 신명이 나
늦기 전에 취해보라
봄 속으로 나를 몬다.

—「늦봄」 전문

시인을 밖으로 끌어내는 제재는 '뒹굴던 낙엽' 울어대던 산새' '흐르는 물' '바람' 등도 있지만, '야물어진 햇살의 신명'도 그를 원심력 위에 얹어 재촉한다. 이는 이상화 시인이 「빼앗긴 들에도 봄이 오는가」에서 보이는 '봄 신령'과도 닿아 있다. 〈나는 온 몸에 풋내를 띠고 / 푸른 웃음, 푸른 설움이 어우러진 사이로/ 다리를 절며 하루를 걷는다. 아마도 봄 신령이 지폈나 보다.〉에서 '봄 신령'이 지핀 것은 봄의 '신령이 사람의 몸에 내려 황홀경에 든' 상태를 뜻한다. 시인도 봄이 되어 진홍빛 꽃잎이 질 무렵이면 이렇듯이 어디론가 떠나고 싶은 충동을 느낀다.

여우비 다녀간 그날
안개에 휘감긴
돌섬이 부른다.

싸리 꽃 흩날리듯
하얀 홀림을 떨쳐내며
뱃전에 섰다.

낯설어도 두려움 없는
작아도 한눈에 뵈지 않는
검푸른 들판 위 한 점

떠있는 행복에 젖어
그 섬으로 간다.

—「선유도」 전문

이카루스가 밀랍으로 된 날개를 달고 태양을 날아오르는 것처럼 완전한 일탈을 감행할 수 없는 시인은 현실과 타협을 한다. 여우비가 다녀간 날은 안개가 짙게 마련이다. 그런 날에 시인은 돌섬으로 길을 떠난다. 뭍에 있는 싸리꽃이 홀리지만, 이를 과감하게 떨치고 돌섬으로 가는 배를 탄다. 낯설어도 두려움이 없는 그의 문학적 원심력은 배 위에 타고 있는 것만으로도 행복에 젖는다. 이처럼 시인은 현실에 안주하는 내면의 고통을 덜기 위해 작은 일탈의 꿈을 노래한다.

5. 류미영 시인을 다시 보며

시인 Shelly는 시에 대하여 〈가장 행복한 심성의 최고 열락의 순간을 표현한 기록〉(The record of the best and happist moments of happiest and best minds)이라고 정의한 바 있다. 이 말에서 '가장 행복한 마음'은 '가장 절실한 정서의 폭발'과도 닿아 있다. 시인은 행복한 순간만을 노래하는 것이 아니라, 삶의 희로애락(喜怒哀樂)의 고조된 다양한 순간을 포착하여 감동적인 작품을 빚기 때문이다.

류미영 시인도 이러한 바탕에서 시를 빚는다. 시인에게는 「행여 당신도」에서처럼 〈창가에 온 봄 햇살마냥/ 따스한 추억〉도 정서의 고조를 이루는 동인(動因)이 되고, 〈함께 걷던 거리〉의 〈헛 미소〉도 그러한 기능을 한다. 〈따가운 술로/ 가슴의 상처/ 부여잡고 있는〉 것도 그러하며, 〈엉킨 외로움으로/ 긴 밤/ 울며 지새고 있는〉 것 또한 그러하다. 이렇듯이 다양한 정서의 폭발적 상황이 그로 하여금 시를 빚게 한다.

> 닫으려 해도 닫을 수 없는
> 내 사랑에 촛불을 켜고
> 그대를
> 초대하고 싶습니다.
>
> 백합처럼 하얀 옷을 입고
> 허브 향 풀잎 띄운 차를
> 그대에게
> 대접하고 싶습니다.

그날은 꼭
음악처럼 눈이 나리고
눈처럼
가볍게 춤을 추고 싶습니다.

—「초대」 전문

그의 이성(理性)은 사랑하는 마음을 닫으라고 하지만, 그의 정서(情緖)는 그의 사랑에 촛불을 켜게 하고, 그 자리에 사랑하는 '그대'를 초대한다. 그는 백합처럼 순결한 마음으로 '허브 향 풀잎 띄운 차'를 '그대'에게 대접하고자 한다. 두 사람이 만나는 그 날은 음악처럼 감미로운 눈이 내리고, 아름답게 내리는 눈 사이에서 '그대'와 춤을 추고자 한다. 이렇게 소박한 소망을 작품에 담아 독자들과 만난다.

류미영 시인은 절실한 그리움과 오롯한 사랑을 노래하며 행복을 찾는다. 때로는 현실의 불합리한 제도에 절망하기도 하고, 사소하게 어긋나는 인간관계에서 실망하기도 한다. 이러한 요소들이 그로 하여금 정서적 일탈을 꿈꾸게 한다. 그러나 이미 생활인으로서 굳건하게 다져진 그는 현실과 이상을 조화롭게 융합하여 감동적인 작품으로 승화시킨다. 이러한 자세가 그의 문학적 수준을 높이는데 기여한다.

모성(母性)의 시학(詩學)

리헌석 문학평론집

발 행 일 | 2018년 6월 30일
지 은 이 | 리헌석
발 행 인 | 李憲錫
발 행 처 | 오늘의문학사
출판등록 | 제55호(1993년 6월 23일)
주 소 | 대전광역시 동구 대전로 867번길 52(한밭오피스텔 401호)
전화번호 | (042)624-2980
팩시밀리 | (042)628-2983
전자우편 | hs2980@hanmail.net
카 페 | cafe.daum.net/gljang(문학사랑 글짱들)
| cafe.daum.net/art-i-ma(아트매거진)

공 급 처 | 한국출판협동조합
주문전화 | (070)7119-1752
팩시밀리 | (031)944-8234~6

ISBN 978-89-5669-926-4
값 32,000원

* 이 책은 교보문고에서 E-Book(전자책)으로 제작하여 판매합니다.
* 잘못 제작된 책은 바꾸어 드립니다.
* 이 책은 대전광역시 와 대전문화재단 에서 사업비 일부를 지원받아 발간되었습니다.